번역,

이럴 땐 이렇게

실전편

지은이 **조원미**

이화여자대학교 영어영문학과와 한국외국어대학교 통번역대학원 한영과를 거쳐 Columbia University in New York TESOL을 졸업했다. 현재 고려대학교-매쿼리대학교 통번역 석사 과정 객원 연구 전임으로 있으며, 국립국어원 공공용어 번역표준위원회 자문위원 및 대한무역투자진흥공사(KOTRA) 번역 용역 평가위원으로도 활동하고 있다. 2001년 9·11 테러 이후 미국의 한인 피해자들을 위한 통번역사로 활동해 미국 적십자사로부터 감사장을 받았다. 지은 책으로 《번역, 이럴 땐 이렇게》《한영 번역, 이럴 땐 이렇게》《한영 번역, 이럴 땐 이렇게: 실전편》이 있다.

통번역사 30년, 대학 강의 20년을 겪으면서 저자는 초보 번역가들이 '번역문처럼 읽히는' 어색한 문장에서 벗어나지 못하는 문제를 해결하고자 연구해 왔다. 그리고 영어와 한국어의 '구조'와 '표현'이 다르다는 데 초점을 맞춰 저자가 오랜 기간 번역하고, 또 학생들을 가르치며 깨닫게 된 것들을 책으로 정리하기 시작했다. 전작 《번역, 이럴 땐 이렇게》에서 '구조'의 차이를 번역에 반영하는 방법에 대해 집중적으로 다뤘다면, 이 책 《번역, 이럴 땐 이렇게: 실전편》에서는 번역 현장에서 쓰인 다양한 예시를 바탕으로 '표현'을 전환하는 방식에 대해 소개했다. 나아가 사람과 사람의 소통에서 여전히 기계로 대체하지 못하는 '사람의 영역'의 영역이란 무엇인지에 대해 인공지능 번역 서비스의 번역과 번역가의 번역을 비교해 가며 밝히고자 했다.

번역, 이럴 땐 이렇게: 실전편

초판 1쇄 발행 2025년 4월 25일

지은이 조원미 | 펴낸이 박윤우 | 편집 김송은, 김유진, 박영서, 백은영, 성한경, 장미숙
마케팅 박서연, 정미진, 정시원, 함석영 | 디자인 박아형, 이세연 | 경영지원 이지영, 주진호
발행처 부키(주) | 출판신고 2012년 9월 27일 | 주소 서울시 마포구 양화로 125 경남관광빌딩 7층
전화 02-325-0846 | 팩스 02-325-0841 | 이메일 webmaster@bookie.co.kr
ISBN 979-11-93528-63-1 13740

만든 사람들
표지 및 본문 디자인 오필민 | 조판 홍보현

번역,
이럴 땐
이렇게

실전편

사례별, 지문별, 상황별 번역 강의

조원미 지음

이
다
새

"Crack the hurdle of your vocabulary"
영어에 한복을 입힙니다.

1장에서는 통번역 공부를 하며 맞닥뜨리는 현장의 고민들을 톺아보며 번역다운 번역을 하는 방법에 대해 개괄합니다.

2장에서는 알파벳 순서로 한복을 입힐 지문이 다음과 같은 과정으로 소개됩니다.
① 제시된 영문에서 밑줄 친 부분을 확인합니다.
② 밑줄 친 부분을 영한 번역해 봅니다.
③ 영어의 의미를 찾아 알맞은 한국어로 옮기는 '필터링' 과정에 대한 설명을 참고합니다.
④ 그렇게 '한복'을 새로 입은 번역과 처음의 번역을 비교합니다.
⑤ 영어에 한복을 입히는 과정을 복습합니다.

E.g. 문맥의 의미를 생각하면서 밑줄 친 부분을 번역해 보세요.
① Investment is about running risks.
② **번역** 투자는 위험을 감수하는 것이다.
③ **필터링** '위험을 감수하는 것이다'라고 글자 대 글자로 부품 교체하듯 번역하기보다는 문장에서 글쓴이가 '전달하고자 하는 의미 표현'을 찾아 보세요.

④ 한복 투자는 <u>잘해야 본전이라는 생각으로 해야 한다</u>(be about running risks).

⑤ 보충 "투자는 <u>계란 다루듯 해야 한다</u>"와 같이 언제든 손해를 볼 수 있다는 위험을 강조하는 관용 표현을 활용할 수도 있습니다.

3장에서는 번역하려는 지문을 장악해 나가는 방법에 대해 소개합니다. 번역을 연습할 때에는 다 아는 단어로만 이뤄진 문장인데도 전체 의미를 파악하는 데 어려움을 겪곤 합니다. 영문을 읽으면서 단어를 하나하나 분해해 일 대 일로 대응하려고 하다 보니 문맥의 의미를 헤아리지 못하고 장벽에 부딪히게 되기 때문입니다.

가장 답답한 경우는 영문에서 화자가 말하고자 하는 의도는 잡힐 듯한데, 막상 이를 한국어로 옮기자니 자연스러운 표현이 떠오르지 않을 때입니다. 번역할 때에는 자신이 글쓴이가 되어 이런 지문을 쓰는 '상황'에 어울리는 표현을 생각할 수 있어야 하고, 그래도 영어 지문의 의미가 제대로 파악되지 않는다면 인터넷에서 관련 자료를 검색하거나 **배경 지식을 찾아 공부하면서 해당 지문에 대한 이해력을 끌어올려야** 합니다. 관련 내용을 찾아 읽다 보면 필요한 표현을 찾게 되는 경우가 많기 때문입니다. 번역가가 모든 영역에 해박할 수는 없으니 이러한 노력은 번역에서 당연하게 수반되는 과정입니다.

E.g. Patrick Vieira has urged Arsenal to win the Premier League and insists it is their title to lose now.

번역 파트릭 비에라는 아스널FC가 프리미어리그에서 우승해야 한다고 주장했으며, 이제는 우승을 잃을 것이라고 주장했다.

배경 몸담고 있는 팀이 우승해야 한다고 해놓고서는 바로 우승을 잃을 것이라고 번복하니 도대체 무슨 말인가 싶을 것입니다. '우승을 잃을 것이다'(title to lose)는 'lose' 뒤에 자기 자신이 생략된 표현입니다. 이제 비에라가 왜 그런 말을 했던 것인지 맥락을 들여다보고자 인터넷에서 관련 자료들을 검색해 봅니다. 이를 통해 당시 비에라는 팀의 주장이었으며 다혈질 성격으로 유명하다는 것을 알게 되었습니다. 즉 지문의 의미는 비에라가 '자신이 잘못된 행동만 하지 않는다면 자신의 팀이 우승할 수 있다'고 자신했다는 것입니다.

한복 파트리크 비에라는 아스널FC 팀 동료들에게 프리미어리그 우승을 독려하면서 이변이 없는 한 팀의 우승을 자신했다.

또한 다음과 같이 분야에 따라 해석을 달리해야 할 때도 있습니다.

E.g. We can't help students <u>scaffold</u> without an understanding of where they have made gains and where deficiencies still lie.

배경 'scaffold'는 교수대나 건축공사장의 비계를 가리키는데, 그러한 뜻을 문장에 그대로 대입하면 엉뚱한 번역이 나옵니다. 따라서 교육에 대해 이야기하는 맥락을 바탕으로 'scaffold'가 가진 다른 뜻이 있는지 조사해 봅니다. 그 결과 교육 분야에서 'scaffold'는 '학생들이 자발적으로 할 수 있도록 지도'해 주는 행위를 가리킨다는 것을 알게 되었습니다.

한복 학생들의 <u>장단점을</u>(gains and deificiencies) <u>파악하지</u>(understand) 않고는 학생을 <u>지도할</u>(scaffold) 수 없다.

4장에서는 영어를 한국어로 글자만 교체하다시피 한 번역을 한국어의 구조와 표현에 맞춰 첨삭해 보고 오역 사례를 살핍니다.

E.g. I ate enough lobsters that, if that species ever evolves consciousness, I will be remembered as their Stalin figure, destroying them on an industrial scale.

번역 나는 랍스터를 포식했고, 랍스터가 생각할 수 있다면 자기네들을 산업적인 규모로 파괴하는 바다가재의 스탈린쯤으로 나를 기억할 것이다.

필터링 영한사전에서 'Industrial'을 찾아보면 다음과 같은 뜻풀이가 나옵니다. ① 산업의 ② 많은 양(very great in extent or amount). 지문의 맥락을 살펴보면 'Industrial'은 산업과 관련된 의미가 아니라 '대량'이라는 뜻을 가진 형용사로 쓰였음을 알 수 있습니다.

한복 나는 랍스터를 포식했는데, 랍스터가 생각할 수 있다면 나를 대량 살상자인(destroy them on an industrial scale) 바다가재의 스탈린쯤으로 여길 것이다.

부록에서는 어휘 책에서 누락된 단어의 추가 의미와 예문을 다음과 같이 정리했습니다.

첫째, 명사인 줄만 알았던 단어가 동사로도 쓰일 수 있다는 것을 알게 됩니다.

E.g. Envelope 몡 봉투 묭 감싸다

A feeling of despair enveloped him.

번역 실망한 기색이 그를 감싸고 있었다(또는 '그가 실망한 기색이 역력했다').

둘째, 익숙했던 단어의 의미 외에도 다른 뜻이 있다는 것을 알게 됩니다.

E.g. Constitute 묭 구성하다 묭 고려되다

The conference in itself constitutes a solid achievement.

번역 회의 개최만으로도 성과가 크다고 봅니다.

차례

1장

영어에 한복을 입히다
단어 교체가 아니라 의미 번역을 하는 법

2장

실전, 번역다운 번역
A부터 Z까지 지문에 한복을 입히는 연습

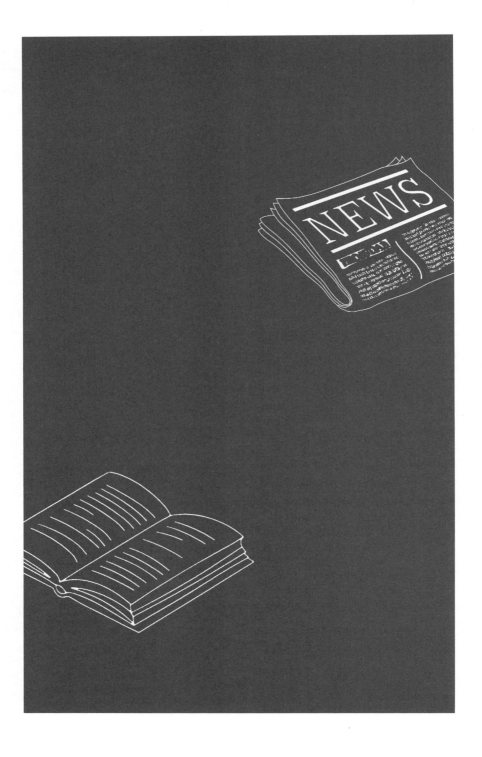

번역 현장에서 마주했던 질문들에 대한
답을 시작하며

"After King Charles III announced his cancer diagnosis, he remains wholly positive about his health and looks forward to returning to full public duty as soon as possible."

위의 문장에서 'he remains wholly positive about his health'를 어떻게 우리말로 옮겨야 자연스럽게 읽힐까요.

영어는 직설법으로 전달되는 언어입니다. 영문 그대로 받아들이자면 '그는 그의 건강에 대해 완전히 긍정적이다' 정도로 옮길 수 있습니다. 하지만 한국어는 문맥에서 의미를 헤아려야 하는 '고맥락 언어'입니다. 엄마가 자녀에게 전화를 걸어 '지금 어디야?'라고 똑같이 묻더라도 아침 10시에 물을 때와 밤 10시에 질문할 때의 의미는 다르지요.

영어를 한국어로 옮길 때에도 마찬가지입니다. 번역이란 어휘 책들에서 암기했던 영단어를 한국어 단어로 교체하는 작업이 아니라, 영어로 집필한 저자의 의도를 헤아려 문맥을 짚어낸 다음 한국어로 받아들이는 독자의 감각에 맞게 다듬은 '표현'으로 변환하는 과정입니다.

예를 들어 다음 두 문장을 번역한 다음 비교해 보겠습니다.

E.g. I have had various experiences.
나는 다양한 경험을 했다.

E.g. I have had extensive experiences.
나는 광범위한 경험을 했다.

통번역 강의를 듣는 많은 학생들이 'various'를 '다양하게'로, 'extensive'
는 '광범위하게'라고만 암기하고 있기 때문에 문장을 접하자마자 이렇
게 번역을 하곤 합니다. 하지만 예문에 쓰인 두 단어는 서로 다른 뜻이
아닙니다. '다양한' 경험이든 '광범위한' 경험이든 결국 '많은' 일들을
겪으며 지식과 기능을 습득했다는 의미니까요. 그런데 번역을 해 보라
고 하면 많은 학생들이 그동안 암기해 왔던 'extensive'의 사전적 의미에
서 빠져나오지 못하고 단어 하나하나의 뜻을 한국어로 옮기느라 정작
중요한 전체의 맥락을 놓치곤 합니다. 맨 위에서 예시로 든 문장을 자연
스러운 우리말 표현으로 옮기자면 '그는(영국 국왕 찰스 3세) 자신의 건
강을 자신하고 있다'(remain wholly positive) 정도가 될 것입니다.
어휘 책에 나온 뜻풀이에 고정되지 않고 문맥에 따라 글쓴이의 의도를
헤아린 다음 가장 자연스러운 표현을 찾아 변환하는 방식은 한국어 문
장을 영어로 옮길 때에도 마찬가지로 적용됩니다.

E.g. "나는 다양한 경험을 했다."
`번역1` I have had various experiences.
`번역2` I have had extensive experiences.

번역 3 I have had many experiences.

이렇게 다양한 표현으로 옮길 수 있습니다. 번역이란 듣는 이와 말하는 이의 사이에서 양쪽을 중개하는 일입니다. 따라서 한 언어를 다른 언어로 옮기기 위해서는 각각의 단어라는 나무가 아니라 전체 맥락이라는 숲을 살필 수 있어야 하고, 말하거나 듣는 어느 한쪽의 입장이 아니라 양쪽 모두의 입장에서 생각할 수 있어야 합니다.

이어서 한동안 언론 기사로 많이 나왔던 기사 일부를 예문으로 삼아 보겠습니다.

E.g. "South Korea(한국 정부) said Friday it has restarted blasting propaganda broadcasts into North Korea to retaliate against(대북 확성기 방송을 재개) the North's latest round of ① trash-carrying balloon launches a resumption of Cold War-style tactics that are ② raising animosities between the rivals."

위의 예문 가운데 ①의 'launch'는 어떻게 번역해야 할까요? 그동안 'launch'를 '시작하다' '발사하다'라고만 암기했으니 가장 먼저 떠오르는 번역은 '북한이 오물 풍선을 발사하고 있다' 정도일 것입니다. 뜻이 통하기는 하지만 어색하게 읽히지요.

영문을 우리말처럼 자연스럽게 읽히도록 번역하기 위해서는 단어별로 사전적 의미를 따로따로 찾은 다음 하나의 문장으로 잇기보다는, 그 반대로 영어 문장의 흐름을 먼저 파악한 다음 알맞은 우리말 표현을 골라낼 줄 알아야 합니다.

위의 문장을 번역할 때에도 'launch'라는 단어 따로, 'balloons'라는 단어 따로 뜻을 옮기는 것이 아니라 문맥을 살핀 다음 'balloons'이라는 명사에 어울리는 'launch'의 표현을 찾아내야 합니다. 한국인들의 입에 붙은 표현대로라면 '풍선'이란 '띄워 보내'거나 '날려 보내'는 것입니다. 또는 언론 보도나 정부에서 시민에게 보내는 휴대전화 경고 문자에서 사용되는 '살포하다'나 부양하다'와 같은 표현도 있습니다.

이어서 나오는 ② 'raising animosities between the rivals'의 경우에도 '경쟁 관계인 양국의 적대감이 높아지고 있다' 정도로 옮겨도 뜻은 통하겠지만, 한국인들에게 보다 자연스럽게 받아들여지는 표현이 무엇일지 한 단계 더 생각해 볼 수 있어야 번역 실력이 향상됩니다. 예를 들어 신문 기사에서 양국의 '적대감이 높아지고 있는' 상황을 가리킬 때 자주 쓰는 표현은 '(양국 관계에서) 긴장이 고조되고 있다' 또는 '관계가 경색되고 있다' 등이 있습니다.

지금까지는 어색할지언정 그럭저럭 뜻은 통했지만, 다음에서는 사전의 뜻 그대로 옮기다가 아예 감조차 잡히지 않는 번역이 된 사례를 하나 들겠습니다.

E.g. "I carefully prepare breakfast for my family."

예문을 학생들에게 제시하면 마찬가지로 암기한 어휘 책의 뜻에 맞춰 한 단어씩 따로 번역한 다음 '나는 가족을 위해 아침을 조심스럽게 준비한다'라는 문장으로 읽는 경우가 잦았습니다. 하지만 우리가 일상에서 쓰는 자연스러운 표현이 아니기에 AI 번역 서비스가 옮긴 것처럼 어색하게 읽힙니다. 아이가 말을 배우듯 일상에서 언어를 익힌 것이 아니라 책으로 배운 영단어를 그대로 대입했기 때문입니다. 머리에 입력된 대로 기계처럼 번역하는 것은 AI 번역 서비스와 다를 바 없습니다.

그렇다면 예문을 어떻게 번역해야 한국인들에게 어색하지 않게 받아들여질까요? 우리가 평소 자주 쓰던 표현을 떠올린다면 '나는 우리 가족의 아침을 잘 챙겨 주고 있다(carefully prepare)' 정도로 옮길 수 있을 것입니다.

물론 어휘 책에 갇히지 말라느니, 자연스러운 한국어 표현을 찾아야 한다느니 하는 조언들은 당장 단어부터 달달 외워가며 어휘 책들에서 풀어낸 의미라도 축적하고 나서야 영문을 접했을 때 이해하는 시늉이라도 할 수 있는 상황에서는 그저 멀게만 느껴질 뿐입니다.

한국인의 입장에서 보자면 한국어로 번역된 결과가 부족하게 느껴지거나 어색한 줄 알면서도 쉽게 다듬지 못하는 이유는 바로 여기에서 비롯됩니다. 'push expectation'과 같이 얼핏 쉬워 보이는 표현에서도 '기대를 밀다'라는 대략적인 의미는 잡히는데, 막상 자연스러운 한국어 표현으로 옮기자니 막막하게 느껴지고, 혹시 섣부르게 손을 댔다가 오역을 저지르거나 원래의 뜻을 왜곡하게 될까 봐 두렵기도 하지요.

영한 번역에서 자주 맞닥뜨리게 되는 또 한 가지 문제는 앞서 밝혔듯이 **문장을 구성하는 영단어 모두를 하나하나 번역하려는 것입니다.**

예를 들어 "This building will be forever preserved"를 학생들에게 번역해 보라고 제시하면 대부분은 영문을 구성하는 단어들을 하나하나 한국어로 교체해 '이 건물은 **영원히 보존될 것이다**'라고 옮깁니다. 이러한 번역은 옮기고자 하는 문장의 의미를 생각해 보지 않고 그저 지문에 있는 모든 영단어를 기계적으로 교체하는 것입니다. 한 언어의 말을 다른 언어의 말로 옮길 때에는 먼저 번역하고자 하는 말의 의도를 파악할 수 있어야 합니다. 그렇게 옮기려는 말의 맥락을 장악할 수 있다면 번역에 방해가 되거나 어색한 군더더기처럼 느껴지는 부분이 눈에 띌 것입니다.

예문에서도 뜻이 겹치는 'forever'와 'preserved'를 굳이 모두 번역할 필요가 없습니다. 대신 둘 중의 하나만을 선택해 '이 건물은 영원할 것이다' 또는 '이 건물은 언제까지나 **변함없을 것이다**' 정도로 다듬는 편이 훨씬 자연스럽게 읽히고, 원문의 의미에도 더 가깝게 다가갈 수 있습니다.

《번역, 이럴 땐 이렇게: 실전편》은 바로 현장에서 자주 마주했던 이러한 고민들에 대한 답이 되고자 쓰였습니다. '번역문이라는 티가 나지 않도록 자연스럽게 번역'하기 위해서는 영어를 배우며 어휘 책에 갇힌 표현을 필터링한 다음 '**의미를 더해 자연스러운 표현을 찾는**' 과정을 따로 연습해야 합니다. 막상 시도해 보면 단어마다 일순위로 생각나는 어휘 책의 뜻에 묶이는 바람에 진도가 더 이상 나가지 못할 때가 많을 것입니다.

앞서 사례로 들었던 'push expectation'을 번역할 때에도 '밀다'(push)+ '기대'(expectation)와 같이 레고 조각을 맞추듯 단어별로 하나하나 옮기는 것이 아니라 중심축인 명사와 어울리는 동사를 찾아 하나로 엮어야 합니다. 우리가 사용하는 한국어에서 '기대'라는 명사 뒤에 붙는 동사로 '밀다'를 떠올리는 경우는 거의 없습니다. '밀다'라는 뜻을 가진 'push'를 기대에 대한 작용에 적용할 때 어울리는 한국어 표현은 위로 밀어 올리는 '증가'나 '상승'과 관련된 뉘앙스에 가깝습니다. 따라서 'push expectation'을 자연스럽게 읽히도록 번역하자면 '기대를 끌어올리다' 정도로 정리됩니다.

이처럼 영어에 한국어라는 옷을 입히려면 어휘 책의 뜻풀이에 갇힌 표현을 자연스러운 일상의 언어로 풀어내는 과정이 반드시 필요합니다. 그 방법이 바로 세 과정으로 구성된 '**전체적인 문맥을 반영한 표현 찾기**'입니다. 첫째, 영어 지문을 글자가 아니라 '의미'를 이해하는 방향으로 받아들이고 둘째, 중심어인 명사와 어울리는 표현을 고민한 다음 셋째, 문맥을 반영한 **표현 찾기**를 하는 순서대로 진행하는 것입니다.

글이 그렇듯 모든 일은 기승전결의 구조로 흘러갑니다. 먼저 그 일을 해 보기로 마음먹어야 하고(epiphany), 다음으로 마음만 먹은 데에서 나아가 실행해야 합니다. 그렇게 꾸준하게 노력하며 '깔딱 고개'(overcoming challenges)와 같은 과정을 견뎌내다 보면, 언젠가 목표 달성이라는 선물(the accomplishment of your goal)을 받습니다.

'나'라는 존재는 변화에 휩쓸려 흘러가는 것이 아니라 변화를 일으켜 만들어지는 것입니다. 저는 사람이란 '변하고 성장'하는 존재라고 믿으며, 그렇기에 우리 안에 있는 '변화의 힘'을 믿습니다. 누구나 처음에는 초보였으며, 시작부터 잘하는 번역가는 없었습니다. 이 책이 노련한 번역가로 성장하기 위해 노력하는 모든 분들께 깔딱 고개를 넘는 힘이 되기를 기대합니다.

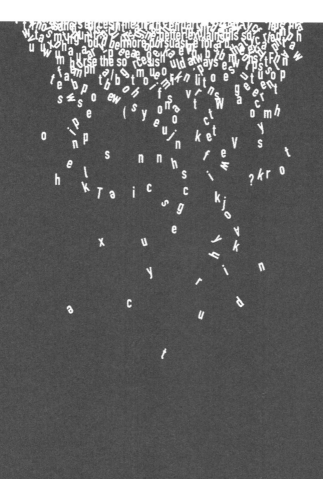

1장

영어에 한복을 입히다

단어 교체가 아니라 의미 번역을 하는 법

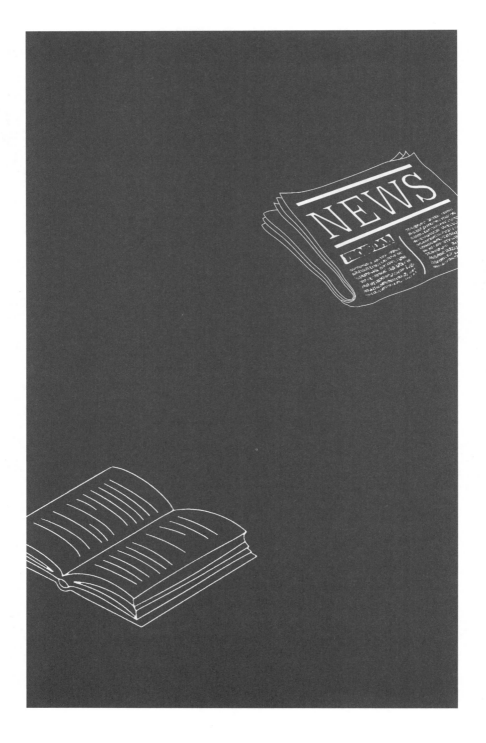

단어에 갇혀 있던 영어에서 등가의 한국어를 찾는다

"We have compatible life views and family values."

트래비스 켈시Travis Kelce가 자신과 테일러 스위프트Talyor Swift와의 관계에 대해 인터뷰했을 당시 이렇게 말했습니다. 낯익은 단어들로 이뤄진 짧은 문장이지만 막상 우리말로 옮기자니 딱 맞아떨어지는 표현을 찾기가 쉽지 않을 것입니다.

지금 많은 사람들이 이용하고 있는 AI 번역 서비스에서는 '우리는 양립할 수 있는 인생 관점들과 가족 가치들을 가지고 있다'로 번역했습니다. 하지만 한국인인 우리는 이렇게 말하지 않습니다. 짧은 문장이지만 제대로 번역하려면 두 가지의 스킬이 필요합니다.

첫째, 영문은 'compatible life views and family values'인 형용사+명사 구조지만 한국어에서는 'life views and family values are compatible'로 단어가 배치되는 구조를 뒤집습니다.

둘째, 'life views and family values'에서 'views'와 'values'는 같은 의미를 가지고 있습니다. 따라서 두 단어를 하나하나 번역하지 않고 'life and family values'라는 표현으로 합쳐야 번역할 때 한국어가 자연스럽게 입혀집니다.

이 두 가지를 토대로 '우리는 양립될 수 있는 인생 관점들과 가족 가치들을 가지고 있다'에 한국어를 입히자면 '우리 둘은 인생관과 가족관이 같다'가 나옵니다.

'같다'에 대응하는 영단어로는 'the same'뿐만 아니라 'compatible'도 있으니 함께 암기하면 좋습니다. 모국어가 영어가 아닌 한국인 학습자가 영어를 모국어처럼 구사할 수 있는 유일한 학습 방법은 '영문을 관찰하고 그 관찰한 내용을 암기'하는 것뿐입니다.

예문을 몇 가지 더 들어 보겠습니다.

E.g. They are compatible between each other.

그 둘은 서로 잘 통한다.

그들은 손발이 잘 맞는다.

E.g. They are not compatible between each other.

그 둘은 서로 안 통한다.

그들은 손발이 잘 안 맞는다.

두 번째 예문에서 번역된 문장을 조금 더 다듬어 보자면 '그들은 물과 기름 같다' '그들은 상극이다' '그들은 손발이 따로 논다' 등으로도 옮길 수 있을 것입니다.

겉도는 표현의 원인을 분석한다

앞서 밝혔듯 영한 번역은 영문의 '의미'를 이해한 다음 그 의미에 맞는 한국어 표현으로 변환하는 작업입니다. 따라서 영문에서 전달하고자 하는 의미를 제대로 이해하지 못한다면 우리말로 옮겼을 때 적합한 표현 또한 떠올리지 못할 것이고, 대신 문장을 구성하는 단어 하나하나를 어휘 책에서 외운 뜻대로 따로따로 번역한 다음 조각들을 엮듯 얼기설기 연결시키게 됩니다.

'sustainable New Year's resolutions'를 예로 들자면 문장을 접한 학생들의 대부분은 '지속 가능한 새해 결심'이라고 번역합니다. 하지만 대부분의 한국인들에게 '지속 가능한 새해 결심'이라는 표현은 부자연스럽게 들릴 것입니다. 지금부터는 한국인들이 일상에서 여상하게 쓰는 말처럼 읽힐 수 있도록 앞서 밝힌 '전체적인 문맥을 반영한 표현 찾기'의 세 과정을 적용해 다듬어 보겠습니다.

첫째, 먼저 어색하게 들리는 '지속 가능한 새해 결심'이 무엇을 '의미'하는지에 대해 살핍니다.

시간이 지나 새해 즈음마다 다짐했던 결심들을 돌아보면 꾸준하게 유지하고 있는 것도 있고, 며칠 가지 못하고 흐지부지되는 것도 있기 마련입니다. '지속 가능하다'는 말은 그중에서 전자를 가리킵니다.

둘째, 다음으로 문장에서 축이 되는 단어를 찾은 다음 그와 어울리는 한국어 표현을 붙입니다.

예문에서는 결심을 의미하는 'resolutions'가 문장의 축이니 그에 맞춰서 'sustainable'를 한국어로 옮겨야 합니다. 즉 새해에 소망하는 결심이 '지속 가능하다'는 것은 새해 다짐을 '꾸준하게 이어 간다' '흔들리지 않고 지켜나간다'는 표현으로 바꿀 수 있습니다.

셋째, 이를 한국인들에게 익숙한 표현으로 다듬자면 '꾸준하게 이어가는 새해 결심' '한결같은 새해 다짐'이 됩니다.

그럼 반대로 'unsustainable New Year's plans'은 어떻게 번역할 수 있을까요? 마찬가지로 첫째, '지속 가능하지 않은 새해 다짐'을 거쳐 둘째, '꾸준하게 지키지 못하고 흐지부지 끝난 결심'을 다듬어 셋째, '작심삼일로 끝난 결심'으로 옮길 수 있습니다.

영어와 한국어는 이것이 다르다

나에서 시작하는 영어, 나로 끝나는 한국어

한국과 서구의 문화 차이를 두고 서구에서는 '나'를 중심에 놓고 관계를 파악하지만, 한국에서는 관계를 중심에 놓고 그 맥락에서 '나'를 정의한다는 식의 이야기를 한번쯤 들어보셨을 것입니다. 하나의 세계관을 섣부르게 일반화하는 것이 아닌가 싶지만, 적어도 '말'에서는 어느 정도 부합하는 설명입니다. 영어 문장의 흐름이 나에서 전체로 나아간다면 한국어는 전체에서 시작해 나로 끝나기 때문입니다. 하다못해 자신의 현재 위치를 소개하는 순서도 영어권 국가와 한국은 정반대입니다. 따라서 영어를 한국어로 번역할 때에는 순서를 뒤집어 뒤에서부터 말을 옮겨야 보다 자연스럽게 읽힙니다. 이는 한국어를 영어로 옮길 때에도 그대로 적용됩니다.

E.g. 편지나 소포에 주소를 적는 순서

  영어권 국가: 이름, 도로명, 지번, 시 또는 도, 국가명

  한국: 국가명, 시 또는 도, 지번, 도로명, 이름

E.g. <u>Many countries</u> are seeking a way to address climate change.

직역 기후변화 문제를 해결하고자 고민하는 <u>많은 나라가 있다</u>.

한복 기후변화에 대처할 방법을 모색하는 <u>나라가 많다</u>.

사실을 중시하는 영어, 맥락을 중시하는 한국어

말로 전하고자 하는 정보나 사실 자체에 초점이 맞춰진 영어 문장을 한국어로 옮길 때에는 그러한 정보나 사실이 나오게 된 배경을 헤아리거나 전반적인 문맥의 의미까지 추가해야 자연스러운 등가 표현을 찾을 수 있습니다.

E.g. I am ready to consent.

직역 나는 동의할 준비가 되어 있다.

필터링 '당신이 원한다면 언제든지, 얼마든지 따르겠다'는 태도를 드러낸 표현을 한국인들이 평소에 사용하는 말처럼 들리게 하려면 어떻게 옮겨야 할까요?

한복 "언제든 말만 해줘." 또는 "하명하시면 따르겠습니다."

E.g. The Biden administration will restart deporting Venezuelans directly to Venezuela, <u>marking a major shift in policy</u>.

직역 <u>정책에 주요한 변화를 하면서</u>, 바이든 행정부가 베네수엘라인의 본국 추방을 재개할 것이다.

필터링 '정책에 주요한 변화'라는 어색한 표현은 이전 정책에서 시행되었던 것과는 다른 상황을 의미합니다.

한복 <u>기존 정책에서 크게 벗어나</u> 바이든 행정부가 베네수엘라인을 본국으로 추방하는 조치를 재개할 것이다.

긍정문의 영어, 부정문의 한국어

벌어질지도 모를 어떤 위기 상황을 경고하거나 또는 어떤 사실을 강조할 때는 물론이고 부정적인 결과를 서술할 때에도 영어에서는 부정문을 피하는 경향이 있습니다.

E.g. Stay awake.
직역 깨어 있으세요.
한복 졸음운전을 하지 마십시오.

E.g. Quiet air purifiers
직역 조용한 공기청정기
한복 소음 없는 공기청정기

E.g. Fail a drug test.
직역 약물 검사에서 실패하다.
한복 약물검사를 통과하지 못하다.

무생물 주어를 쓰는 영어, 주어를 생략하는 한국어

영어에서는 객관적인 사실을 전달할 때 무생물 주어가 동원된다면, 한국어에서는 주어 자체가 생략되는 경우가 많습니다.

E.g. Limits on driving have reduced deaths.

필터링 지문에서 원인에 해당하는 '운전에 제한을 두는 조치'는 무생물 주어로, '사망자 수 감소'라는 결과는 목적어로 쓰였습니다. 이를 한국어로 옮길 때에는 목적어로 쓰인 '사망자 수'가 주어 역할을 하게 됩니다.

한복 운행에 제한을 둠에 따라 사망자 수가 감소했다.

명사만 사용하는 영어, 명사에 맞는 표현이 추가되는 한국어

명사만으로 상황을 설명하는 영어와는 다르게 한국어에서는 명사 뒤에 이를 뒷받침해 주는 구체적인 표현을 꼭 추가해 줘야 어색하게 느껴지지 않습니다.

E.g. The government will expedite a work permit.

직역 정부가 취업 허가증을 서두를 것이다.

한복 정부가 취업 허가증 발급을 서두를 것이다.

영한 번역 10계명

"안녕하세요, 교수님, 과제 제출과 함께 질문 하나를 드리고자 하는데요. 혹시 영한 번역에서도 수학 문제를 풀듯 바로 적용할 수 있는 공식이 있을까요."

영한 번역에 대한 강의를 진행하던 어느 날, 한 학생에게서 이메일로 위와 같은 질문을 받았습니다. 구조와 표현이 서로 다른 언어를 오가는 데에도 당연히 보다 빠른 길이 나기 마련이기에, 답장으로 이와 같은 노하우를 길게 적다가 아예 '공식'처럼 정리해 봤습니다.

1. 단어가 아닌 전문을 통째로 파악한다

영한 번역 시 단어에 갇히지 않고 문장을 한 호흡에 장악하기 위해서는 다음에 제시하는 세 가지를 해낼 수 있어야 합니다.

첫째, 배경 지식을 두텁게 쌓아야 합니다. 지문에서 이야기하는 내용과 관련된 지식을 알고 있다면 그만큼 의미를 파악하기도 쉬워지기 때문에 자연스러운 한국어 번역이 수월해집니다.

둘째, 지문을 읽으며 빠르게 의미를 파악해야 합니다. 텍스트를 읽는 데에서 나아가 화자가 '왜' 이런 말을 하고 있는지 행간에 숨은 의도를 헤아리며 읽는다면 보다 빠르게 문장을 장악할 수 있습니다.

셋째, **통독해야 합니다.** 문장을 구성하는 단어 하나하나에 집착하기보다 **문장과 문장, 문단과 문단 간의 연결 관계를 표시하며** 지도를 내려다보듯 전문을 넓게 읽어내야 단어 대 단어 번역에서 벗어날 수 있게 됩니다.

E.g. That appears to be what a majority of Israelis believe, even those who might otherwise align with ① the prime minister's insistence on try to fully eradicate Hamas. ② According to a political poll taken in late December, only 15 percent of Israelis wanted him to stay in office after the war ended.

배경 ① 하마스를 쓸어버리겠다는 총리의 주장을 지지하는 이들을 비롯해 이스라엘인 다수가 (무엇인가를) 믿고 있는 것 같다. ② 12월 말에 실시한 여론 조사에 따르면 15퍼센트의 이스라엘 국민만이 종전 후에도 네타냐후 총리를 지지하고 있다.

필터링 문장의 맥락을 살펴보면 ①의 이유 때문에 ② 총리의 지지율이 낮게 나왔다고 가늠할 수 있습니다. 그러니 매끄러운 번역이 되려면 ①과 ②사이에 둘을 잇는 내용을 추가해야 합니다.

한복 이스라엘인 대다수는 물론이고 하마스를 전멸시키겠다는 총리의 주장을 지지하는 사람들조차 이러한 사실을 믿고 있는 것으로 보인다. 12월 말에 실시한 여론 조사에 따르면 15퍼센트의 이스라엘 국민만이 종전 후에도 네타냐후 총리를 지지한다고 표명했기 때문이다.

2. 무생물 주어는 부사구 또는 부사절로,
   사람 목적어는 주어로 번역한다

E.g. Our lower cost of funds, flexible structuring and capacity to match the term of the financing to the life of the assets(주어) have allowed us(목적어) to de-risk transactions so that private financiers become involved.

필터링 원래 주어는 '~때문에, ~덕분에, ~를, ~를 토대로'로 옮기고, 사람 목적어인 '우리'를 주어로 삼습니다.

한복 자금 조달과 자산 수명 기간을 일치시키는 역량 및 저비용과 맞춤형 구조를 토대로(영문 무생물 주어) 우리 회사는(영문 목적어) 거래 시 발행할 수 있는 위험을 차단시킴으로써 민간 금융 전문가들과 연대하고 있습니다.

3. 문장의 구조를 뒤집는다

영어를 한국어로 번역할 때에는 순서를 뒤집어서 뒤에서부터 옮겨야 보다 자연스럽게 읽히는 경우가 많습니다.

E.g. Affluent Chinese.
직역 부유한 중국인.
한복 중국인 부자들.

E.g. Have different working hours

`직역` 다른 근무 시간을 갖는다.

`한복` 근무 시간이 다르다.

E.g. The tower presents the entire Seoul.

`직역` 이 타워에서 전체의 서울이 보인다.

`한복` 이 타워에서 서울시 전역이 보인다.

4. 문장의 군살을 제거한다

문장을 구성하는 모든 영단어를 하나하나 충실하게 옮기려다 보면 오히려 문장 전체의 의도에서 멀어지는 번역 결과를 맞게 되기도 합니다. 따라서 독해에 방해가 되는 군더더기 같은 부분은 과감하게 삭제할 수 있어야 합니다.

E.g. He is threatening to file a lawsuit.

`직역` 그가 소송을 걸겠다고 협박하고 있다.

`필터링` threaten to 부정사 형태에서 'threaten'은 굳이 번역하지 않는 편이 더 자연스럽게 읽힙니다.

`한복` 그가 소송을 걸겠다고 한다.

`비교` China is threatening the U. S. ➔ 중국이 미국을 긴장시키고 있다.

E.g. This project is a significant step in curbing emissions.

`직역` 이 사업은 탄소 배출량을 감소시키는 데 있어 중요한 시도다.

`필터링` 'step'은 군더더기 표현입니다.

한복 이번 사업으로 탄소 배출량이 <u>크게</u> 감축될 것이다.

E.g. Stranger anxiety is developmentally appropriate and <u>won't</u> <u>last forever</u>-most children outgrow it by the age of 3.

직역 낯가림은 성장하면서 나타나는 정상적인 반응이며 대부분 3세가 되면 끝나기 때문에 영원히 지속되지는 않는다.

필터링 3세가 되면 멈춘다는 표현이 뒤이어 나오므로 '영원히 지속되지 않는다'(won't last forever)는 군살에 해당하는 표현입니다.

한복 낯가림은 자라면서 나타나는 정상적인 반응이며 대부분 3세가 되면 멈춘다.

보충 낯선 대상에 대한 공포를 가리키는 'stranger anxiety'는 '외인 불안'으로 번역하기도 합니다.

5. 단어의 짝을 찾아준다

한국어로 읽히는 순서에 맞춰 짝을 지우듯 영문을 재배열해야 한국인들에게 보다 자연스럽게 읽힙니다.

E.g. President's <u>visit</u> to France was announced.

직역 프랑스로 가는 대통령의 방문이 발표되었다.

필터링 '방문'이라는 단어는 대통령이 아니라 '프랑스'에 짝을 지웁니다.

한복 대통령의 프랑스 <u>방문</u>이 발표되었다.

6. 한자어 표현을 사용한다

영한 번역 시 한국인들에게 익숙한 한자어 표현을 적절하게 사용한다면 영어를 우리말로 옮기는 과정에서 길게 늘어진 표현을 보다 간결하게 정리할 수 있습니다.

E.g. The talks came to <u>nothing</u>.
`직역` 회담이 아무것도 아니다.
`한복` 회담이 <u>무산되다</u>.

E.g. It's <u>not hard to imagine</u> how gene-editing technologies could be misused.
`직역` 유전자 편집 기술이 어떻게 악용될 것인지 상상하기란 어려운 일이 아니다.
`한복` 유전자 편집 기술의 악용은 <u>명약관화</u>한 일이다.

7. 문맥에 맞는 표현을 찾는다

영한 번역은 영단어를 한국어 단어로 교체하는 작업이 아니라 영어 지문 전체에서 구체적인 의미를 찾아낸 다음 문맥에 맞는 한국어 표현을 찾아가는 과정입니다.

E.g. 5 tips to <u>aggressive</u> savings plans.
`직역` 공격적으로 돈을 모으는 다섯 가지 팁.

`필터링` 'aggressive'를 돈을 벌거나 저축을 하는 상황에 맞춰 자연스러운 한국어 표현으로 다듬자면 부지런히, 적극적으로, 허튼 데 없이 정도로 옮길 수 있습니다.

`한복` 착실하게 돈을 모으는 다섯 가지 방법.

E.g. The contributions have had a positive impact on many children.

`직역` 이 기부금은 많은 아이들에게 긍정적인 영향을 줬다.

`필터링` 'have had a positive impact on'이 전달하고자 하는 의미가 무엇일지 단어가 아니라 문맥에 맞춰 생각할 수 있어야 합니다. 지문에서 이야기하는 '긍정적인 영향'이란 결국 아이들이 기부금을 통해 여러 도움을 받았다는 것입니다.

`한복` 이 기부금으로 많은 아이들이 혜택을 입었다.

8. '쪼는 맛'을 입힙니다

어떤 문장의 경우 원문을 그대로 옮기면 뜻은 통하더라도 우리 감성에서는 글이 늘어진다고 느낄 수 있습니다. 이러한 경우에는 선명하고 경쾌하게 읽히도록 문장을 간결하게 정리할 수 있습니다.

E.g. Random acts of kindness.

`직역` 친절의 우연한 행동.

`필터링` 시민들이 어려움을 겪는 타인을 돕고자 나서는 모습을 보여 주는 방송 프로그램의 제목이기도 합니다.

`한복` 미담.

9. 감칠맛을 더합니다

영문을 한국어로 번역할 때 딱 들어맞는 우리말 고유의 일상적인 표현을 찾아 옮긴다면 글의 맛이 확 살아납니다.

E.g. I was <u>born and raised</u> here.
직역 나는 여기서 태어나고 자랐다.
한복 나는 여기 <u>토박이</u>다.

E.g. Someone <u>stole money from my wallet</u>.
직역 누가 내 지갑에서 돈을 훔쳐갔다.
한복 누가 내 지갑에 <u>손댔다</u>.

10. 축이 되는 명사를 찾는다

지문에서 기준 역할을 하는 명사를 찾은 다음 그에 어울리는 한국어 표현을 선택합니다.

E.g. <u>Overwhelming</u> opposition
직역 압도하는 반대
한복 <u>거센</u> 반대

E.g. overwhelming obstacles
직역 압도적인 장벽

`한복` 높은 장벽

E.g. The evidence against him was overwhelming.
`직역` 그에게 불리하게 작용될 압도적인 증거가 나왔다.
`한복` 그에게 불리하게 작용될 유력한 증거가 나왔다.

이제부터 주어진 영어 지문에다가 번역, 필터링을 거쳐 한복을 입히는 구체적인 과정을 알파벳 순서에 따라 자세히 설명하겠습니다.

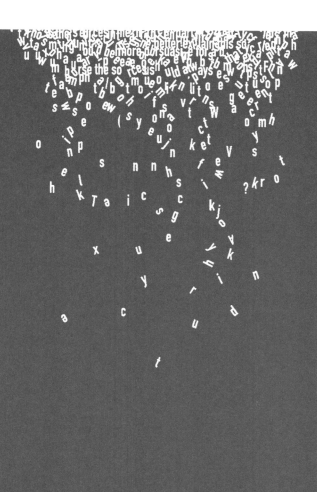

2장

실전, 번역다운 번역

A부터 Z까지 지문에 한복을 입히는 연습

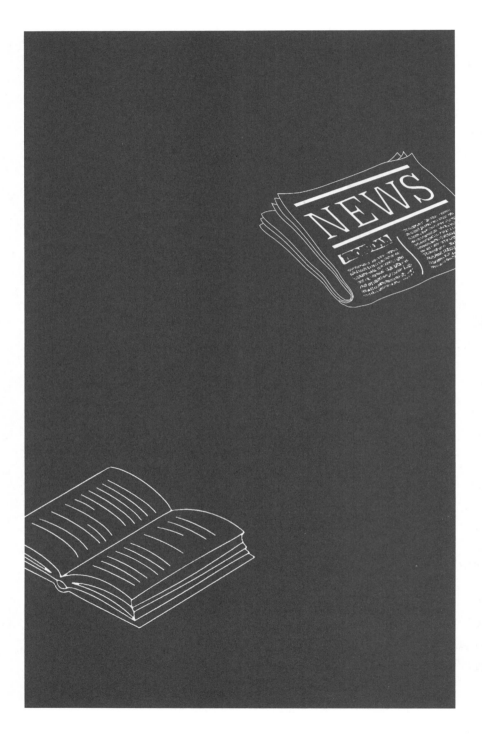

A

••••●•••

1. We <u>eagerly anticipated</u> the day we would leave school.

번역 우리는 졸업할 날을 _____.

필터링 특정한 행사를 '열렬하게 기대했다'는 말을 어떻게 다듬어야 자연스럽게 읽힐까요?

한복 우리는 졸업할 날을 <u>손꼽아 기다렸다</u>(eagerly anticipate).

2. That event <u>may affect</u> you.

번역 _____ 너에게 __ 수도 있다.

필터링 괜한 일에 휘말려 부정적인 영향을 받는 상황을 가리키는 관용적인 표현을 떠올려 보세요.

한복 <u>그 불똥이</u>(That event) 너한테 <u>튈</u>(affect) 수도 있다.

3. <u>People abandoned their political leaders.</u>

번역 정치 지도자들로부터 _____.

필터링 지문은 '시민이 정치 지도자들을 '버렸다'는 상황을 가리킵니다. 군주민수君舟民水라는 말이 있습니다. 군주는 배와 같고 백성은 물과 같으니, 배를 띄우는 것도 가라앉히는 것도 민심에 달려 있다는 의미입니다.

정치 지도자들로부터 민심이(people) 떠났다(abandon).

4. The government said that it would actively address problems in
   the ship industry.

   번역 정부가 조선업계가 가지고 있는 애로 사항을 해소하는 데 ＿＿＿
   ＿＿＿＿＿＿＿＿＿＿＿＿＿＿ 밝혔다.

   필터링 영어 지문을 번역할 때에는 '부사'를 '동사'로 취급하는 경우가 많습니
   다. 이를 'actively address problems'에 적용시켜 '적극적으로 문제를 해
   결하다'라는 번역을 자연스러운 한국어 표현으로 바꿔 보세요.

   한복 정부가 조선업계가 가지고 있는 애로 사항을 해소하는 데(address
   problems, issues) 주력하겠다고(actively) 밝혔다.

   보충 여기서 Actively는 '(해소에) 주력하다' '몰두하다' '박차를 가하
   다' 등 다양한 표현으로 옮길 수 있습니다.

5. My wife doesn't appreciate me and my children don't appreciate
   me either.

   번역 집사람도, 아이들도 ＿＿＿＿＿＿＿＿＿＿＿＿＿＿.

   필터링 가족 모두가 가장인 자신에게 전혀 고마워하지 않는다고 불평하는
   상황입니다.

   한복 집사람도, 아이들도 내가 겪는 고생을 당연하다고 생각한다(don't
   appreciate).

| 복습 | 영어와 한국어의 등가 표현 |

1. 우리는 졸업할 날을 손꼽아 기다렸다(eagerly ＿＿＿＿＿).

2. 그 불똥이 너한테 튈(_____) 수도 있다.

3. 정치 지도자들로부터 민심이 떠났다(_____).

4. 정부가 조선업계가 가지고 있는 애로 사항을 해소하는 데(address problems) 주력하겠다고(_____) 밝혔다.

5. 집사람이나 아이들은 내가 겪는 고생을 당연하다고 생각한다(don't _____).

| Absorb에 한복 입히기 |

'흡수하다' '받아들이다'라는 뜻 외에도 문맥에 맞춰 다양한 표현의 한복을 입힐 수 있습니다.

1. This tennis racket absorbs a shock.

한복 이 테니스 라켓은 충격을 줄여준다.

2. It's a lot of information to absorb all at once.

한복 단번에 이해하기에는 정보가 너무 많다.

3. They spent a week in Paris just absorbing the atmosphere.

한복 그들은 파리의 분위기에 빠져서 일주일을 보냈다.

4. His work absorbed him completely.

한복 그는 일에 푹(completely) 빠져 지냈다.

5. These committees were gradually absorbed into the local government machine.

　한복　이 위원회들은 서서히 지방 정부 조직에 **통합되었다**.

6. The new proposals would absorb $80 billion of the federal budget.

　한복　이 제안에 연방 예산 가운데 약 800억 달러가 **소요될** 것이다.

7. The company is unable to absorb such huge losses.

　한복　그 회사는 그렇게 큰 적자를 **감당할** 수 없다.

8. New York has a limitation in absorbing a massive influx of migrants.

　한복　뉴욕이 밀려드는 이민자들로 **수용력에** 한계를 보이고 있다.

••• ● •••

1. The pace of change has begun to accelerate.

　번역　변화의 속도가 ＿＿＿＿＿＿＿＿.

　필터링　'급속도로 진행되는'(accelerate) 변화라는 상황을 설명하는 데 알맞은 한국어 표현을 생각해 보세요.

　한복　변화의 속도가 **급물살을** 타고 있다(has begun to accelerate).

　보충　'변화가 본격화되고 있다'처럼 한자어를 활용해 보다 간결한 표현으로 옮길 수도 있습니다.

2. Experts warn that the industry will <u>alter a district that can not afford to backslide</u>.

번역 그 산업이 들어오면 이 지역이 _____
__ 전문가들은 우려하고 있다.

필터링 'can ill afford' 또는 'can't afford'는 무엇인가를 시도할 형편이 안 된다는 의미입니다. 이 지문에서는 후퇴를(backslide) 하면 안 되는데 어쩔 수 없이 할 수밖에 없는 상황을 가리킵니다.

한복 그 산업이 들어오면 이 지역이 <u>어두웠던 과거로 역주행할 것이라고</u>(cannot afford to backslide) 전문가들은 우려하고 있다.

3. <u>On an average day</u> they sell more than $2000.

번역 _____ 2000달러 이상 판다.

필터링 좋지도 나쁘지도 않은 '평균적인 날'(on an average day)을 의미하는 한국어 표현을 떠올려 보세요.

한복 보통 하루에 2000달러 이상씩은 판다.

보충 요즘 쓰는 입말로 바꾸자면 '평타 치는 날에도 하루 이천 달러는 넘게 팔아' 정도가 되겠지요.

4. If you had ① <u>studied hard</u> ② <u>actually</u>, you would have passed the exam.

번역 네가 ② _____ ① _____ 열심히 했다면 시험에 붙었겠지.

필터링 ① 문맥을 살피며 '열심히 공부하다'(had studied hard)에서 군더더기 표현을 찾아보세요.

② 문맥상 '실제로'(actually)라는 표현은 평소 일상을 의미합니다.

한복 네가 ② 평소에(actually) ① 열심히 했다면(had studied hard) 시험에 붙었겠지.

5. Apparently, you became viral online.

번역 온라인이 _____.

필터링 '온라인에서 입소문을 탄 것 같다'(apparently became viral online)도 뜻이 통하기는 하지만, 우리가 일상에서 쓰는 표현은 따로 있습니다.

한복 온라인이 네 이름으로 도배되고(became viral) 있다던데(apparently).

| 복습 | 영어와 한국어의 등가 표현 |

1. 변화의 속도가 급물살을 타고 있다(has begun to _____).
2. 그 산업이 들어오면 이 지역이 어두웠던 과거로 역주행할 것이라고 (can not _____ to backslide) 전문가들은 우려하고 있다.
3. 보통 하루에(On an _____ day) 2000달러 이상씩은 판다.
4. 네가 평소에(_____) 열심히 했다면 시험에 붙었겠지.
5. 온라인이 네 이름으로 도배되고(became viral) 있다던데(_____).

•• • ● • ••

1. Apply the cream sparingly to your face and neck.

번역 이 크림을 얼굴과 목에 _____.

필터링 문맥에 맞는 'apply'의 번역은 '(크림을 피부에) 바르다'일 것입니다. 그리고 화장품을 조금씩 쓰는(sparingly) 상황을 가리키는 한국어 표현으로는 '아껴 쓰다' '살짝만 쓰다' 등이 있습니다.

한복 이 크림을 얼굴과 목에 <u>살짝만 바르세요</u>(apply sparingly).

2. We <u>acted together</u> on the drama.

번역 우리는 그 드라마에서 _____.

필터링 '같이 연기했다'(act together)도 뜻은 통하지만, 어딘가 아쉽게 느껴집니다. 우리 귀에 익숙하게 들리는 표현은 없는지 찾아보세요.

한복 우리는 그 드라마에서 <u>호흡을 맞췄다</u>(act together).

3. We <u>ask ourselves to accommodate</u> the interests of our members.

번역 우리는 회원의 관심사에 _____ 위해 _____.

필터링 타인의 관심사를 '수용한다'는 것은 곧 타인의 비위를 맞춰 주는 행동을 의미합니다.

한복 우리는 회원의 관심사에 <u>맞추기</u>(accommodate) 위해 <u>고민하고 있습니다</u>(ask ourselves).

4. The new weight loss drugs <u>may alter views of obesity</u>.

번역 이 체중 감량 신약의 _____.

필터링 신약으로 인해 '비만의 관점이 바뀐다'는 것은 비만이 개인의 문제가 아니라 의학적 치료로 극복할 수 있는 영역으로 바뀌었다는 뜻입니다.

한복 이 <u>체중 감량 신약의</u>(the new weight loss drugs) 등장으로 비만에 <u>대한 인식이 달라질 수도 있다</u>(may alter views of obesity).

5. I <u>have accommodated the press</u> a great deal, giving numerous

interviews.

번역 _____ 인터뷰를 많이 하고 있다.

필터링 '언론을 수용하다'(accommodated the press)는 화자가 인터뷰를 많이 하게 된 상황과 연결됩니다.

한복 언론의 요구에 부응하고자(have accommodated the press) 인터뷰를 많이 하고 있다.

| 복습 | 영어와 한국어의 등가 표현 |

1. 이 크림을 얼굴과 목에 살짝만 바르세요(____ sparingly).
2. 우리는 그 드라마에서 호흡을 맞췄다(__ together).
3. 우리는 회원의 관심사에 맞추기 위해(_____) 고민하고 있습니다.
4. 이 체중 감량 신약의 등장으로 비만에 대한 인식이 달라질 수도 있다 (may ___ views of obesity).
5. 언론의 요구에 부응하고자(_____) 인터뷰를 많이 하고 있다.

• • ● ● ●• •

1. Generally, in college cafeteria, students ① with lifestyle-preferences are directed toward ② existing options, while those with severe allergies submit medical documentation in order to ③ receive special accommodations. Just how ④ a meal plan should go to accommodate student diets is a matter of perennial debate.

번역 대학교 구내식당에서는 ① _____ 학생이 ② __
_____ 선택해야 하고, 알레르기가 심한 학생들이 ③ _____
_____ 병원 진단서를 제출해야 한다. 학생들의 요구에 따른
④ _____ 대한 논의는 앞으로도 계속될 것이다.

필터링 ① '생활방식 선호도'(lifestyle-preferences)란 말은 문맥상 학생 개
개인의 음식 취향을 의미합니다.

② 지문의 배경이 자동차 판매 전시장이었다면 '존재하는 선택'(existing
options)은 '기존의 선택 사양'으로 번역되었을 것입니다. 그렇다면 구
내식당에서 지금까지 있어 왔던 'options'이란 무엇을 의미할까요.

③ 식당에서 '받을 수 있는 특별한 편의'(receive special accommodations)
를 우리가 일상에서 쓰는 표현으로 바꿔 보세요.

한복 현재 대학교 구내식당에서 ① 개인 취향에 맞는 음식은(lifestyle-
preferences) 학생이 ② 기존 식단에서(existing options) 선택해야 하고,
특정 식품에 대한 알레르기가 심한 학생들이 ③ 맞춤형 메뉴를 제공받으
려면(receive special accommodations) 병원 진단서를 제출해야 한다. 학
생들의 요구에 따른 ④ 메뉴 제공에(a meal plan) 대한 논의는 앞으로도
계속될 것이다.

2. Policy experts said that the program reaches just over half of
those who qualify, citing ① lack of awareness and ② recipients'
difficulties in attending required appointments.

번역 정책 전문가들은 ① _____ ② _____
_____ 대상자의 절반 정도만 혜택을 받고 있다고 말했다.

필터링 ① '인식 부족'(lack of awareness)은 앞에 나오는 'the program'에
관한 설명입니다.

② 'attend required appointments'를 번역할 때에는 우선 'required'는 차치하고 'attend appointments'가 무엇을 의미하는지부터 생각해 보세요. 맥락을 살피면 어떤 정책이 제공하는 혜택을 받기 위해서는 프로그램에 신청해야 하는 절차를 필수적으로 거쳐야 하지만(required), 홍보가 덜 되어 있는데다가 설령 프로그램에 대해 알고 있더라도 혜택을 받을 수 있는 대상자들의 절반이 제시간에 가기 어려운 실정이라는 것을 어림할 수 있습니다.

한복 정책 전문가들은 이와 같은 정책에 대한 ① 인식이 부족하고(lack of awareness), 설령 알고 있다고 해도 ② 수혜자들이(recipient's) 시간 제약을 받는 형편이라(difficulties in attending required appoinments) 대상자의 절반 정도만이(half of those who qualify) 혜택을 받고 있다고 말했다.

3. U.S. officials say they fear that Ukraine has become averse to casualties, one reason it has been cautious about pressing ahead with the counteroffensive.

번역 미 정부 관계자들은 우크라이나인들이 _____ _____ 반격을 주저하고 있다고 우려한다.

필터링 'averse to casualties'의 의미를 문맥에서 살펴보자면 '사상자가 발생하는 상황을 두려워하는' 반응으로 파악됩니다. 또한 지문에 나오는 'say'와 'fear'는 모두 미국 관료들의 반응을 나타내는 데 쓰이므로 글의 군살을 덜어내고자 하나의 동사만 번역합니다.

한복 미 정부 관계자들은 우크라이나인들이 인명 피해를 꺼리는 분위기에 사로잡혀(become averse to casualties) 반격을 주저하고 있다고(be cautious about) 우려했다.

비슷한 표현으로는 'a risk taker'가 있습니다. 직역하자면 '위험을 감수하는 사람' 정도가 되는데, 바로 '모험가'를 가리킵니다. 반대로 'a risk-averter'는 '위험 회피형 (인간)'으로 옮길 수 있습니다.

4. Saving money aggressively can mean having to make certain sacrifices.

번역 _____ 저축하려면 쓰고 싶어도 _____ 한다.

필터링 ① '저축'이라는 축이 되는 단어에 맞춰 '공격적으로'(aggressive) 를 자연스러운 표현으로 다듬자면 '부지런히' '적극적으로' 등으로 옮길 수 있습니다. 이러한 의미를 아우르는 한국어 표현을 생각해 보세요. ② 열심히 저축할 때 감수해야 하는 '희생'(make sacrifices)이란 무엇을 의미할까요?

한복 착실하게(aggressively) 저축하려면 쓰고 싶어도 어느 정도는 지출을 삼가해야(make certain sacrifices) 한다.

5. U.S. adversaries to actively develop nuclear weapons capabilities are threatening the U.S.

번역 미국의 적성국들이 핵무기 개발에 _____ 미국이 긴장하고 있다.

필터링 미국의 적성국들이 적극적으로 핵무기 개발에 뛰어들었다는 맥락을 참고해 '활발하게'(actively)를 자연스러운 한국어 표현으로 다듬어 보세요.

한복 미국의 적성국들이 핵무기 개발에 박차를 가하고 있어(actively) 미국이 긴장하고 있다.

6. Infants avoid unfamiliar people, ① protesting if strangers try to handle them. ② Stranger anxiety is developmentally appropriate ③ and won't last forever-most children outgrow it by the age of 3.

번역 아기들은 낯선 사람이 접근하면 울음을 터뜨리는 것과 같은 _____ 접촉을 피한다. 이러한 _____ 성장하면서 나타나는 정상적인 반응이며 3세 무렵에는 대부분 끝난다.

필터링 ① '시위하다'(protesting)는 아기들이 낯선 사람을 경계하며 취하는 행동을 가리킵니다.

② '낯선 사람에 대한 불안'(stranger anxiety)을 의미하는 관용 표현을 떠올려 보세요.

③ '계속되지 않는다'(and won't last forever)는 이어서 나오는 설명과 겹치므로 생략해도 무방합니다.

한복 아기들은 낯선 사람이 접근하면(strangers handle them) 울음을 터뜨리는 것과 같은 ① 행동을 통해(protesting) 접촉을 피한다. 이러한 ② 낯가림은(stranger anxiety) 성장하면서(developmentally) 나타나는 정상적인 반응이며(appropriate), 3세 무렵에는(by the age of 3) 대부분 끝난다(most children outgrow it).

| 복습 | 영어와 한국어의 등가 표현 |

1. 현재 대학교 구내식당에서는 개인 취향에 맞는 음식은 학생이 기존 식단에서(existing options) 선택해야 하고 특정 식품에 대한 알레르기가 심한 학생들이 맞춤형 메뉴를(special _____) 제공받으려면 병원 진단서를 제출해야 한다. 학생들의 요구에 따른 메뉴 제공에(a meal plan) 대한 논의는 앞으로도 계속될 것이다.

2. 정책 전문가들은 이와 같은 정책에 대한 인식이 부족하고(lack of _____), 설령 알고 있어도 수혜자들이(recepients) 시간 제약을 받는 형편이라(difficulties in attending required appoinments) 대상자의 절반 정도만이 혜택을 받고 있다고 말했다.

3. 미 정부 관계자들은 우크라이나인들이 인명 피해를 꺼리는 분위기에 사로잡혀(become _____ to casualties) 반격을 주저하고 있다고(be cautious about) 우려했다.

4. 착실하게(_____) 저축하려면 쓰고 싶어도 어느 정도는 지출을 삼가해야(make certain sacrifices) 한다.

5. 미국의 적성국들이 핵무기 개발에 박차를 가하고 있어(_____) 미국이 긴장하고 있다.

6. 아기들은 낯선 사람이 접근하면 울음을 터뜨리는 것과 같은 행동을 통해(protesting) 접촉을 피한다. 이러한 낯가림(stranger _____)은 성장하면서 나타나는 정상적인 반응이며(_____), 3세 무렵에는 대부분 끝난다(most children outgrow it).

| Avoid에 한복 입히기 |

'피하다' '막다'라는 뜻 외에도 문맥에 맞춰 다양한 표현의 한복을 입힐 수 있습니다.

1. Amazon Prime Video viewers will have to pay an extra $2.99 monthly to avoid ads starting in late January.

한복 아마존 프라임 비디오 시청자들은 1월 말부터 시작되는 광고를 **보지 않으려면** 달마다 2.99달러를 추가로 지불해야 할 것이다.

2. More discounts and promotions will remain widely available for consumers in the weeks ahead as long as they can avoid a few common pitfalls.
한복 소비자들이 몇 가지 쉽게 알 수 있는 문제점만 **주의한다면** 앞으로 몇 주에 걸쳐 할인 물품과 행사 상품을 다량 구매할 수 있다.

3. The past year saw the lowest level of beer consumed in the U.S. in a generation as consumers shifted away from traditional forms of alcohol and in a growing number of cases, avoiding alcoholic beverages.
한복 미국인들이 대거 기존의 음주 문화에서 벗어나 **술을 마시지 않게 되면서**(avoiding alcoholic beverages) 작년 미국 내 맥주 소비가 최저치를 기록했다.

4. Nutritionists reveal that they avoid processed foods high in salt.
한복 영양학자들은 고염 가공식품을 **먹지 않는다고** 밝혔다.

5. The Texas Senator avoided questions about his presidential bid.

텍사스 상원의원이 대선 도전에 대한 질문에 **답하지 않았다**.

6. Doctors often tell people struggling with high blood pressure to pursue a low sodium diet to avoid prescription drugs.
의사들은 고혈압 환자들에게 저염식을 통해 처방약이 **필요 없는** 몸 상태를 만들라는 조언을 자주 한다.

7. This natural wine has less headaches and hangover symptoms than regular wine because it avoids additives.
이 내추럴 와인에는 첨가제가 **들어 있지 않아** 음주 후 두통이나 숙취가 적다.

8. Late last year, NBC News exposed a loophole that has allowed driverless cars in California to avoid penalties when they break the rules of the road.
작년 말, NBC 뉴스에서는 캘리포니아에서 자율 주행 자동차들이 도로법을 어기고도 벌칙을 **받지 않았다는** 허점에 대해 보도했다.

B

• • ● • •

1. Talyor Swift's performance in Argentine was cancelled for <u>bad weather</u>.

번역 아르헨티나에서 예정된 테일러 스위프트의 공연이 _____ 취소되었다.

필터링 스포츠, 공연, 항공기 운항 등이 날씨 문제로 취소될 때 '나쁜 날씨' 대신 사용하는 표현을 떠올려 보세요.

한복 테일러 스위프트의 아르헨티나 공연이 기상 악화로(bad weather) 취소되었다.

보충 쉬운 단어들로 이뤄졌지만 'bad weather'를 우리말로 옮기자니 자연스러운 표현이 선뜻 떠오르지 않았을 것입니다. 해결 방안은 '나쁜 기후'라고 단어를 하나하나 교체하는 것이 아니라 '기상 악화'라는 한 덩어리째로 옮기는 것입니다. 이렇게 필요한 순간마다 알맞은 '한 덩어리'를 찾는 방법은 평소 그 표현들을 접할 때마다 통째로 외우는 것뿐입니다.

2. Flood warnings for millions are issued as storm <u>brings</u> heavy rain and strong winds.

번역 강풍과 폭우를 _____ 폭풍으로 인해 수백만 명에게 홍수주의보가 발효되었다.

필터링 기상예보에서 폭우와 강풍을 '불러오는'(bring) 상황을 가리키는 한국어 표현으로 무엇이 있을까요?

한복 강풍과 폭우를 <u>동반한</u>(bring) 폭풍으로 인해 수백만 명에게 <u>홍수주의보가 발효되었다</u>(flood warnings are issued).

3. A recent survey found that 31 of Americans haven't ① <u>paid off their balances</u> even as card companies ② <u>have hiked rates</u>.

번역 최근 조사에 따르면 카드사들이 ② ＿＿＿＿＿＿＿＿＿＿＿＿＿＿ 따라 미국인의 31퍼센트가 ① ＿＿＿＿＿＿＿＿＿ 못하고 있다고 한다.

필터링 ① '그들의 잔고'(their balances)라는 표현을 다듬기 위해서는 문맥에서 연계된 표현을 찾아야 합니다.

② 'have hiked rates'는 카드사가 어떤 이율을 대폭 인상했음을 의미합니다.

한복 최근 조사에 따르면 카드사들이 ② 카드 이용 수수료를 대폭 인상함에(have hiked rates) 따라 미국인의 31퍼센트가 ① 카드 대금을 다 지불하지(pay off their balances) 못하고 있는 것으로 나왔다.

4. Those who opt to put their purchases on plastic will pay dearly if they don't have means to pay off their balances <u>within the billing cycle</u>.

번역 카드로 구매한 사람들의 경우 ＿＿＿＿＿＿ 대금을 결제하지 못하면 제값보다 비싸게 주는 셈이 된다.

필터링 '카드 사용'과 연계해 '계산서 주기'(the billing cycle)라는 표현을 다듬어 보세요.

한복 카드로 구매한(opt to put their puchases on plastic) 사람들의 경우 카드 대금 청구일까지(within the billing cycle) 대금을 결제하지 못하면 제값보다 비싸게 주는 셈이 된다(pay dearly).

5. Merchandise that <u>bears</u> Taylor Swift and her sweetheart is widely sold, generating an economic impact on local economies.

번역 테일러 스위프트와 연인의 _____ 상품의 매출이 늘면서 지역 경제가 살아나고 있다.

필터링 여기서 'bear'는 '참다'가 아니라 어떤 모습을 담고 있다는 의미입니다.

한복 테일러 스위프트와 연인의 <u>모습이 새겨진</u>(bear) 상품의 <u>매출이 늘면서</u>(be widely sold) <u>지역 경제가</u>(on local economies) 살아나고 있다(generate an economic impact).

| 복습 | 영어와 한국어의 등가 표현 |

1. 테일러 스위프트의 아르헨티나 공연이 <u>기상 악화</u>(___ weather)로 취소되었다.

2. 폭우와 강풍을 동반한(_____) 폭풍으로 인해 수백만 명에게 <u>홍수주의보가 발효되었다</u>(flood warnings are issued).

3. 최근 조사에 따르면 카드 회사들이 <u>카드 이용 수수료를 대폭 인상함에</u>(have hiked rates) 따라 미국인의 31퍼센트가 <u>카드 대금을 지불하지</u>(pay off their _____) 못하고 있는 것으로 나왔다.

4. <u>카드로 구매한</u>(opt to put their puchases on plastic) 사람들의 경우 카

드 대금 청구일까지(within the _____ cycle) 대금을 결제하지 못하면 제값보다 비싸게 주는 셈이 된다.

5. 테일러 스위프트와 연인의 모습이 새겨진(___) 상품의 매출이 늘면서 지역 경제가 살아나고 있다(generate an economic impact).

··· ● ● ●···

1. The judge ruled that the information should be withheld on the grounds that it would bias the jury against the accused.

번역 판사는 _____ 수 있다는 이유를 근거로 정보 보류를 판결했다.

필터링 '배심원들이 피고인에 대해 편견을 가지게 된다면'(bias the jury), 피고인을 있는 그대로가 아니라 한쪽으로 치우쳐진 틀에 끼워 맞춰 삐뚤게 바라볼 수도 있을 것입니다.

한복 판사는 배심원들이 피고인을 색안경 쓰고 볼(bias the jury against the accused) 수 있다는 이유를 근거로 정보 보류를(information should be withheld) 판결했다(rule).

2. Could the Year of the Dragon give a boost to China's declining population?

번역 용띠 해가 중국의 인구 감소를 _____ 수 있을까?

필터링 'give a boost to'는 인구 감소라는 좋지 않은 상황을 뒤집는다는 것을 의미합니다.

한복 용띠 해가 중국의 인구 감소를(China's declining population) 반전시킬(give a boost to) 수 있을까?

| 복습 | 영어와 한국어의 등가 표현 |

1. 판사는 배심원들이 피고인을 색안경을 쓰고 볼(____ the jury against the accused) 수 있다는 이유를 근거로 정보 보류를(information should be withheld) 판결했다(rule).

2. 용띠 해가 중국의 인구 감소를 반전시킬(give a ____ to) 수 있을까?

| AI 번역의 특징 (1) 말을 기계적으로 처리한다 |

1. 글자 수대로 다 번역하고 본다

The King Charles III remains wholly positive about his health.

AI 찰스 국왕이 그의 건강에 대해 완전히 긍정적으로 남아 있다.

한복 찰스 국왕이 건강에 자신감을 보이고 있다.

The country is currently experiencing particularly strong economic growth.

AI 그 나라는 현재 특별히 강한 경제 성장을 경험하고 있다.

한복 그 나라 경제는 현재 압축 성장 중이다.

2. 문맥을 살피지 못해 여러 의미를 가진 단어 혹은 합성어를 오역한다

At the hearing, his local attorney said that he didn't know his decision.

AI 청문회에서 그의 지역 변호사는 그의 결정을 몰랐다고 했다.

한복 법정 심리에서 그의 현지 변호사는 그가 내린 결정에 대해 몰랐다고 말했다.

보충 'hearing'은 국회에서 열릴 때에는 '청문회', 법원에서 진행될 때에는 '법정 심리'로 번역합니다.

C

•• • ● •• •

1. Problems in construction have been identified.

번역 공사에 _____ .

필터링 '건설상에서 발견되는 흠이나 이상'을 가리킬 때 쓰는 한국어 표현을 떠올려 보세요.

한복 공사에 하자가 있다(Problems in construction have been identified).

2. He returned to Omaha to close his late father's legal practice.

번역 그는 오마하로 돌아가 작고하신 부친의 _____ .

필터링 일터를 '닫았다'(close legal practice)고 해도 뜻은 통하겠지만 '폐업'을 가리키는 관용 표현이 따로 있습니다.

한복 그는 오마하로 돌아가 작고하신 부친의(his late father) 법률 사무소를 정리했다(close legal practice).

3. I am economically challenged.

번역 나는 _____ .

필터링 형편이 여의치 않을 때 우리는 이렇게 푸념을 늘어놓습니다.

한복 먹고살기 힘들다(I am economically challenged).

보충 '먹고살기 힘들다'를 영어로 번역할 때에는 'I can't financially support myself'라고 옮길 수도 있습니다.

4. She has had a consistently high standard of working.

번역 그녀는 _____.

필터링 '일관되게 높은 작업 수준'(consistently high standard of working)이란 기복 없이 맡은 일을 야무지게 해내는 상황을 가리킵니다.

한복 그녀는 처음부터 끝까지 일처리가 빈틈없다(has a consistently high standard of working).

5. Here are 7 habits of highly confident people you can practice to increase your confidence level.

번역 여러분의 자신감을 키울 수 있도록 _____ 일곱 가지 습관을 소개합니다.

필터링 자신감이라는 명사에 어울리는 '높다'(highly)라는 의미를 가진 한국어 표현을 떠올려 보세요.

한복 여러분이 자신감을 키울 수 있도록 자신감이 넘치는 사람들의(highly confident people) 일곱 가지 습관을 소개합니다.

| 복습 | 영어와 한국어의 등가 표현 |

1. 공사에 하자가 있다(Problems in _____ have been identified).
2. 그는 오마하로 돌아가 작고하신 부친(his late father)의 법률 사무소를 정리했다(____ legal practice).
3. 먹고살기 힘들다(I am economically _____).

4. 그녀는 처음부터 끝까지 일처리가 빈틈없다(has a _____ high standard of working).

5. 여러분이 자신감을 키울 수 있도록 자신감이 넘치는 사람들의(highly _____ people) 일곱 가지 습관을 소개합니다.

| Compromise에 한복 입히기 |

'타협하다' '협상하다'라는 뜻 외에도 문맥에 맞춰 다양한 표현의 한복을 입힐 수 있습니다.

1. Marriage is about communication and compromise.
   한복 결혼 생활에서는 대화를 통해 조금씩 양보해야 한다.

2. He wanted his own way and refused to compromise.
   한복 그는 자기 방식만 고집하면서 타협할 여지를 눈곱만큼도 주지 않았다.

3. Unions and management seem ready to compromise.
   한복 노동조합과 회사가 합의를 볼 것 같다.

4. Wearing the wrong sneakers for the wrong type of exercise can compromise your performance.

한복 운동에 맞는 운동화를 신지 않으면 제 기량을 발휘하지 못한다.

5. This model represents the best compromise between price and quality.

한복 이 모델은 가격과 품질 두 마리의 토끼를 다 잡았다.

6. She had already compromised herself by accepting his invitation.

한복 그의 제안을 받아들이면서 이미 그녀의 흑역사는 시작되었다.

7. Defeat at this stage would compromise their chances(=reduce their chances) of reaching the finals of the competition.

한복 이번 경기에서 지면 결승전 진출이 어렵게 될 것이다.

8. The project has been compromised(=challenged).

한복 그 사업이 위기에 봉착했다.

• • ● ● ● • •

1. The following are the seven traits that I have noticed generally in highly confident people.

번역 _____ 일곱 가지 특징은 다음과 같다.

필터링 자신감이 넘치는 사람들에게서 '일반적으로 볼 수 있다'(notice generally)는 말은 그들 모두가 가지고 있는 특징을 의미합니다.

자신감이 넘치는 사람들이(highly confident people) 공통으로 가지고 있는(notice generally) 일곱 가지 특징은(traits) 다음과 같다(the following are).

'The following is'에는 단수명사가, 'The following are'에는 복수명사가 붙습니다.

E.g. The following is a summary of events. → 다음은 사건들을 정리한 것이다.

E.g. The following are basic textbooks. → 다음은 기본 교재들이다.

2. Ukrainia is conflicted about a wartime vote with the EU.

전쟁 중 선거 시행을 앞두고 우크라이나와 유럽연합이 _____

_____.

'conflicted'는 갈등이 있는 여러 상황에서 쓰입니다. 그 다양한 상황의 '갈등'이 가진 뉘앙스의 차이를 짚어낼 줄 알아야 제대로 된 한국어 표현을 찾을 수 있습니다. 이 지문에서 'conflicted'는 '전쟁 중에 시행될 선거'를 놓고 의견이 충돌하고 있는 상황을 의미합니다.

전쟁 중 선거 시행을 앞두고 우크라이나와 유럽연합이 신경전을 벌이고 있다(be conflicted about).

3. He was a conscientious objector to military service.

그는 _____ 병역 _____.

종교 교리나 신념과 어긋난다는 이유에서 병역을 거부하는 사람을 가리키는 표현을 떠올려 보세요.

그는 양심적 병역 거부자다(conscientious objector).

4. The national security adviser said that North Korea' ① illicit cyber activities had emerged as recent challenges, calling them a source of funds for ② the isolated state's nuclear missile development.

번역 국가 안보자문위원은 ① _____ ② _____ 핵미사일 개발 자금원이 되고 있어 최근 난제로 떠오르고 있다고 밝혔다.

필터링 ① 'illicit cyber activities'를 직역하면 불법적인 사이버 활동이 됩니다. 이해가 되기는 하지만 이를 한 단어로 가리키는 한국어 표현이 있습니다. 예를 들어 'Illegally imported animals'는 동물 밀수로 옮깁니다. ② 그렇다면 지문에서 'the Isolated state', 즉 불법적인 사이버 활동을 통해 핵미사일을 개발하는 비용을 마련하는 '고립된 국가'는 어디를 가리킬까요?

한복 국가 안보 자문 위원은 ① 사이버 범죄가(illicit cyber activities) ② 북한의(the Isolated state) 핵미사일 개발 자금원이 되고 있어(a source of funds for) 최근 난제로 떠오르고 있다고(emerge as recent challenges) 밝혔다.

5. 'The New Look', the new Apple TV+ drama series, _____ _____ designer Christian Dior.

번역 애플 티비플러스의 새 드라마 시리즈인 〈더 뉴룩The New Look〉은 패션 디자이너 크리스챤 디올의 _____.

필터링 한 위인의 '부상을 연대순으로 기록하는'(chronicle the rise of) 장르를 가리키는 표현을 떠올려 보세요.

한복 애플 티비플러스 새 드라마 시리즈인 〈더 뉴룩The New Look〉은 패션 디자이너 크리스챤 디올의 일대기를 다루고 있다(chronicle the rise of).

| 복습 | 영어와 한국어의 등가 표현 |

1. 자신감이 넘치는 사람들이(highly _____ people) 공통으로 가지고 있는(notice generally) 일곱 가지 특징은(traits) 다음과 같다(The following are).
2. 전쟁 중 선거 시행을 앞두고 우크라이나와 유럽연합이 신경전을 벌이고 있다(be _____ about).
3. 그는 양심적 병역 거부자다(_____ to military service).
4. 국가 안보 자문 위원은 사이버 범죄가 북한의 핵미사일 개발 자금줄이 되고 있어(a source of funds for) 최근 난제로 떠오르고 있다고(emerge as recent _____) 밝혔다.
5. 애플 티비플러스 새 드라마 시리즈인 〈더 뉴룩〉은 패션 디자이너 크리스챤 디올의 일대기를 다루고 있다(_____ the rise of).

| 번역 공부에 지름길은 없습니다 |

"Be highly confident." "Have high confidence."

위의 문장들을 '자신감이 높다'라고 직역해도 딱히 어색하게 느껴지지 않는다고 생각할 수 있습니다. 그러나 제가 중요하게 여기는 지점은 반대로 '자신감이 넘치다'라는 한국어 표현을 영어로 옮길 때입니다. 한영 번역 또한 영한 번역만큼이나 만만치 않은 과정입니다. 영한 번역에서 이미 비슷한 함정에 빠졌듯 한영 번역을 할 때에는 '넘치는'이라는 한국어 표현에 묶이면서 그에 대응하는 영단어 'overflow'부터 떠오르게 되기 때문입니다.

번역에서 단어라는 좁은 범위로부터 쉽게 벗어나지 못하는 까닭은 우리가 어휘 책을 암기하는 방식으로 영어를 배우기 시작했기 때문입니다. 그렇게 언어를 배우기 시작한 과거는 바꿀 수 없습니다. 그러니 앞으로 이러한 한계에서 벗어나기 위해서는 무엇을 바꿔야 하며, 어떻게 그 바뀐 방식에 익숙해질지에 대해서 고민해야 합니다.

그렇게 제가 찾아낸 방법은 영문의 표현 자체를 암기하는 것입니다. 명사를 주축으로 해서 같이 쓰이는 관사, 동사, 형용사, 부사, 전치사를 통째로 암기하는 것입니다. 이러한 노력을 계속하다 보면 어느 순간부터 지문을 읽을 때 조각처럼 흩어진 각각의 '단어'가 아니라 물처럼 흐르는 하나의 '표현'이 보입니다.

• • ● ● • •

1. She was <u>mentally competent</u> and she had the capacity to decide for herself.

번역 그녀는 ＿＿＿＿＿＿＿＿＿＿＿＿ 스스로 결정할 수 있었다.

필터링 '스스로 결정할'(decide for herself) 수 있다고 인정받을 정도로 '정신적으로 역량을 갖췄다는'(mentally competent) 말을 자연스러운 한국어 표현으로 다듬어 보세요.

한복 그녀는 <u>판단력이 정상임을 인정받아</u>(mentally competent) <u>스스로 결정할</u>(decide for herself) 수 있었다.

2. A distant challenge turned into an immediate challenge.

번역 _____이 _____이 되었다.

필터링 멀리 떨어진 문제가 코앞에 닥친 문제가 되는 상황을 가리키는 관용 표현이 있습니다.

한복 강 건너 불구경(a distant challenge)이 발등에 불(an immediate challenge)이 되었다.

3. Today's ocean managers ① are challenged to cooperate inter-nationally and use scientific knowledge of fish stocks to ② replace loosely regulated fisheries with ③ well-managed, sustainable ④ resources.

번역 현재 해양 총괄 담당자들은 국제 협력을 통해 수산 자원에 대한 과학 지식을 기반으로 ② _____ ④ _____ ③ _____ 지속 가능성을 지켜내라는 ① _____.

필터링 ① 'are challenged to'는 지문의 맥락상 ②부터 ④에 이르기까지 뒤에 나오는 내용들을 반드시 이행해야 한다는 요구를 강하게 받고 있다는 의미입니다.

② '느슨하게 규제해 오던 것을 대체하다'(replace loosely regulated)와 ③ '잘 관리되고 지속 가능한 자원'(well-managed, sustainable resources)을 자연스러운 한국어 표현으로 다듬어 보세요. 'loosely regulated'와 'well-managed'는 서로 대비되는 의미를 가지고 있습니다.

④ 'resources'가 가리키는 바는 지문 앞부분에 나오는 'fisheries'입니다.

한복 현재 해양 총괄 담당자들은 국제 협력을 통해 수산 자원에 대한 과학 지식을 기반으로 ② 단속이 미비한(loosely regulated) ④ 어업 자원의 ③ 관리를 강화해(well-managed) 지속 가능성을 지켜내라는 ① 압박을 받고 있다(be challenged).

4. Urban gas companies <u>are heavily challenged</u> as electricity replaces gas in the bus fuel market.

번역 버스 연료 시장의 흐름이 액화 가스에서 전기로 바뀌면서 도시가스 회사들이 _____.

필터링 'are heavily challenged'를 번역할 때에는 버스 연료가 가스에서 전기로 교체되고 있다는 맥락을 헤아릴 수 있어야 합니다.

한복 버스 연료 시장의 흐름이 <u>액화 가스에서 전기로 바뀌면서</u>(electricity replaces gas) 도시가스 회사들이 <u>고전을 면치 못하고 있다</u>(be heavily challenged).

5. As Putin gears up for another election, ① <u>one critic hopes to</u> ② <u>challenge his power</u>.

번역 푸틴 러시아 대통령이 대선에 재도전하려는 가운데 ① _____ ② _____ 한다.

필터링 ① '푸틴 대통령에게 맞서는 누군가'(one critic)가 ② '그의 권위에 도전함으로써'(challenge his power) 푸틴의 대선 재도전을 저지하려는 상황을 이야기하고 있습니다.

한복 푸틴 러시아 대통령이 대선에 <u>재도전하려는</u>(another election) 가운데(gear up for), ① <u>그의 정적이</u>(one critic) ② <u>푸틴의 역린을 건드리려고</u>(challenge his power) <u>시도했다</u>(hope to).

보충 지문에서 이야기하는 푸틴의 정적은 알렉세이 날비니Alexei Navalny로, 2024년 47세의 나이로 세상을 떠났습니다. 그의 딸인 다샤Dasha는 테드TED 공식 홈페이지에서 '아버지로부터 배운 교훈'(Lessons from my father, Alexey Navalny)이라는 주제로 강연을 하기도 했습니다.

| 복습 | 영어와 한국어의 등가 표현 |

1. 그녀는 판단력이 정상임을 인정받아(mentally _____) 스스로 결정할 수 있었다.

2. 강 건너 불(a distant _____)이 발등의 불(an immediate _____)이 되었다.

3. 현재 해양 총괄 담당자들은 국제 협력을 통해 수산 자원에 대한 과학 지식을 기반으로 단속이 미비한(loosely regulated) 어업 자원의 관리를 강화해(well-managed) 지속 가능성을 지켜내라는 압박을 받고 있다(be _____).

4. 버스 연료 시장의 흐름이 액화 가스에서 전기로 바뀌면서 도시가스 회사들이 고전을 면치 못하고 있다(be heavily _____).

5. 푸틴 러시아 대통령이 대선에 재도전하려는(another election) 가운데 (gear up for), 그의 정적이 역린을 건드리려고(_____ his power) 시도했다(hope to).

| AI 번역의 특징 (2) 양 언어의 차이를 반영하지 않는다 |

우리는 어떤 정보를 전달하면서 문장의 주어로 삼은 동일 인물을 여러 차례 가리킬 때 반복되는 느낌을 피하고자 다양한 표현으로 호명을 달리하곤 합니다. 그러나 AI 번역 서비스는 이를 옮길 때 각각의 개별적인 인물인 것처럼 파악해 따로 번역합니다.

E.g. Sam Bankman-Fried's attorney said that the FTX founder has decided to be extradited to the United States. The 30-year-old cryptocurrency mogul will face charges in New York over accusations he stole billions from FTX customers.

AI 샘 뱅크맨-프리드의 변호사는 FTX 설립자가 미국으로 인도되기로 결정했다고 밝혔다. 30세의 암호 화폐 거물은 FTX 고객으로부터 수십억 달러를 훔친 혐의로 뉴욕에서 기소될 것입니다.

필터링 지문에 나온 'Sam Bankman-Fried' 'the FTX founder' 'the 30-year-old cryptocurrency mogul'은 모두 같은 한 사람을 가리킵니다.

번역가 FTX 창업자인 샘 뱅크맨-프리드의 변호사는 자신의 의뢰인이 미국에 인도되기로(be extradited) 결정이 났다고 밝혔다. 이제 나이 서른에 암호화폐 분야에서 간판급(mogul)으로 꼽히는 뱅크맨-프리드는 FTX 고객들에게서 수십억 달러를 빼돌린 혐의로 뉴욕에서 기소될(face charges) 예정이다.

• • ● ● • •

1. The roof <u>collapsed</u> under the weight of snow. The peace talks were on the verge of <u>collapse</u>.

번역 지붕이 눈 무게로 _____ . 평화 회담이 _____ 한다.

필터링 '무형+collapse'과 '유형+collapse'을 한국어로 옮길 때에는 각각 표현이 달라집니다.

필터링 '무형+collapse'과 '유형+collapse'을 한국어로 옮길 때에는 각각 표현이 달라집니다.

한복 지붕이 <u>눈 무게로</u>(under the weight of snow) <u>무너졌다</u>(collapse). 평화 회담이 <u>무산되려고</u>(collapse) 한다.

2. Several major retailers have announced to ① <u>close early</u> for ② the holiday.

번역 대형 유통 업체 몇 곳이 추수감사절에 _____ 밝혔다.

필터링 ① '상점이 빨리 문을 닫는다'(close early)라고 옮겨도 뜻은 통하겠지만 이런 상황을 가리킬 때 흔하게 쓰는 관용 표현이 있습니다.

② 'the holiday'는 어떤 휴일이기에 유통업에서 대목이라고 할 수 있는 시기임에도 일찍 문을 닫는다는 것일지 헤아려 보세요.

한복 대형 유통 업체 몇 곳이 <u>추수감사절에</u>(the holiday) <u>단축 영업을 한다고</u>(close early) 밝혔다.

3. Big retailers have pledged to <u>remain closed</u> this year on Thanksgiving Day.

번역 대형 유통 업체들이 올 추수감사절에는 _____ 결정했다.

필터링 '계속 문을 닫기로 했다'(remain closed)도 뜻이 통하기는 하지만 더 간결한 표현으로 다듬을 수 있습니다.

한복 대형 유통 업체들이 올 추수감사절에는 <u>휴무를</u>(remain closed) 결정했다.

보충 'remain closed'의 반대인 'remain open'를 가리킬 때 우리가 자주 쓰는 표현으로는 '정상 영업'이 있습니다.

E.g. Big retailers have pledged to <u>remain open</u> this year on

Thanksgiving Day. → 대형 유통 업체들이 올해 추수 감사절에는 <u>정상 영업을</u>(remain open) 하기로 결정했다.

4. The regulators have ordered the company to <u>close</u>.

번역 당국이 그 기업에 _____ 내렸다.

필터링 '사업체의 운영을 중단하라는 처분'을 가리킬 때 자주 쓰는 표현을 떠올려 보세요.

한복 당국이 그 기업에 <u>영업 정지를</u>(close) 내렸다.

| 복습 | 영어와 한국어의 등가 표현 |

1. 지붕이 <u>눈 무게로</u>(under the weight of snow) <u>무너졌다</u>(_____). 평화 회담이 <u>무산되려고</u>(_____) 한다.
2. 대형 유통 업체 몇 곳이 추수감사절에 <u>단축 영업을 한다고</u>(_____ early) 밝혔다.
3. 대형 유통 업체들이 올 추수 감사절에는 <u>휴무를</u>(remain _____) 결정했다.
4. 당국이 그 기업에 <u>영업 정지</u>(____)를 내렸다.

| 번역에 한자어 표현 활용하기 (1) |

1. It was an inevitable idea.

번역 그것은 피할 수 없는 생각이었다.

한복 그 생각은 '궁여지책'이었다.

2. Life is unpredictable. Life is full of mixed blessings.

번역 인생은 예측할 수 없다. 삶이란 은총과 저주가 엇갈리는 순간들로 가득 차 있다.

한복 인간만사 '새옹지마'다.

3. Seeing is believing.

번역 눈으로 확인해야 믿는다.

한복 '백문이 불여일견'이다.

4. Agreements fall by the wayside.

번역 합의안들이 길바닥에 버려졌다.

한복 합의안들이 '유명무실'해졌다.

5. I will do my best to ensure a good outcome.

번역 반드시 좋게 마무리될 수 있도록 하겠습니다.

한복 '유종의 미'를 거둘 수 있도록 하겠습니다.

6. Let's learn a lesson from this mistake.

번역 이번 실수로부터 교훈을 얻도록 하자.

한복 이번 실수를 '반면교사'로 삼자.

7. It's not hard to imagine how gene-editing technologies could be misused.

번역 유전자 편집 기술이 어떻게 악용될 것인지 상상하기란 어려운 일이 아니다.

한복 유전자 편집 기술의 악용은 '**명약관화**'한 일이다.

8. It is predatory for a company to demand bribes from sub-contractors.

번역 회사가 하청업자에게 뇌물을 바라는 것은 약탈이나 다를 바 없는 행위다.

한복 회사가 하청업자에게 뇌물을 바라는 것은 '**약육강식'의** 전형이라고 할 수 있다.

9. The team is highly confident in winning the game.

번역 그 팀이 승리에 대한 자신감에 차 있다.

한복 그 팀이 승리를 자신하며 '**사기충천**'해 있다.

• • ● • •

1. The regulators have ordered the infant fomular company to close its plant.

번역 당국이 분유 회사에게 _____ 처분을 통보했다.

필터링 '공장이 문을 닫는'(close its plant) 상황을 가리키는 자연스러운 한국어 표현을 떠올려 보세요.

한복 당국이 분유 회사에게 생산 중단(close its plant) 처분을 통보했다.

2. He cleans carefully.

번역 그는 청소를 __ 한다.

필터링 청소를 '주의 깊게'(carefully) 한다는 것은 꼼꼼하게 정성들여 잘 한다는 의미로 받아들일 수 있습니다.

한복 그는 청소를 잘(carefully)한다.

보충 한영 번역에서도 '그는 청소를 잘한다'에서 '잘'은 'carefully'로 옮길 수 있습니다.

3. This product is carefully packaged.

번역 이 상품은 _____.

필터링 '꼼꼼하게(=meticulously) 포장되었다'도 뜻은 통하지만 조금 더 다듬어볼 수 있습니다.

한복 이 상품은 포장이 잘되어 있다(be carefully packaged).

4. Senator Katie Britt attempts to clean up her misleading State of the Union response.

번역 케이티 브릿 상원의원이 대통령 연두 교서에 대한 대응에서 오해의 소지가 있는 부분을 _____.

필터링 문맥상 오류를 '대청소하려고 한다'(attempt to clean up)는 말은 당시 야당인 공화당 상원의원이 대통령의 연두 교서에 대한 대응에서 오해의 소지가 있는 부분을 치우려고(=해명하려고) 한다는 의미로 받아들일 수 있습니다.

한복 케이티 브릿 상원의원이 대통령 연두 교서에 대한 대응에서 오해의 소지가 있는 부분을 <u>무마하려고 했다</u>(attempt to clean up).

| 복습 | 영어와 한국어의 등가 표현 |

1. 당국이 분유 회사에게 <u>생산 중단</u>(____ its plant) 처분을 통보했다.
2. 그는 청소를 잘(_____)한다.
3. 이 상품은 포장이 잘되어 있다(be _____ packaged).
4. 케이티 브릿 상원의원이 대통령이 연두 교서에 대한 대응에서 오해의 소지가 있는 부분을 <u>무마하려고 했다</u>(attempt to ____ up).

| 연습과 실전 |

얼마 전 한 텔레비전 예능 방송에서 물병 세우기 게임을 봤습니다. 출연자들에게는 게임에 도전하기 전에 물병 세우기를 연습할 수 있는 시간이 주어졌고, 그렇게 한 출연자가 연습에서 물병 세우기를 몇 차례나 성공한 다음 자신 있게 '도전'을 외쳤습니다.

그러나 실제 도전은 물병이 내동댕이쳐지면서 실패로 끝났습니다. 분명히 연습 때는 몇 번이고 성공했는데 왜 본 게임에서는 연습처럼 되지 않았던 것일까요? 방송에서 다시 보여준 연습 장면과 비교해서 보니 그 출연자가 본 게임에 도전했을 때에는 너무 긴장한 나머지 연습했던 방식대로 손목에 스냅을 주지 않고 그냥 던졌더라고요.

물병 세우기 게임이 아니라도 연습과 실전은 다릅니다. 연습에서는 실패했을 때의 부담도 없고, 지켜보면서 실수를 타박하는 사람들도 없습니다. 통번역 현장에서도 마찬가지입니다. 어느 정도 실력이 붙게 되었을지라도 막상 번역 현장에서 또는 누군가가 전한 까다로운 말을 즉석에서 통역해야 하는 쉽지 않은 상황에서는 움츠러들면서 제 실력을 발휘하지 못하는 경우가 많습니다. 번역가들이 자리를 잡고 나서도 공부를 계속하는 이유는 이처럼 연습과 실전의 간격을 좁히기 위해, 또 그렇게 좁혀진 간격을 현장에서 계속 유지하기 위해서입니다.

강의를 하다 보면 전체를 대상으로 질문을 할 때에는 대답을 잘하는 학생들을 자주 만나게 됩니다. 그래서 기대를 가지고 그 학생을 지목해 단독으로 통역을 시켜 보면 긴장해서인지 답을 찾지 못하고 헤매는 경우가 많았습니다. 이 또한 연습과 실전의 차이가 크기 때문입니다.

그래서 공부할 때에는 혼자 만족하는 데에서 끝내는 것이 아니라 늘 누군가가 지켜보면서 평가하고 있다는 생각을 가지고 '연습을 실전처럼, 실전을 연습처럼' 하면서 한 걸음 더 나아가고자 하는 노력이 필요합니다.

● ● ● ● ● ●

1. Things have been complicated.

`번역` _____.

필터링 '상황이 복잡해질 때' 쓰는 관용 표현을 떠올려 보세요.

한복 일이 꼬이고 있다.

2. The investigation was complete.

번역 그 수사가 _____.

필터링 지문에서 타동사 'complete'는 범죄 혐의 유무를 밝히려는 활동이 이제 마무리되었다는 것을 의미합니다.

한복 그 수사가 종결되었다(be complete).

3. His eyes tell me that he will never conform. Otherwise, He chooses to die.

번역 그는 _____ 죽음을 택하겠다는 눈빛이었다.

필터링 문맥을 헤아리자면 '순응한다'(conform to)는 상대의 힘에 굴복해 따른다는 의미입니다.

한복 그는 길들여져 사느니 차라리(never conform) 죽음을 택하겠다는 (choose to die) 눈빛이었다.

4. "Every time I tell people how much I love to knit," Michelle Obama said , "They seem so surprised!" And I thought, why? I suspect it's because knitters, unlike Mrs. Obama, are presumed to be ① aging ungracefully: elderly ladies rocking away on the porch ② in cultural irrelevance.

번역 미셸 오바마는 '제가 뜨개질이 취미(love to knit)라고 할 때마다 사람들이 놀래요'라고 말했다. 나는 그 말을 듣고 '왜?'라는 생각이 들었다. 아마 뜨개질하는 사람이라고 하면 현관 옆 흔들의자에 앉아 있는

① _____ 할머니들이 연상되면서 미셸 오바마가 가진 이미지와는 달라 ② _____ 때문인 것 같다,

필터링 ① '우아하지 못하게 나이든 노년의 여성'(aging ungracefully elderly ladies)은 미셸 오바마와 대비되는 모습으로 활용되었습니다.

②《옥스퍼드 학습자 사전》의 풀이에 따르면 'culture'는 특정 집단에 속한 사람들이 공유하는 어떤 믿음이나 태도입니다. 따라서 '문화적 무관함'(cultural irrelevance)이라고 직역되는 부분은 문맥상 자신과 결이 어긋나는 데에서 오는 거리감에 가까운 의미로 받아들일 수 있습니다.

한복 미셸 오바마는 '제가 뜨개질이 취미(love to knit)라고 할 때마다 사람들이 놀래요'라고 말했다. 나는 그 말을 듣고 '왜?'라는 생각이 들었다. 아마 뜨개질하는 사람이라고 하면 현관 옆 흔들의자에 앉아 있는 ①촌스러운(aging ungracefully) 할머니들이 연상되면서 미셸 오바마가 가지고 있는 이미지와는 달라 ② 문화적 거리감이 느껴지기(in cultural irrelevance) 때문인 것 같다.

보충 'irrelevance'는 '무관함' 외에도 맥락에 따라 다른 뜻으로 번역될 수 있습니다.

E.g. Rural areas have the greatest risk of fading into irrelevance as young people move away to the cities. → 젊은이들이 도시로 빠져 나가면서 시골은 점점(fade into) 쇠락해질(irrelevance) 것 같다.

| 복습 | 영어와 한국어의 등가 표현 |

1. 일이 꼬이고 있다(be _____).
2. 그 수사가 종결되었다(be _____).
3. 그는 길들여져 사느니 차라리(never _____), 죽음을 택하겠다는 눈

빛이었다.

4. 미셸 오바마는 '제가 뜨개질이 취미라고 할 때마다 사람들이 놀래요' 라고 말했다. 나는 그 말을 듣고 '왜?'라는 생각이 들었다. 아마 뜨개 질하는 사람이라고 하면 현관 옆 흔들의자에 앉아 있는 촌스러운 할 머니들이 연상되면서 미셸 오바마가 가지고 있는 이미지와는 달라 <u>문 화적 거리감이 느껴지기</u>(in _____ irrelevance) 때문인 것 같다.

| "그 눈빛을 보고 싶었다" |

뉴욕에는 '플라코'Flaco라고 불린 수리부엉이가 있었습니다. 뉴요 커들은 센트럴파크 동물원의 우리에서 빠져나와 도심을 자유롭게 날아다니는 플라코를 사랑했습니다. 그동안 동물원 측에서는 플 라코를 다시 가두려고 갖가지 방법을 써봤지만 실패했고, 결국 시 민들의 반대 캠페인들이 이어지자 포획을 포기했습니다. 플라코 는 그렇게 일 년여 빌딩숲 사이를 누비면서 마음껏 사냥하며 살다 가 한 건물에 부딪쳐 사망했습니다.

만약 동물원에서 주는 먹이를 받아먹으며 우리 안에서 계속 살았 다면 플라코는 더 오래 살았을지도 모르겠습니다. 하지만 그 수리 부엉이의 눈빛은 다른 답을 말하는 것 같았습니다. '익숙하고 안 락한 곳에서 벗어나 내가 원하는 방식대로 살지 않으면 그것은 사 는 게 아니다'라고요.

북미에서 늑대가 가축을 잡아먹는다는 이유로 무차별로 사냥 당 하면서 멸종에 이르자 생태계의 먹이사슬 균형이 무너졌습니다.

이에 미국은 자연 생태계를 복원하고자 캐나다에서 14마리의 늑대를 들여와 국립공원에 방생했습니다. 이 늑대들을 보고자 국립공원에 방문한 관광객들은 늑대의 영역에서 멀찍이 떨어진 곳에 서서 늑대가 나타나기만을 몇 시간씩 기다려야 합니다. 한 신문사 기자가 그들에게 다가가 고작 늑대를 보자고 먼 곳까지 달려와 수천 달러씩 쓰는 까닭을 물었습니다.

많은 관광객들이 질문에 답했지만 그중 한 남성의 대답이 인상적이었습니다. 그는 늑대의 눈빛을 보면 'I will never conform to you. Otherwise I choose to die'라는 생각이 들기에, 그 눈빛을 보고 싶어 왔다고 했습니다.

바로 뉴욕의 수리부엉이가 눈으로 전했던 의지입니다. "길들여져 사느니 차라리 죽음을 택하겠다."

D

• • • ● • • •

1. This matter was <u>widely debated</u> in the media.

번역 언론에서 이 문제를 _____.

필터링 신문 기사에서 어떤 이슈를 '널리 토의한' 상황을 가리키는 한국어 표현을 떠올려 보세요.

한복 언론에서 이 문제를 <u>많이 다뤘다</u>(be widely debated).

2. 'The process of finding housing has been <u>very difficult</u>' said a man, who has been staying at a shelter with about 600 other migrants.

번역 숙소를 찾는 것이 _____ 약 600명의 불법 이주자들과 보호소 생활을 함께하는 남성이 호소했다.

필터링 어떤 곳에 들어가기가 '매우 힘든' 상황을 가리키는 관용 표현을 찾아보세요.

한복 숙소를 찾는 것이 <u>하늘의 별따기라고</u>(very difficult) 약 600명의 불법 이주자들과 보호소 생활을 함께하는 남성이 호소했다.

3. You made a mistake, but <u>there's no need to dwell on it</u>.

번역 실수를 _____.

필터링 우리는 실수를 '곱씹으며' 아쉬웠던 과거에서 맴도는(dwell on) 상황을 가리킬 때 어떤 표현을 쓰나요?

한복 실수를 너무 마음에 담아 두지 마(dwell on).

4. He's easily distracted from his work.

번역 그는 _____.

필터링 '쉽게 어수선해진다'는 말은 일에 대한 집중력이 떨어져 제대로 일하고 있지 않는 상황이 자주 벌어진다는 것을 의미합니다.

한복 그는 산만한 스타일이다(be easily distracted from).

보충 "무늬만 일하는 것처럼 보일 때가 많다"처럼 관용 표현을 활용할 수도 있습니다.

5. The overwhelming majority of voters believe the nation is deeply divided over its important values.

번역 유권자 대다수는 현재 국가의 중요한 가치관을 놓고 나라 전체가 _____ 생각한다.

필터링 '갈라진 골이 깊다'(be deeply divided)고 할 정도로 나라 전체에서 반목이 심각한 상황입니다.

한복 유권자 대다수는 현재 국가의 중요한 가치관을 놓고 나라 전체가 심하게 분열되고 있다고(be deeply divided over) 생각한다.

| 복습 | 영어와 한국어의 등가 표현 |

1. 언론에서 이 문제를 많이 다뤘다(be widely _____).

2. 숙소를 찾는 것이 하늘의 별따기라고(very _____) 약 600명의 불법
이주자들과 보호소 생활을 함께하는 남성이 호소했다.

3. 실수를 너무 마음에 담아 두지 마(Don't ____).

4. 그는 산만한 스타일이다(be easily _____ from his work).

5. 유권자의 대다수가 현재 국가의 중요한 가치관을 놓고 나라 전체가
심하게 분열되고 있다고(be deeply _____) 생각한다.

• • • ● ● • •

1. Such occurrences discredit the purpose of the system.

번역 그런 일들은 그 제도의 _____ 것이다.

필터링 '목적을 부정한다'(discredit the purpose of)는 말은 원래 목적과 반
대되는 상황을 의미합니다.

한복 그런 일들은 그 제도의 취지에 어긋나는(discredit the purpose of)
것이다.

2. Police saw a man matching the suspect's description running
from the scene.

번역 경찰이 _____ 남자가 사고 현장에서 도주하
는 것을 봤다.

필터링 '그에 대한 묘사와 일치하는'(match the suspect's description)의 한
국어 표현을 찾을 때 경찰의 입장에서 생각해 보세요. 잠복 중인 경찰이
용의자를 찾아내기 위해 어떤 자료를 참고하고 있었을까요.

한복 경찰이 용의자의 인상착의와 일치한(match the suspect's description)
남자가 사고 현장에서(the scene) 도주하는 것을 봤다.

3. My gift card was completely drained.

번역 상품권 카드 잔고가 _____.

필터링 지갑 사정과 관련해 '완전히 배수된'(completely drained) 상황은 돈이 다 떨어졌다는 것입니다.

한복 상품권 카드 잔고가 바닥났다(be completely drained).

4. French businesses are disillusioned with the Chinese market.

번역 프랑스 기업들이 중국 시장의 _____.

필터링 '환상이 깨졌다'(be disillusioned with)는 것은 이른바 콩깍지가 벗겨졌다는 의미입니다.

한복 프랑스 기업들이(French businesses) 중국 시장의 진면목을 보게 되었다(be disillusioned with).

5. PakTech will tap into the burgeoning demand and fulfill its vision.

번역 팩테크 사는 _____ 목표 달성에 나서겠습니다.

필터링 'burgeoning demand'는 새로 생긴 수요가 급증하고 있음을 의미하고, 'tap into'는 이러한 상황을 활용하겠다는 뜻입니다.

한복 팩테크 사는 폭발적인 새로운 수요를(burgeoning demand) 계기로 (tap into) 목표 달성에 나서겠습니다.

보충 수요가 '많다'는 표현을 영어로 번역할 때 쓸 수 있는 단어로는 robust, high, strong demand 등이 있습니다. 반대로 수요가 '적다'는 표현을 영어로 옮길 때 쓸 수 있는 단어로는 weak, poor, tepid demand 등이 있습니다.

1. 그런 일들은 그 제도의 <u>취지에 어긋나는</u>(＿＿＿＿ the purpose of) 것이다.
2. 경찰이 용의자의 <u>인상착의와 일치하는</u>(matching the suspect's ＿＿ ＿＿＿) 남자가 사고 <u>현장에서</u>(the scene) 도주하는 것을 봤다.
3. 상품권 카드 <u>잔고가 바닥났다</u>(be completely ＿＿＿＿).
4. 프랑스 기업들이 중국 시장의 <u>진면목을 보게 되었다</u>(be ＿＿＿＿＿＿ with).
5. 팩테크 사는 <u>폭발적인 새로운 수요를</u>(burgeoning ＿＿＿＿) 계기로 목표 달성에 나서겠습니다.

| **Demand vs. Demands** |

《옥스퍼드 학습자 사전》에서 두 단어의 풀이를 찾아보면 각각 다음과 같이 나옵니다.

Demand(수요): [uncountable, singular] the desire or need of customers for goods or services that they want to buy or use.

E.g. Demand for organic food is exceeding supply.
유기농 식품에 대한(for) **수요**가 공급을 초과하고 있다.

Demands(요구): [plural] things that somebody/something makes you do, especially things that are difficult, make you tired, worried, etc.

E.g. Juggling the demands of work and family is never easy.
일과 가족의 **요구를** 양립시키기가(juggling) 버겁다.

참고로 '어렵다'라는 뜻을 가진 영단어를 학생들에게 질문해 보면 'difficult'가 유일한 대답일 때가 많았습니다. 그러나 영어 표현으로는 위의 예문처럼 'is not easy' 'challenging'을 많이 씁니다.

•• • ● • ••

1. The family is one of 22 who over generations have dedicated themselves to making "pa'akai", the Hawaiian word for salt.

   번역 이 집안은 하와이어로 소금을 뜻하는 '파카이' 생산을 _____ ____ 22가문 가운데 하나다.

   필터링 지문에서 'over generations have dedicated themselves to'는 세대를 걸쳐 파카이 생산에 헌신해 왔다는 의미입니다.

   한복 이 집안은 하와이어로 소금을 뜻하는 '파카이' 생산을 가업으로 이어온(over generations have dedicated themselves to) 22가문 가운데 하나다.

2. How to Divert Traffic during Road Construction.

번역 도로 공사 중 _____ 방법.

필터링 문맥상 '교통 방향을 바꾸게 했다'(divert traffic)는 말은 도로 공사 중이니 다른 도로를 사용하도록 유도했다는 뜻입니다.

한복 도로 공사 중 교통을 우회시키는(divert traffic) 방법.

3. As a result of electronic interference, planes ① are losing satellite signals and flights ② have been diverted.

번역 전자파 간섭으로 비행기들이 위성 신호를 ① _____ ② _____ _____.

필터링 ① 위성 신호를 '잃어버렸다'(lose)를 자연스러운 한국어 표현으로 바꿔 보세요.

② 앞에서 언급한 상황 때문에 원래 예정된 노선으로 가지 못하게 되었다면 비행기들은 어떤 선택을 해야 할지 상상해 보세요.

한복 전자파 간섭으로 비행기들이 위성 신호를 ① 받지 못해(lose) ② 노선 변경을 하고 있다(have been diverted).

4. Mary is a decision-maker in the house.

번역 메리가 집에서 _____.

필터링 '결정권을 가진 사람'(the decision-maker)을 가리키는 관용 표현을 찾아보세요.

한복 메리가 집에서 칼자루를 쥐고 있다(be a decision-maker).

5. I would always rather be happy than dignified.

번역 나는 _____보다는 맘 편하게 살고 싶다.

필터링 위엄을 갖추는 것과 행복해지는 것은 서로 상관없어 보이지만, 'be

happy than dignified'에서 'happy'와 'dignified'는 서로 대조되는 관계입니다. 위엄을 갖추기 위해서는 무엇을 포기해야 하는지 생각해 보세요.

한복 나는 <u>무게 잡기</u>(be dignified)보다는 <u>맘 편하게 살고 싶다</u>.

| 복습 | 영어와 한국어의 등가 표현 |

1. 이 집안은 하와이어로 소금을 뜻하는 '파카이'의 생산을 <u>가업으로 이어온</u>(over generations have _____ themselves) 22가문 가운데 하나다.
2. 도로 공사 중 <u>교통을 우회시키는</u>(_____ traffic) 방법.
3. 전자파 간섭으로 비행기들이 위성 신호를 <u>받지 못해</u>(lose) 노선 변경을 하고 있다(have been _____).
4. 메리가 집에서 <u>칼자루를 쥐고 있다</u>(be a _____).
5. 나는 <u>무게 잡기</u>(be _____)보다는 <u>맘 편하게 살고 싶다</u>.

| 삶이란 만들어가는 것이다 |

'그랜마 모지스'는 애나 메리 로버트슨 모지스Anna Mary Robertson Moses가 78세에 붓을 처음 잡고 그림을 그리기 시작하면서 얻은 애칭입니다. 그는 그림을 통해 자신의 마음을 전합니다. 굳이 말하지 않아도, 글로 전하지 않아도 오랜 세월을 살아온 시간의 무게가 담긴 그의 그림을 보고 있노라면 마음이 편안해집니다.
101세로 타계하기 전에 남긴 자서전《인생에서 너무 늦은 때란 없습니다Grandma Moses: My Life's History》에서 그는 다음과 같이 밝혔습니다. "삶이란 우리가 만들어가는 것이다. 항상 그래왔고 앞으로도 그럴 것이다"(Life is what we make it, always has been, always will be). 백세 시대에 돌입하면서 우리에게 새로운 고민이 생겼습니다. 바로 '은퇴 후의 삶을, 그 긴 시간을 어떻게 보낼 것인가'입니다. 예순에 은퇴한 분께서 아흔이 되자 하신 말씀이 "퇴직 후에도 30년을 더 살 줄 알았으면 이렇게 시간을 보내지는 않았을 것이다"였다고도 하지요.

그러나 저는 아흔에도 늦지 않았다고 생각합니다. 어제보다는 늙었지만 내일보다는 젊기 때문입니다. 삶이란 만들어가는 것이라는 그랜마 모지스의 말을 되새기면서 앞으로 나의 삶에 '재미'와 '의미'를 줄 수 있는 새로운 일로 무엇이 있을지 더 늦기 전에 찾아봅시다. 벌써부터 궁금해지지 않습니까.

•• • ● • ••

1. Some alcoholic cocktails are <u>deceptively sugary</u> and highly caloric.

번역 칵테일 중에 _____ 고열량인 것도 있다.

필터링 얼핏 봐서는 그렇지 않아 보이지만 사실은 다른 진실에 대해 전할 때 쓰는 표현을 떠올려 보세요.

한복 칵테일 중에는 <u>알고 보면 당이 높아</u>(deceptively sugary) 고열량인 음료도 있다.

2. ① Diplomacy is a painful task and ② a task for the patient.

번역 ① ＿＿＿＿＿＿＿＿ ② ＿＿＿＿＿＿＿＿＿＿.

필터링 ① '외교술'(diplomacy)이란 ② 'the patient'라는 얼핏 외교 분야와 관련 없어 보이는 단어로 설명해야 할 만큼 쉽지 않은 일이라는 의미를 전하고 있습니다.

한복 ① 외교술은(diplomacy) 어렵고(a painful task) ② 인내심이 필요한 일이다(a task for the patient).

보충 'The+형용사'는 추상명사처럼 받아들여집니다. 예를 들자면 'The real'은 'Reality' 'The good'은 'Virtue' 'The evil'은 'Vice' 'The patient'는 'Patience'로 해석해야 됩니다.

3. The skill is deceptively simple but unrelentingly complicated.

번역 이 기술이 ＿＿＿＿＿＿＿ 알고 보면 매우 복잡하다.

필터링 '단순함으로 가장한다'라는 말을 자연스러운 한국어 표현으로 다듬어 보세요.

한복 이 기술이 단순해 보이지만(deceptively simple) 알고 보면 매우 복잡하다(unrelentingly complicated).

4. South Carolina investigators ② detail the challenges of accessing a phone that held a crucial video that ① destroyed Alex Murdaugh's alibi for the night his wife and son were killed.

번역 사우스캐롤라이나의 수사관이 알렉스 머독의 아내와 아들이 사망한 밤에 그의 알리바이를 ① ＿＿＿＿＿ 단서가 되어 줄 영상을 확보하기 위해 머독의 ② ＿＿＿＿＿＿＿＿＿＿＿＿＿＿＿＿＿＿＿＿.

필터링 ① 알리바이를 '파괴한다'(destroy)는 말의 의미를 헤아려 자연스러운 한국어 표현으로 바꿔 보세요.

② 'detail the challenges of accessing a phone'에서 'detail'은 'challenges' 이후 상황에 대한 동사로 쓰였습니다.

한복 사우스캐롤라이나의 수사관이 알렉스 머독의 아내와 아들이 사망한 밤 그의 알리바이를 ① 뒤집는(destroyed) 단서가 되어 줄 영상을 확보하기 위해 머독의 ② 휴대폰을 열었을 당시 겪었던 어려움에 대해 (challenges of accessing a phone) 자세히 밝혔다.

| 복습 | 영어와 한국어 등가 표현 |

1. 칵테일 중에는 알고 보면 당이 높아(_____ sugerly) 고열량 음료 인 것도 있다.

2. 외교술은(_____) 어렵고(a painful task) 인내심이 필요한 일(a task for the patient)이다.

3. 이 기술이 단순해 보이지만(_____ simple) 알고 보면 매우 복잡 하다(unrelentingly complicated).

4. 사우스캐롤라이나의 수사관이 알렉스 머독의 아내와 아들이 사망한 밤 그의 알리바이를 뒤집는(_____) 단서가 되어줄 영상을 확보하 기 위해 머독의 휴대폰을 열 때 겪었던 어려움에 대해(challenges of accessing a phone) 자세히 밝혔다.

E

$\bullet\bullet\bullet\,\bullet\,\bullet\bullet\bullet$

1. It's my best-ever score.

번역 그것이 나의 _____ 이다.

필터링 지금까지 거둔 것들 가운데 가장 좋은 결과를 가리킬 때 쓰이는 관용 표현을 찾아보세요.

한복 그것이 나의 역대 최고 성적(best-ever score)이다.

2. MLB's first-ever female primary play-by-play announcer says her role opens door for the next generation.

번역 메이저리그 야구 _____ 여성 정규 방송중계 해설자가 자신이 후배들에게 물꼬를 트는 역할을 했다고 말했다.

필터링 문맥상 'first-ever'는 지금까지 메이저리그에서 찾을 수 없었던 첫 사례라는 의미입니다.

한복 메이저리그 야구 역사상 최초의(first-ever) 여성 정규 방송중계 해설자가(primary play-by-play announcer) 자신이 야구 해설자를 꿈꾸는 여성 후배들에게 물꼬를 트는 역할을 했다고(her role opens door for the next generation) 말했다.

보충 "그녀가 다음 세대에게 귀감이 되고 있다"를 이렇게 다양한 표현으로 한영 번역할 수 있습니다.

She play a pivotal role in opening the door for the next generation.

She becomes an integral part of opening the door for the next generation.

She largely contributes to opening the door for the next generation.

She becomes strong force on opening the door for the next generation.

She is a major boost to opening the door for the next generation.

3. Paul, ever the optimist, agreed to try again.

번역 _____ 폴은 다시 도전해 보기로 했다.

필터링 지문에 나온 'ever'의 쓰임은 동화책 속 결말에 단골처럼 등장하는 문구에서도 자주 찾을 수 있습니다. "그들은 오래오래 행복하게 살았습니다"(They lived happily ever after).

한복 만년 낙천가인(ever the optimist) 폴은 다시 도전해 보기로(try again) 했다.

4. When has that ever stopped you from doing anything?

번역 _____ ?

필터링 의문문인 지문에서 'ever'는 '어느 때더라도' '한 번이라도'라는 의미를 가지고 있습니다.

한복 그래서 언제 안 한 적 있어(What has that ever stopped you from doing anything)?

5. Black students took a field trip to the birthplace of American slavery and felt empowered.

번역 흑인 학생들은 미국 노예제도가 시작된 곳으로 현장 학습을 나가

_____.

필터링 역사 현장을 둘러보며 그곳에 흔적을 남긴 조상들에게서 '받을 수 있는 힘'(felt empowered)이란 현재를 새롭게 되짚어볼 수 있도록 해 주는 각성이겠지요.

한복 흑인 학생들이 미국 노예제도가 시작된 곳으로 현장 학습을 나가(take a field trip to) 자극을 받았다(felt empowered).

| 복습 | 영어와 한국어의 등가 표현 |

1. 그것이 나의 역대 최고 성적(_____ score)이다.
2. 메이저리그 야구 역사상 최초의(_____) 여성 정규 야구 방송중계 해설자가(primary play-by-play announcer) 자신이 야구 해설자를 꿈꾸는 여성 후배들에게 물꼬를 트는 역할을 했다고(her role opens door for the next generation) 말했다.
3. 만년 낙천가인(____ the optimist) 폴은 다시 도전해 보기로 했다.
4. 그래서 언제 안 한 적 있어(What has that ____ stopped you from doing anything)?
5. 흑인 학생들이 미국 노예제도가 시작된 곳으로 현장 학습을 나가(take a field trip to) 자극을 받았다(felt _____).

| 영어에 한복을 입힐 때에는 비범하게! |

1. It predates me.

번역 제가 오기 전부터 있었던 일입니다.

한복 전임자가 한 일이라 저와는 관계가 없습니다.

2. He is an excellent artist.

번역 그는 굉장히 탁월한 예술가다.

한복 그는 몇 손가락 안에 드는 예술가다

3. I was holding my breath for the movie's final scene.

번역 나는 극중 마지막 장면을 숨도 쉬지 못하고 봤다.

한복 나는 극중 마지막 장면을 손에 땀을 쥐고 봤다.

4. My mom is a generous cook.

번역 우리 엄마는 음식을 넉넉하게 하신다.

한복 우리 엄마는 음식을 만드실 때 손이 크다.

5. Fines are meaningless to a huge company.

번역 대기업에게 벌금이란 큰 의미가 없다.

한복 대기업들은 벌금형에 눈도 깜짝 안 한다.

6. Don't embolden him.

번역 그를 대담해지게 만들지 말아라.

한복 그의 간덩이를 키우지 말아야 한다.

7. General information

번역 일반적인 정보

한복 기본 정보

8. Amid a strong dollar crisis, here's what we can learn from Japan's 'weak' yen.

번역 달러가 강세를 보이는 위기를 맞아 엔화가 약세를 보이는 현상을 통해 배울 수 있는 점.

한복 고환율 사태를 맞아 엔저 현상에서 알아둘 점.

• • ● • •

1. Vanessa Bryant <u>shares an emotional speech</u> at Kobe Bryant statue unveiling.

번역 바네사 브라이언트가 배우자 고故 코비 브라이언트 동상 제막식에서 _____.

필터링 망자를 기리는 행사에서 떠난 이와의 추억을 돌아보며 빈자리를 아쉬워할 때 읊는 글이나 말을 가리킬 때 쓰는 표현을 떠올려 보세요.

한복 바네사 브라이언트가 배우자 고故 코비 브라이언트 동상 제막식에서 <u>추모사를 했다</u>(shares an emotional speech).

보충 'I got emotional'은 인터뷰나 대화 등의 상황에서 많이 쓰이는 표현으로, 주로 말하면서 갑자기 감정이 북받치는 상황을 가리킬 때 씁니다. 이를 한국어로 번역할 때 쓸 수 있는 표현으로는 '울컥하다' '감정이

북받치다' '코끝이 찡해지다' '가슴이 뜨거워지다' '눈시울이 뜨거워지다' 등이 있습니다.

2. Artificial intelligence can come up with jokes, but it can <u>require emotional intelligence</u> to make them work.

<u>번역</u> 인공지능도 농담을 할 수는 있겠지만, 제대로 웃기려면 인간의 감성을 이해할 만한 _____.

<u>필터링</u> 인공지능이 건네는 농담이 사람의 감성에도 먹힐 정도가 되기 위해서는 무엇이 필요할까요?

<u>한복</u> 인공지능도 농담을 할 수는 있겠지만, <u>제대로 웃기려면</u>(make them work) 인간의 감성을 이해할 만한 <u>정서 지능이 필요하다</u>(require emotional intelligence).

<u>보충</u> 유머에 대해서 이야기하는 지문이니 '제대로 웃기려면 인간의 갬성이 필요하다'와 같이 보다 가벼운 결로 번역할 수도 있습니다.

3. He <u>emphasized</u> that this must be our top priority.

<u>번역</u> 그는 이 일이 일순위라고 _____.

<u>필터링</u> '강조하다'(emphasize)도 뜻이 통하기는 하지만, '이 일을 가장 먼저 해야 한다!'라고 강하게 말하는 뉘앙스를 살릴 수 있는 표현을 찾아봅시다.

<u>한복</u> 그는 이 일이 일순위라고 <u>쐐기를 박았다</u>(emphasize).

4. I <u>have never been exposed</u> to operas in my life

<u>번역</u> 나는 평생 오페라와는 _____.

<u>필터링</u> 평생 오페라에 '노출된'(be exposed to) 적이 없다고 하니, 지문 속

화자는 오페라를 한 번도 보지 못했겠네요.

한복 나는 평생 오페라와는 담을 쌓고 살았다(never be exposed to).

5. I have never been exposed to the situation.

번역 나는 이런 상황이 _____.

필터링 어떤 상황에 '한 번도 노출된 적이 없다'(never be exposed)는 말을 한국어 표현으로 바꿔 보세요.

한복 나는 이런 상황이 난생 처음이다(be never exposed to).

보충 'expose'를 '노출시키다'라고만 암기했지만 '있다' '취약하다'라는 의미로도 쓰입니다.

E.g. Don't be exposed to the sun for too long. → 너무 오래 땡볕 아래에 있으면 좋지 않다.

E.g. Teenagers are exposed to drugs. → 십대들은 마약에 취약하다.

| 복습 | 영어와 한국어의 등가 표현 |

1. 바네사 브라이언트가 배우자 고故 코비 브라이언트 동상 제막식에서 추모사를 했다(shares an _____ speech).
2. 인공지능도 농담을 할 수는 있겠지만, 제대로 웃기려면(make them work) 인간의 감성을 이해할 만한 정서 지능이 필요하다(require _____ intelligence).
3. 그가 이 일이 일순위라고 쐐기를 박았다(_____).
4. 나는 평생 오페라하고는 담을 쌓고 살았다(never be _____ to).
5. 나는 이런 상황이 난생 처음이다(never be _____ to).

••●●●••

1. Ukraine battles an <u>emboldened</u> Russia.

번역 우크라이나가 _____ 러시아를 상대로 전투를 벌이고 있다.

필터링 지문에서 '대담하게 하다'(embolden)는 우크라이나의 반격에 주춤했지만, 다시 기세가 오른 러시아군의 상황을 가리킵니다.

한복 우크라이나가 <u>사기가 오른</u>(emboldened) 러시아를 상대로 전투를 벌이고 있다.

2. Health officials are ② <u>conducting contact tracing</u> to determine whether ① <u>anyone else was exposed to the virus</u>.

번역 보건 관계자들이 ① _____ 여부를 조사하기 위해 ② _____ 있다.

필터링 ① '누군가도 바이러스에 노출되다'(anyone else was exposed to the virus)와 ② '접촉자들을 역추적하다'(conduct contact tracing)를 코로나19 팬데믹 당시 신문에서 읽었던 관련 기사들을 떠올리며 자연스러운 한국어 표현으로 바꿔 보세요.

한복 보건 관계자들이 ① <u>추가 감염자</u>(anyone else was exposed to the virus) 여부를 <u>조사하기</u>(determine) 위해 ② <u>환자의 동선을 파악하고</u> (conduct contact tracing) 있다.

3. When children are first <u>exposed to foods</u>, they are developing their taste preferences.

번역 아이들이 _____ 음식을 _____ 시작한다.

필터링 지문에서 '최초로 노출되었다'(be first exposed to)는 말은 처음 접했다는 것을 의미합니다. 그 대상이 음식이라면 처음 먹어본다는 뜻이 되겠지요.

한복 아이들이 <u>처음 음식을 먹기 시작했을 때</u>(be first exposed to) <u>식성이 결정되기</u>(developing taste preferences) 시작한다.

4. The law <u>effectively bans smoking</u> in all public places.

번역 이 법으로 모든 공공장소가 _____.

필터링 '효과적으로 흡연을 금지하다'(effectively bans smoking)는 표현은 어색하게 느껴질 것입니다. 부사 effectively를 한국어 동사로 번역해 보세요.

한복 이 법으로 모든 공공장소가 <u>금연 구역이 될 수 있었다</u>(effectively bans smoking).

5. He <u>won't make any further excuses</u>.

번역 그는 _____.

필터링 변명하고 싶어도 더 말을 하지 못하는 상황을 가리키는 관용 표현을 찾아보세요.

한복 그는 <u>더는 두말하지 못할 것이다</u>(won't make any further excuses).

| 복습 | 영어와 한국어의 등가 표현 |

1. 우크라이나가 <u>사기가 오른</u>(_____) 러시아를 상대로 전투를 벌이고 있다.

2. 보건 관계자들이 <u>추가 감염자</u>(anyone else was _____ to the virus)

여부를 조사하기(determine) 위해 환자의 동선을 파악하고(conduct contact tracing) 있다.

3. 아이들이 처음 음식을 먹기 시작했을 때(be _____ to) 식성이 결정되기(developing taste preferences) 시작한다.

4. 이 법으로 모든 공공장소가 금연 구역이 될 수 있었다(_____ ban smoking).

5. 그는 더는 두말하지 못할 것이다(won't make any further _____).

•• • ● ● •••

1. He tends to exaggerate a story.

번역 그는 이야기에 _____.

필터링 '과장해서'(exaggerate) 말하는 것에 해당하는 한국어 표현을 떠올려 보세요.

한복 그는 이야기에 살을 붙이곤(exaggerate) 한다(tend to).

2. He is eager to undertake a hard task.

번역 그는 _____.

필터링 '힘든 일을 하려고 애쓰는' 상황을 가리킬 때 자주 쓰이는 한국어 관용 표현을 찾아보세요.

한복 그는 고생을 사서 한다(be eager to undertake a hard task).

3. She studied ballet from elementary school through adulthood.

번역 그녀는 _____ 발레를 배웠다.

필터링 '초등학교부터 성인까지'도 뜻은 통하지만 보다 자연스럽게 읽힐 수 있도록 다듬을 여지가 있습니다.

한복 그녀는 초등학생을 거쳐 성인이 될 때까지(from elementary school through adulthood) 발레를 배웠다.

4. Those rate increases are designed to make borrowing stubbornly expensive and thus cool demand for items such as cars and homes, a move that would help keep inflation from escalating.

번역 그러한 이자율 인상은 ＿＿＿＿＿＿＿＿＿＿ 자동차나 주택 등의 수요를 억제함으로써 인플레이션 폭등을 막고자 마련된 조치다.

필터링 이자율이 올라가면 '대출 상환액이 늘어나고'(make borrowing stubbornly expensive), 그로 인해 사람들이 '허리띠를 졸라매게 되는' 상황을 맞게 될 것입니다.

한복 그러한 이자율 인상은(Those rate increases) 대출 부담을 늘리고 (make borrowing stubbornly expensive) 자동차나 주택 등의 수요를 억제함으로써(cool demand for) 인플레이션 폭등을 막고자(keep inflation from escalating) 마련된 조치다(be designed to).

5. Her questions about my private life embarrassed me.

번역 그가 내 사생활을 물어보는 바람에 ＿＿＿＿＿＿＿＿.

필터링 예상 밖의 불편한 질문으로 상대방을 '당황하게 만드는'(embarrass) 상황을 가리키는 관용 표현을 찾아보세요.

한복 그가 내 사생활을 물어보는 바람에 진땀이 다 났다(embarrass me).

| 복습 | 영어와 한국어의 등가 표현 |

1. 그는 이야기에 살을 붙이곤(_____) 한다(tend to).
2. 그는 고생을 사서 한다(be ____ to undertake a hard task).
3. 그녀는 초등학생을 거쳐 성인이 될 때까지(from _____ school through adulthood) 발레를 배웠다.
4. 그러한 이자율 인상은(Those rate increases) 대출 부담을 늘리고(make borrowing stubbornly _____) 자동차나 주택 등의 수요를 억제함으로써(cool demand for) 인플레이션 폭등을 막고자(keep inflation from escalating) 마련된 조치다.
5. 그가 내 사생활을 물어보는 바람에 진땀이 다 났다(_____).

• • • ● • • •

1. What are the benefits of working out in an empty gym?
   번역 _____에서 운동하면 어떤 점이 좋을까요?
   필터링 '체육관이 비어 있으면'(empty gym) 혼자 쓸 수 있겠네요.
   한복 아무도 없는 체육관(an empty gym)에서 운동하면 어떤 점이 좋을까요?

2. The team was nearly excluded from the finals.
   번역 그 팀은 결승전에서 _____.
   필터링 스포츠에서 경기 결과에 의해 어떤 팀이 '제외'(exclude)되는 상황을 가리켜 무엇이라고 할까요?
   한복 그 팀은 결승전에서 탈락될 뻔했다(be nearly excluded).

3. Charles Darwin was nearly excluded from the voyage.

번역 찰스 다윈이 그 항해에서 _____.

필터링 항해에서 '거의 제외되었다'(nearly excluded)는 말은 항해에 나서는 배에 오르지 못할 뻔했던 사정을 가리킵니다.

한복 찰스 다윈이 그 항해에 <u>동승하지 못할 뻔했다</u>(be nearly excluded).

4. This interview has been edited for length and clarity.

번역 이 인터뷰 기사는 _____.

필터링 '길이와 명확성을 위한 편집'은 도대체 무엇을 의미할까요? 힌트는 신문 기사 하단에서 자주 찾을 수 있는 표현입니다.

한복 이 인터뷰 기사는 <u>분량과 정확성을 위해 편집되었습니다</u>(has been edited for length and clarity).

5. Recently Japan has experienced many nature disasters such as earthquakes.

번역 얼마 전부터 일본은 지진과 같은 자연재해가 많아지면서 _____
_____.

필터링 목적어인 '재해'(disasters)와 묶였을 때 어울리는 'experience'의 한국어 표현을 찾아보세요.

한복 <u>얼마 전부터</u>(recently) 일본은 지진과 같은 자연재해가 많아지면서 (many nature disasters) <u>몸살을 앓고 있다</u>(has experienced).

| 복습 | 영어와 한국어의 등가 표현 |

1. <u>아무도 없는 체육관</u>(an _____ gym)에서 운동하면 어떤 점이 좋을

까요?

2. 그 팀이 결승전에서 탈락될 뻔했다(be nearly _____).

3. 찰스 다윈이 그 항해에 동승하지 못할 뻔했다(be nearly _____).

4. 이 인터뷰 기사는 분량과 정확성을 위해 편집되었습니다(has been _____ for length and clarity).

5. 얼마 전부터(recently) 일본은 지진과 같은 자연재해가 많아지면서 (many natural disasters) 몸살을 앓고 있다(has _____).

· · · ● · ·

1. Spotify announced it has ① signed a new agreement with Joe Rogan. "The Joe Rogan Experience" will no longer ② be exclusive to the audio giant. The show will soon be available on additional platforms," the company said in a news release.

번역 스포티파이가 미국에서 가장 인기 있는 팟캐스터 조 로건^{Joe Rogan}과 ① _____. 이제부터는 〈The Joe Rogan Experience〉를 스포티파이에서만 ② _____ 것이 아니다. 다른 매체에서도 곧 청취할 수 있을 것이라고 회사 보도자료를 통해 밝혔다.

필터링 ① 처음 계약을 맺은 상황을 'sign an agreement'라고 한다면 그 다음에 진행되는 'signed a new agreement'은 무엇을 의미할까요?

② 이 지문에서 '음원 거대기업이 독점해 왔다'(be exclusive to the audio giant)는 조 로건의 인가 팟캐스트 방송이 오직 스포티파이에서만 송출되었던 상황을 가리킵니다.

한복 스포티파이가 미국에서 가장 인기 있는 팟캐스터 조 로건^{Joe Rogan}과 ① 계약을 갱신했다(sign a new agreement with). 이제부터는 〈The Joe

Rogan Experience)를 스포티파이에서만 ② 들을 수 있는(exclusive to the audio giant) 것이 아니다. 다른 매체에서도 곧 청취할 수 있을 것이라고(will soon be available) 회사 보도자료를 통해(in a news release) 밝혔다.

2. This building is a new icon among ① the cultural landmarks of the Island, one that hovers in the air to ② maximize its exposure to dramatic natural and urban vistas, ③ minimize its footprint in the waterfront park. Its softly reflective cladding will ensure that existing views from the peninsula will forever be preserved.

번역 이 건물은 ① 이 섬의 _____ 가운데 새로운 상징으로서, 공중부양식으로 설계되어 멋진 자연과 도시 경관을 배경으로 ② _____ _____ 수변 공원 내에서 ③ _____ __. 은은하게 반사되는 건물 외관 효과로 빚어지는 반도 쪽의 장관은 영원할 것이다.

필터링 ① 'cultural landmarks'는 어떤 공간에서 특히 두드러진 문화적 상징물을 의미합니다. ② '경치'(to vistas)에서 '노출을 최대화한다'(maximize its exposure)는 말은 공중부양식으로 설계해 건물의 모습을 최대한 드러내도록 했다는 의미입니다. ③ '발자국을 최소화'(minimize its footprint)한다는 말은 수변 공원 내에서 차지하는 공간을 최소화했다는 뜻입니다.

한복 이 건물은 ① 이 섬의 명소들(cultural landmarks) 가운데 새로운 상징(a new icon)으로서, 공중부양식으로 설계되어 멋진 자연과 도시 경관을 배경으로 ② 건물의 외관을 최대한 강조하고(maximize its exposure to) 수변 공원 내에서 ③ 차지하는 공간을 가능한 한 줄였다(minimize its footprint). 은은하게 반사되는 건물 외관 효과로 빚어지는 반도 쪽의 장관은 영원할 것이다(existing views will forever be preserved).

보충 지문 마지막 부분에 나오는 'forever be preserved'는 '영원히 보전될 것'이라는 중복된 표현이므로 번역할 때에는 하나만 선택해 옮깁니다.

3. A long-standing federal food assistance program could be short $1 billion next year, ① leaving 2 million parents and young children without access to its support. ② Millions of eligible pregnant women and new mothers, infants and young children are at risk of missing out.

번역 내년에 장기간 운영되어 온 연방 식량 지원 프로그램의 예산에서 십억 달러가 부족해질 것으로 예상되면서 ① 200만 명의 부모와 어린 자녀들이 _____. ② 현재 _____
_____ 및 영유아와 어린이들이 더는 지원을 받을 수 없게 됩니다.

필터링 ① 'leaving 2 million parents and young children without access to its support'는 지원금이 부족해지면서 200만 명의 부모와 자녀들이 지원을 받지 못하게 되는 상황을 가리킵니다.

② 지원을 받을 수 없게 된 지원 '자격이 있는'(eligible) 사람들이란 말을 자연스러운 한국어 표현으로 바꿔 보세요.

한복 내년에 장기간 운영되어 온 연방 식량 지원 프로그램의 예산에서 십억 달러가 부족해질 것으로 예상되면서 ① 200만 명의 부모와 어린 자녀들이 지원 대상에서 제외됩니다(leaving ~ without access to). 이에 따라 ② 현재 지원 대상자인 수백만 명의 임산부와 산모(Millions of eligible pregnant women and new mothers) 및 영유아와 어린이들이 더는 지원을 받을 수 없게 됩니다(be at risk of).

4. Wayne LaPierre ① <u>diverted millions of dollars away from</u> the National Rifle Association(NRA) to live luxuriously. The case against the NRA was brought by the New York Attorney General, who accused LaPierre and other current and former executives of flouting state laws and internal policies to ② <u>enrich themselves.</u>

번역 웨인 라피에르 전미총기협회 회장이 ① <u>수백만 달러의 협회 공금을</u> 호화로운 생활을 했다고 합니다. 이번 재판은 뉴욕 검찰총장의 제소로 시작되었습니다. 뉴욕 검찰총장은 라피에르 회장과 ② 전현직 임원들이 주법과 내규를 무시하고 ② _____ 비난했습니다.

필터링 ① '돈을 분산시켰다'(divert money)는 것은 협회 회장과 임원들이 호화로운 생활을 감당하기 위해 협회 공금의 일부를 빼돌렸다는 의미입니다. 돈을 일정한 용도 이외의 다른 곳에 사사로이 쓰는 행위를 가리키는 표현을 떠올려 보세요.

② 그렇게 챙긴 공금으로 '자신을 부유하게 만든'(enrich themselves) 상황을 가리키는 관용 표현을 찾아보세요.

한복 웨인 라피에르 전미총기협회 회장이 ① <u>수백만 달러의 협회 공금을 유용해</u>(divert millions of dollars) <u>호화로운 생활을 했다고</u>(live luxuriously) 합니다. 이번 재판은 뉴욕 검찰총장의 <u>제소로 시작되었습니다</u>(the case was brought by). 뉴욕 검찰총장은 라피에르 회장과 <u>전현직 임원들이</u>(other current and former executives) <u>주법과 내규를</u>(internal policies) <u>무시하고</u>(flout) ② <u>자신들의 배불리기에만 급급했다고</u>(enrich themselves) 비난했습니다.

| 복습 | 영어와 한국어의 등가 표현 |

1. 스포티파이가 미국에서 가장 인기 있는 팟캐스터 조 로건_{Joe Rogan}과 <u>계약을 갱신했다</u>(sign a new agreement with). 이제부터는 〈The Joe Rogan Experience〉를 <u>스포티파이에서만 들을 수</u>(_____ to the audio giant) 있는 것이 아니다. 다른 매체에서도 <u>곧 청취할 수 있을 것이라고</u>(will soon be available) <u>회사 보도자료를 통해</u>(in a news release) 밝혔다.

2. 이 건물은 이 섬의 <u>명소들</u>(cultural landmarks) 가운데 새로운 상징으로서, 공중부양식으로 설계되어 멋진 자연과 도시 경관을 배경으로 <u>건물의 외관을 최대한 강조하고</u>(maximize its exposure to) 수변 공원 내에서 <u>차지하는 공간을 가능한 한 줄였다</u>(minimize its footprint). 은은하게 반사되는 건물 외관 효과로 빚어지는 반도 쪽의 <u>장관은 영원할 것이다</u>(_____ views will forever be preserved).

3. 내년에 장기간 운영되어 온 연방 식량 지원 프로그램의 예산에서 십억 달러가 부족해질 것으로 예상되면서 200만 명의 부모와 어린 자녀들이 <u>지원 대상에서 제외됩니다</u>(leaving~ without access to). 현재 지원 대상자인 <u>수백만 명의 임산부와 산모</u>(Millions of _____ pregnant women and new mothers) 및 영유아와 어린이들이 더는 지원을 <u>받을 수 없게 됩니다</u>(be at risk of).

4. 웨인 라피에르 전미총기협회 회장이 <u>수백만 달러의 협회 공금을 유용해</u>(divert millions of dollars) <u>호화로운 생활을 했다고</u>(live luxuriously) 합니다. <u>이번 재판은</u> 뉴욕 검찰 총장의 <u>제소로 시작되었습니다</u>(the

case was brought by). 검찰총장은 라피에르 회장과 전현직 임원(other current and former executives)들이 주법과 내규(internal policies)를 무시하고 자신들의 배불리기에만 급급했다고(_____ themselves) 비난했습니다.

F

••• ● •••

1. He is a hero who was nearly forgotten.

번역 그는 ___ 영웅이 _____.

필터링 사람들에게서 잊히거나, 또는 업적이 제대로 알려지지 않은 영웅을 가리키는 표현을 떠올려 보세요.

한복 그는 숨은 영웅이 될 뻔했다(be nearly forgotten).

2. The US has agreed to forgive debts totaling $10 million.

번역 미국이 총 천만 달러의 _____ 주기로 했다.

필터링 빚을 '용서해 주면'(forgive) 갚을 필요가 없지요. 빚을 삭쳐 주는 것을 가리킬 때 쓰는 표현을 찾아보세요.

한복 미국이 총 천만 달러의 빚을 탕감해(forgive debts) 주기로 했다.

3. The documentary, 'Martin Luther King / Malcom X' aims to offer a fuller picture of the two icons and their wives.

번역 〈마틴 루터 킹/말콤 엑스〉 다큐멘터리는 이 두 명의 거장과 그들 배우자의 _____.

필터링 'offer a fuller picture of' 부분에서 'fuller'의 의미를 생각해 보세요.

다큐멘터리에서 역사적 인물 두 명과 그들 배우자의 삶을 어떻게 보여주는 것일까요?

한복 〈마틴 루터 킹 / 말콤 엑스〉 다큐멘터리는 이 두 명의 거장과 그들 배우자의 <u>주변 이야기까지 보여준다</u>(offer a fuller picture of).

4. More hostages are released on third day of <u>fragile cease-fire</u>.

번역 _____ 삼 일째 인질 석방이 늘어가고 있다.

필터링 이스라엘-하마스 전쟁에서 인질 석방을 위해 이스라엘이 제안한 휴전에 대한 이야기입니다. 휴전 상황이 '깨지기 쉽다면'(fragile) 전쟁에 휘말린 사람들은 조마조마한 심정일 것입니다.

한복 <u>아슬아슬한 휴전 기간</u>(fragile cease-fire) 삼 일째 인질 석방이 늘어가고 있다.

5. Charlie Munger, Warren Buffett's right-hand man, was a real estate attorney. His fortune was estimated at $2.3billion, which is vastly smaller than Buffett's <u>unfathomable fortune</u>.

번역 워런 버핏의 오른팔인 찰리 멍거Charlie Munger는 부동산 전문 변호사였다. 그의 자산은 23억 달러로 추산되지만 이는 버핏의 _____ 비하면 푼돈에 불과하다.

필터링 재산이 '헤아릴 수 없을'(unfathomable fortune) 정도라면 아무리 써도 줄지 않겠네요.

한복 워런 버핏의 오른팔인 찰리 멍거Charlie Munger는 <u>부동산 전문 변호사였다</u>(a real estate attorney). 그의 자산은 23억 달러로 추산되지만, 이는 버핏의 화수분 같은 자산에(unfathomable fortune) 비하면 <u>푼돈에</u>(vastly small) 불과하다.

| 복습 | 영어와 한국어의 등가 표현 |

1. 그는 숨은 영웅이 될 뻔했다(a hero who was nearly _____).
2. 미국이 총 천만 달러의 빚을 탕감해(_____ debts) 주기로 했다.
3. 〈마틴 루터 킹 / 말콤 엑스〉 다큐멘터리는 이 두 명의 거장과 그들 배우자의 주변 이야기까지 보여준다(offer a ____ picture of).
4. 아슬아슬한 휴전 기간(____ cease-fire) 삼 일째 인질 석방이 늘어가고 있다.
5. 워런 버핏의 오른팔인 찰리 멍거는 부동산 전문 변호사였다(a real estate attorney). 그의 자산은 23억 달러로 추산되지만, 이는 버핏의 화수분 같은 자산에(unfathomable ____)비하면 푼돈에(vastly small) 불과하다.

••●●••

1. Amid the fallout over antisemitism on elite U.S. campuses, one of those presidents, M. Liz Magill of the University of Pennsylvania, resigned.

   번역 미국 명문대학 내 반유대주의에 대해서 _____,
   유펜대학의 마길 총장이 사임했다.

   필터링 지문에서는 반유대주의에 관한 이런저런 의견 충돌을 가리켜 '낙진'(fallout)이라고 했습니다. 이를 한국어 표현으로 바꿔 보세요.

   한복 미국 명문대학 내 반유대주의(over antisemitism on elite campuses)에 대해서 논란이 일고 있는 가운데(amid the fallout), 유펜대학의 마길 총장이 사임했다.

2. The fallout is growing after the Colorado Supreme Court barred Donald Trump from its state 2024 ballot.

번역 콜로라도 주 대법원이 트럼프 전 대통령에게 2024년 대통령 대선에 후보자 등록을 할 수 없다는 판결을 선고한 후 _____.

필터링 'the fallout is growing'은 대법원 판결 선고 후에 대한 반응으로, 판결 선고 후 점점 확산되는 소란스러운 상황을 가리키는 한국어 표현을 떠올려 보세요.

한복 콜로라도 주 대법원이 트럼프 전 대통령에게 2024년 대통령 대선에 후보자 등록을 할 수 없다는 판결을 선고한 후(barred Donald Trump from its state 2024 ballot) 논란이 커지고 있다(the fallout is growing).

3. The Dior handbag costs some $2,000, but South Korea's leader could pay a much higher price for the political scandal it has set off. This crucial U.S. ally has been rocked by deepening fallout from hidden camera footage that appeared to show the country's first lady accepting the luxury item as a gift.

번역 디올 핸드백 가격은 2000달러 정도지만 한국의 대통령은 핸드백 스캔들로 그 가격 이상의 대가를 치를 수도 있다. 영부인이 이 명품을 선물로 받는 모습을 몰래 촬영한 영상으로 인해 _____ 있기 때문이다.

필터링 '이 미국의 중요한 동맹국'(This crucial U.S. ally)은 한국을 달리 표현한 말입니다. 'has been rocked by deepening fallout'은 논란이 심화되면서 그 여파로 여론이 요동치고 있는 상황을 가리키는 표현입니다.

한복 디올 핸드백 가격은 2000달러 정도지만 한국의 대통령은 핸드백 스캔들로 그 가격 이상의 대가를 치를 수도(can pay a higher price) 있다.

영부인이 이 명품을 선물로 받는(show the first lady accepting the luxury item as a gift) 모습을 몰래 촬영한 영상으로(hidden camera footage) 인해 한국(this crucial U.S. ally) 내 후폭풍이 격해지고(deepening fallout) 있기 때문이다.

4. He will lead a whole-of-government campaign to <u>mitigate the humanitarian fallout</u> of Hamas terrorist attack.

번역 그는 하마스의 테러로 벌어진 _____ 위한 범정부 캠페인을 주도할 것이다.

필터링 'mitigate the humanitarian fallout of'은 테러에서 비롯된 부정적인 결과를 완화한다는 의미입니다.

한복 그는 하마스의 테러로 벌어진 <u>반인도적 재난을 타개하기</u>(mitigate the humanitarian fallout of) 위한 범정부 캠페인을 주도할 것이다.

5. I was a doctor in Iraq. I am seeing a nightmare playing out in Gaza. The destruction of Gaza's health care infrastructure <u>feels hauntingly familiar</u>.

번역 나는 이라크에서 의사로 일했다. 지금은 가자 지역에서 악몽을 보고 있다. 의료 시설이 파괴된 가자 지역의 실상 앞에서 _____
_____.

필터링 'feels hauntingly familiar'에서 'hauntingly'는 동사로 취급합니다. 어떤 사건이나 장소에서 기시감이 느껴지는 심리 상태를 가리킬 때 쓰는 용어를 찾아보세요.

한복 나는 이라크에서 의사로 일했다. 지금은 가자 지역에서 악몽을 보고 있다. 의료 시설이 파괴된 가자 지역의 실상 앞에서 <u>데자뷔 현상이 계</u>

속 일어나고 있다(feels hauntingly familiar).

| 복습 | 영어와 한국어의 등가 표현 |

1. 미국 명문대학 내 반유대주의에 관한 논란이 일고 있는 가운데(amid
   the _____), 유펜대학의 마길 총장이 사임했다.
2. 콜로라도 주 대법원이 트럼프 전 대통령에게 2024년 대통령 대선에
   후보자 등록을 할 수 없다는 판결을 선고한 후 논란이 커지고 있다(the
   _____ is growing).
3. 디올 핸드백 가격은 2000달러 정도지만 한국 대통령은 핸드백 스캔
   들로 그 가격 이상의 대가를 치를 수도(can pay a higher price) 있다.
   영부인이 이 명품을 선물로 받는(show the first lay acceptin the luxury
   item as a gift) 모습을 몰래 촬영한 영상으로(hidden camera footage)
   인해 한국(this crucial U.S. ally) 내 후폭풍이 격해지고(deepening
   _____) 있기 때문이다.
4. 그는 하마스 테러로 벌어진 반인도적 재난을 타개하기(mitigate the
   humanitarian _____ of) 위한 범정부 캠페인을 주도할 것이다.
5. 나는 이라크에서 의사로 일했다. 지금은 가자 지역에서 악몽을 보고
   있다. 의료시설이 파괴된 가자 지역의 실상 앞에서 데자뷔 현상이 계
   속 일어나고 있다(feels hauntingly _____).

• • • ● • •

1. Charlie Sheen will be granted sole custody of twin sons if ex-
   wife Brooke Mueller fails a drug test.

번역 찰리 쉰의 전 배우자인 브룩 뮐러Brooke Mueller가 _____
_____ 찰리 쉰이 쌍둥이 아들에 대한 단독 양육권을 갖게 될 것이다.

필터링 ʼfail a drug testʼ는 ʻ~않는다ʼ라는 부정형으로 번역합니다. ʻKeep off the grassʼ(잔디밭에 들어가지 마시오)처럼 영어에는 부정의 의미를 담고 있음에도 ʻnotʼ을 쓰지 않는 문장이 많습니다.

한복 찰리 쉰의 전 배우자인 브룩 뮐러Brooke Mueller가 약물 검사를 통과하지 못하면(fail a drug test) 찰리 쉰이 쌍둥이 아들에 대한 단독 양육권을 갖게 될 것이다(will be granted sole custody of).

2. Using gene-editing tools, scientists are now able to modify an organism's DNA more efficiently, flexibly, and accurately than ever before.

번역 유전자 편집 도구를 사용해 과학자들이 이제 한 개체의 유전자를 _____ 편집할 수 있게 되었다.

필터링 편집 도구를 사용해 ʻ효율적이고ʼ(efficiently), ʻ유연하며ʼ(flexibly), ʻ정확하게ʼ(accurately) 유전자를 편집할 수 있게 되었다는 내용을 자연스러운 한국어 표현으로 다듬어 보세요.

한복 유전자 편집 도구를 사용해(using gene-editing tools) 과학자들이 이제 한 개체의 유전자를 쉽고 용도에 맞게 그리고 정확히(modify efficiently, flexibly, and accurately) 편집할 수 있게 되었다.

보충 ʻ쉽고 용도에 맞게 그리고 정확히ʼ를 ʻ원하는 대로ʼ라고 보다 간결하게 다듬을 수도 있습니다.

3. No Labels, the organization attempting to assemble a third-party presidential unity ticket, is openly floating the possibility of a

coalition government.

번역 제3당 미국 대선 후보 단일화를 추진 중인 미 중도 성향 정치단체인 노레이블No Lables로부터 연립정부설이 _____ 있다.

필터링 'It was suspected that the government had floated the proposal'라는 문장을 번역하면 '정부가 그 제안을 **흘렸다는** 의혹이 있다'가 됩니다. 여기서 'float'은 떠보듯 고의적으로 속내를 비쳤다는 뜻으로 쓰였습니다. 이를 참고해서 지문의 'is openly floating the possibility of'를 자연스러운 한국어 표현으로 옮겨 보세요.

한복 제3당 미국 대선 후보 단일화를(assemble a third-party presidential unity ticket) 추진 중인 미 중도 성향 정치단체인 노레이블No Lables로부터 연립정부설이 <u>공공연하게 흘러나오고</u> 있다(openly float the possibility of).

4. Democrats worry that the fever of Trump fatigue has passed, and that some voters are softening toward a man they once loathed.

번역 민주당에서는 _____ 뒤로 하고 일부 유권자들이 한때 혐오하던 트럼프를 지지하는 방향으로 돌아서고 있다고 우려하고 있다.

필터링 'the fever of Trump fatigue'은 트럼프 대통령에 대해 피로감을 느끼는 사회 현상을 가리킵니다.

한복 민주당에서는 <u>트럼프 피로 증후군을</u>(the fever of Trump fatigue) 뒤로 하고 일부 유권자들이 한때 <u>혐오하던</u>(loathe) <u>트럼프를 지지하는 방향으로 돌아서고 있다고</u>(be softening toward a man) 우려하고 있다.

| 복습 | 영어와 한국어의 등가 표현 |

1. 찰리 쉰의 전 배우자인 브룩 뮐러Brooke Mueller가 <u>약물 검사를 통과하지 못하면</u>(___ a drug test) 찰리 쉰이 쌍둥이 아들에 대한 <u>단독 양육권을 갖게 될 것이다</u>(will be granted sole custody of).

2. <u>유전자 편집 도구를 사용해</u>(using gene-editing tools) 과학자들이 이제 한 개체의 유전자를 <u>쉽고 용도에 맞게 그리고 정확히</u>(modify easily, _____ and accurately) 편집할 수 있게 되었다.

3. <u>제3당 미 대선 후보 단일화를</u>(assemble a third-party presidential unity ticket) 추진 중인 미 중도 성향 정치단체인 '노레이블No Lables'로부터 연립정부설이 <u>공공연하게 흘러나오고 있다</u>(openly ___ the possibility of).

4. 민주당에서는 <u>트럼프 피로 증후군을</u>(the fever of Trump ___) 뒤로 하고 일부 유권자들이 한때 혐오하던 <u>트럼프를 지지하는 방향으로 돌아서고 있다고</u>(be softening toward a man) 우려하고 있다.

| 부정적인 내용은 부정문으로 바꾼다 |

영어에서는 강조의 의미로 긍정문을 부정문으로, 부정적 표현을 긍정적 표현으로 바꿔 쓰는 경우가 있습니다.

1. She failed a drug test.

`영어` 그녀는 약물 검사에서 **실패했다.**

한국어 그녀는 약물 검사를 **통과하지 못했다.**

2. He was safe.

영어 그는 멀쩡했다.

한국어 그는 다친 데가 없다.

3. He remained silent.

영어 그는 침묵을 지켰다.

한국어 그는 아무 말도 하지 않았다.

4. My parents are very liberal.

영어 우리 부모님은 매우 유연하시다.

한국어 우리 부모님은 완고하지 않으시다.

5. Trump campaign chief urges Republican megadonors to ignore Trump's words.

영어 트럼프 측 선거운동위원장은 공화당 고액 기부자들에게 트럼프 후보의 발언에 대해 **모른 체하라고** 촉구했다.

한국어 트럼프 측 선거운동위원장은 공화당 고액 기부자들에게 트럼프 후보의 발언을 **귀담아듣지 말아 줄 것을** 촉구했다.

6. Opt for spokespeople that are personable and comfortable in front of the camera.

> **영어** 카메라 앞에서 사교적이고 **여유로운** 대변인을 선택하세요.
>
> **한국어** 카메라 앞에서 사교적이고 **긴장하지 않는** 대변인을 선택하세요.
>
>
> 7. Alaska Airlines finds bolts that need tightening during inspections of door plugs on grounded on Boeing 737 Max 9 planes.
>
> **영어** 알래스카 항공사는 운항이 중단된 보잉 737 맥스9 기종에서 **조임이 필요한** 나사를 찾았다.
>
> **한복** 알래스카 항공사는 운항이 중단된 보잉 737 맥스9 기종에서 **느슨해져 있는** 나사를 찾았다.

• • ● • •

1. Her blood was found to contain poison.

번역 그녀의 피에서 _____.

필터링 혈액에서 '독극물 성분을 찾아내려면'(be found to contain poison) 먼저 검사를 해야 하겠지요.

한복 그녀의 피에서 독극물이 검출되었다(be found to contain poison).

2. Hospitals are barely functional.

번역 병원에서 _____.

필터링 '거의 기능하지 않다'(be barely functional)라는 상황을 의료 현장에 대입해 자연스러운 한국어 표현으로 다듬어 보세요.

병원에서 제대로 치료가 이뤄지고 있지 않다(be barely functional).

3. Prince William has faithfully performed his engagments.

윌리엄 왕세자가 _____.

'충직하게'(faithfully) 업무를 수행했다는 말을 자연스러운 한국어 표현으로 바꿔 보세요.

윌리엄 왕세자가 대외 일정을(engagements) 성실하게 수행하고 있다(has faithfully performed).

'대외 일정'을 한영 번역할 때에는 굳이 외부를 의미하는 'external' 을 더 붙이지 않고 'engagements'라고만 옮깁니다. 마찬가지로 '대외 개방성'을 영어로 옮길 때에도 'external openness'가 아니라 'openness'라고 번역합니다.

4. "Barbi" leads Golden Globe nominations with nine, followed closely by "Oppenheimer."

영화 〈바비〉가 골든 글로브 9개 부분 후보작으로 _____ 있고, 그 뒤로 〈오펜하이머〉가 _____ 있다.

영화상 수상 가능성에 대한 순위를 매기는 맥락에 맞춰 'lead'와 'followed closely by'를 번역해 보세요.

영화 〈바비〉가 골든 글로브 9개 부분 후보작으로 앞서고(lead) 있고, 그 뒤를 〈오펜하이머〉가 바짝 쫓고(followed closely by) 있다.

순위를 다투는 상황에서 'leads'가 앞서고 있는 상태를 의미한다면, 반대로 추격하고 있는 상태를 가리키는 단어로는 'trails'가 자주 쓰입니다.

E.g. Trump leads Biden in seven swing states. ➜ 트럼프 전 대통령

이 일곱 곳의 경합주에서 바이든 대통령을 앞서고 있다.

E.g. Biden <u>trails</u> Trump by 20points. → 바이든 대통령이 20퍼센트 차이로 트럼프를 <u>뒤쫓고 있다</u>.

5. Retailers are scrambling for <u>increasingly frugal consumers dollars</u>.

번역 상점들이 _____ 몰리고 있다.

필터링 신문 기사에서 '점점 인색해지는 소비자들의 자금 사정'(increasingly frugal consumers' dollars)을 가리킬 때 자주 쓰는 표현이 있지요.

한복 상점들이 <u>점점 지갑을 닫고 있는</u>(increasingly frugal) 소비자들에게로 몰리고 있다.

| 복습 | 영어와 한국어의 등가 표현 |

1. 그녀의 피에서 <u>독극물이 검출되었다</u>(be _____ to contain poison).
2. 병원에서 <u>치료가 제대로 이뤄지지 않고 있다</u>(be barely _____).
3. 윌리엄 왕세자가 <u>대외 일정을</u>(engagements) <u>성실하게 수행하고 있다</u> (has _____ performed).
4. 영화 〈바비〉가 골든 글로브 9개 부분 후보작으로 <u>앞서고</u>(lead) 있고, 그 뒤를 〈오펜하이머〉가 <u>바짝 뒤쫓고</u>(_____ closely by) 있다.
5. 상점들이 <u>점점 지갑을 닫고 있는</u>(increasingly _____) 소비자들에게로 몰리고 있다.

| Find에 한복 입히기 |

'찾다'라는 뜻 외에도 문맥에 맞춰 다양한 표현의 한복을 입힐 수 있습니다.

1. I thought I'd lost my wallet but I found it under my desk.
한복 지갑을 잃어버린 줄 알았는데 책상 밑에 **있었다.**

2. I wanted to talk to him but he was nowhere to be found.
한복 할 말이 있는데 그가 어디 있는지 **찾을 수 없었다.**

3. His father found him a job.
한복 그는 아버지 덕에 **취직했다.**

4. I found the book very interesting.
한복 읽어 보니 그 책이 얼마나 재미있는지를 **알았다.**
보충 found에는 '(경험으로) 알다'라는 의미도 있습니다.

5. I find it significant to address climate change.
한복 기후변화를 해결하는 것이 중요하다고 **생각한다.**

6. She finds meeting new people a strain.
한복 그녀는 처음 만난 사이를 어색해 **한다.**

7. She woke up and found herself lying in a hospital bed.

한복 그녀가 깨어나고 보니 병원이었다.

보충 'Find oneself ~ ing'은 '자기도 모르게'라고 번역합니다.

8. I find myself improving my English proficiency.

한복 영어실력이 어느새 늘었다.

9. The jury found him guilty.

한복 배심원이 그에게 유죄 평결을 내렸다.

10. The jury found him not guilty.

한복 배심원이 그에게 무죄 평결을 내렸다.

• • ● • ••

1. Shares of Ford are up slightly and <u>are roughly flat</u>.

번역 포드 주가가 소폭 상승 후 _____.

필터링 주가의 그래프가 '거의 직선인'(roughly flat) 상황은 무엇을 의미할까요?

한복 포드 주가가 <u>소폭 상승 후</u>(be up slightly) <u>거의 보합세를 유지하고 있다</u>(be roughly flat).

2. President Zelenskyy is about to fire his top military leader.

Ukrainian general's uncertain future adds to doubts over its fight with Russia.

번역 젤린스키 우크라이나 대통령은 군 최고위직 지휘관을 해임시키려고 하고 있다. _____ 장성의 불안한 입지로 인해 우크라이나는 러시아와의 전쟁에 차질이 빚어질 전망이다.

필터링 'Ukrainian general'과 'top military leader'는 동일 인물입니다. 누군가의 거취를 가리킬 때 쓰이는 'uncertain future'은 언제 해고되거나 경질될지 모르는 상황을 의미합니다.

한복 젤린스키 우크라이나 대통령이 군 최고위직 지휘관을 해임시키려고 하고 있다. 교체설이 돌고 있는(uncertain future) 장성의 불안한 입지로 인해 우크라이나는 러시아와의 전쟁에 차질이 빚어질 전망이다(add to doubts over).

3. As electric vehicle demand slows, workers caught in the middle face an uncertain future.

번역 전기자동차 수요가 부진해 근로자들이 _____.

필터링 'face an uncertain future'는 공장 노동자들의 상황에 대한 묘사입니다. 자신이 생산하는 제품의 매출이 시원찮으면 회사 사정도 어려워질 것이고, 회사에 몸담고 있는 자신의 처지도 어려워지겠지요.

한복 전기자동차 수요가 부진해(demand slow) 근로자들이 생계를 걱정하고 있다(face an uncertain future).

4. He has fought back from a serious knee injury and an uncertain future.

번역 그는 무릎에 심각한 부상을 입은 후 _____.

필터링 부상을 당한 운동선수가 '불확실한 미래'(an uncertain future)에서 돌아오게 되었다는 말은 부상을 딛고 복귀했다는 것을 의미합니다.

한복 그는 무릎에 심각한 부상을 입은 후 재기에 성공했다(has fought back from an uncertain future).

5. In every sport, the coaching, caddying parent must gamble a compromised present against an uncertain future.

번역 스포츠 종목을 막론하고 코치와, 선수인 자녀를 지원하는 부모는 _____ 운명을 걸어야 한다.

필터링 어린 운동선수들이 미래를 두려워하는 까닭은 지금 흘리는 구슬땀이 반드시 미래의 성공을 보장해 주지는 않기 때문일 것입니다. 지문의 'an uncertain future'를 이러한 맥락에 맞춰 번역해 보세요.

한복 스포츠 종목을 막론하고 코치와, 선수인 자녀를 지원하는 부모는 앞날을 장담할 수 없는 상황에서(an uncertain future) 불확실한 눈앞의 현재에(a compromised present) 운명을 걸어야(gamble) 한다.

| 복습 | 영어와 한국어의 등가 표현 |

1. 포드 주가가 소폭 상승 후(be up slightly) 거의 보합세를 유지하고 있다(be roughly ___).
2. 젤린스키 우크라이나 대통령이 군 최고위직 지휘관을 해임시키려고 하고 있다. 교체설이 돌고 있는(uncertain _____) 장성의 불안한 입지로 인해 우크라이나는 러시아와의 전쟁에 차질이 빚어질 전망이다 (add to doubts over).

3. 전기자동차 수요가 부진해(demand slows), 근로자들이 생계를 걱정 하고 있다(face an uncertain ____).

4. 그는 무릎에 심각한 부상을 입은 후 재기에 성공했다(has fought back from an uncertain ____).

5. 종목을 막론하고 코치와, 선수인 자녀를 지원하는 부모는 앞날을 장담할 수 없는 상황에서(an ____) 불확실한 눈앞의 현재에 (a compromised present) 운명을 걸어야(gamble) 한다.

| Fight에 한복 입히기 |

다양한 맥락에서 싸움이 벌어지기 때문에 '싸우다' 외에도 다양한 표현이 나올 수 있습니다.

1. He fought in Vietnam.
한복 그는 베트남전쟁 참전 용사다.

2. Let's not fight over the details.
한복 미주알고주알 따지지 말자.

3. Workers are fighting the decision to close the factory.
한복 근로자들이 공장 폐쇄 결정에 반대하고 있다.

4. She spent her life fighting for the poor.

한복 그녀는 빈곤층을 위해 평생 **헌신했다**.

5. She's fighting for a place in the national team.

한복 그녀는 국가대표팀에 들어가고자 **고군분투하고** 있다.

6. He fought his wife for custody of the children. (법원)

한복 그는 자녀의 양육권을 놓고 아내와 **법정 다툼을 벌였다**.

7. I wouldn't get involved—he's old enough to fight his own battles.

한복 나는 두고 보려고 한다. 그가 **자기 앞가림을 할** 정도의 나이는 됐으니까.

G

• • ● • •

1. You are good enough for the job.

<u>번역</u> 네가 _____.

<u>필터링</u> 지문은 구인 현장에서 지원자의 능력을 평가할 때 많이 쓰는 표현입니다. 'be good enough for'는 그 일을 할 수 있기에 충분하다는 뜻이고, 반대로 'be not good enough for'는 역부족이라는 의미입니다.

<u>한복</u> 네가 <u>그 일에 적임자다</u>(be good enough for the job).

2. The thirst for Stanley cups raises questions on <u>how green stainless steel water bottles really are</u>.

<u>번역</u> 스탠리 텀블러에 대한 수요가 급증하면서 _____ _____ 대한 의문도 생기고 있다.

<u>필터링</u> 여기서 '스탠리컵'은 근래 크게 유행한 특정 텀블러 상품을 가리키며, 'green'은 우리에게도 익숙한 '친환경'을 의미합니다.

<u>한복</u> 스탠리 텀블러에 대한 <u>수요가 급증하면서</u>(the thirst for) 그 스테인리스 물병이 실제로 얼마나 친환경적으로 만들어졌는지에(how green stainless steel water bottles are) 대한 <u>의문도 생기고 있다</u>(raises questions).

136 •

3. ① Incentive programs helped a U.S. solar industry boom, but It ② glutted the market.

번역 ① ＿＿＿＿＿＿＿＿ 미국 태양 에너지 산업에 붐이 일었지만 그 결과 ② ＿＿＿＿＿＿＿＿＿＿.

필터링 ① 'incentive programs'는 어떤 성과를 유도하기 위해 마련된 동기 부여 정책입니다. 특정 산업의 발전을 끌어올리기 위해 정부가 취할 만한 지원책으로는 무엇이 있을까요?

② '과하게 공급되다'(glut the market)를 자연스러운 한국어 표현으로 다듬어 보세요.

한복 ① 지원금 정책으로(incentive programs) 미국 태양 에너지 산업에 붐이 일었지만(helped boom) 그 결과 ② 공급과잉 현상이 발생했다(glut the market).

4. The vast majority of Israelis support the goals of toppling Hamas and freeing the hostages.

번역 대다수 이스라엘인들은 하마스 전복과 인질 석방이라는 ＿＿＿＿＿

＿＿＿＿＿＿＿＿＿＿＿.

필터링 두 가지 목표를 모두 이루고자 하는 상황을 가리키는 한국어 관용 표현을 찾아보세요.

한복 대다수 이스라엘인들은 하마스 전복과(topple) 인질 석방이라는 (free) 두 마리 토끼를 다 잡기를 바란다(support the goals of).

| 복습 | 영어와 한국어의 등가 표현 |

1. 네가 그 일에 적임자다(be ＿＿＿＿ enough for the job).

2. 스탠리 텀블러에 대한 수요가 급증하면서(the thirst for) 그 스테인리스 물병이 실제로 얼마나 친환경적으로 만들어졌는지에(how _____ stainless steel water bottles are) 대한 의문도 생기고 있다.

3. 지원금 정책으로(incentive programs) 미국 태양 에너지 산업에 붐이 일었지만(helped boom) 그 결과 공급과잉 현상이 발생했다(_____ the market).

4. 대다수 이스라엘인들은 하마스 전복(topple)과 인질 석방(free)이라는 두 마리 토끼를 다 잡기를 바란다(support the _____ of).

| Generally에 한복 입히기 |

'일반적으로'라는 뜻 외에도 문맥에 맞춰 다양한 표현의 한복을 입힐 수 있습니다.

1. People generally smile back if you smile at them.
한복 먼저 웃으면 함께 웃어주는 사람이 **많다**.

2. The plan was generally welcomed.
한복 그 계획에 찬성하는 사람이 **많다**.

3. Lack of experience will generally count against you in an interview.
한복 경험 부족은 면접에서 걸림돌이 될 때가 **많다**.

---

4. The proposal has received a generally favourable reaction.

한복 이 제안이 호평을 받는 편이다.

5. Vegetables are generally low in calories.

한복 채소는 칼로리가 낮은 편이다.

6. Your health is generally good.

한복 건강이 양호한 편이다.

7. The children were generally very well behaved.

한복 그 아이들은 아주 예의 바른 편이다.

H

· · · ● · · ·

1. How many cities are larger than Chicago in the U. S.?

AI번역 미국에서 가장 큰 도시는 어디일까요?

필터링 '몇 곳의 도시가 시카고보다 크나요'라고 옮겨도 뜻은 통하겠지만 이럴 때 자주 쓰는 한국어 표현이 따로 있습니다.

한복 시카고는 미국에서 몇 번째로 큰 도시입니까(How many cities are larger than Chicago in the U. S.)?

2. She was so ashamed that she felt humiliated.

번역 그녀는 창피해서 _____.

필터링 '창피함을 느낀'(felt humiliated) 한국인들이 자주 하는 행동을 떠올려 보세요.

한복 그녀는 창피해서 고개를 들 수 없었다(felt humiliated).

3. This year's ceremony will be hosted by Kelly Clarkson.

번역 올해 시상식은 켈리 클락슨이 _____.

필터링 'host'에는 '주최하다' 외에도 '진행하다'라는 의미도 있습니다.

한복 올해 시상식은(ceremony) 켈리 클락슨이 진행할 예정입니다(will

be hosted by).

4. Giant firms in car making and the media ① have been humbled by ② new competitors.

번역 자동차 제조업과 언론 분야의 대기업들이 ② ＿＿＿＿＿＿＿ ① ＿＿＿＿＿.

필터링 ① 새로운 경쟁자들에 의해 기존의 대기업들이 '겸손해졌다'(be humbled by)는 상황을 자연스러운 한국어 표현으로 옮겨 보세요.

② 지문에서 '새로운 경쟁자'(new competitors)는 기존의 기업들을 추격하는 후발 주자를 의미합니다.

한복 자동차 제조업과 언론 분야의 대기업들이 ② 후발 기업들에게 ① 밀리고 있다.

5. The switch will be flipped at Rockefeller Center to welcome the holiday season with the traditional tree lighting ceremony.

번역 ＿＿＿＿＿＿＿ 매년 진행되는 점등식에서 록펠러 센터 크리스마스트리가 점화될 것이다.

필터링 지문에서 'holiday'는 공휴일 휴가뿐만 아니라 추수감사절, 크리스마스가 낀 연말연시를 의미합니다. '연말연시를 환영하는'(welcome the holiday season)을 우리말 표현으로 다듬어 보세요.

한복 연말연시를 맞아(to welcome the holiday season) 매년 진행되는 (traditional) 점등식에서(the lighting ceremony) 록펠러 센터 크리스마스트리가 점화될 것이다(will be flipped).

보충 '전통적으로 행해지는'(traditional)은 문맥에 따라 다양한 한국어 표현으로 옮길 수 있습니다.

E.g. South Korea and the U.S. are traditional allies. → 한국과 미국은 <u>오랜</u> 우방관계이다.

E.g. Traditional energy resources are detrimental to climate change. → <u>화석연료 자원</u>은 기후변화의 주범이다.

6. We should <u>learn to work in harmony</u> or we can foster disharmony resulting in failures.

   번역 _____ 않으면 실패로 치닫는 충돌이 생길 수 있다.

   필터링 '조화롭게 일하다'(work in harmony)를 자연스러운 한국어 표현으로 다듬어 보세요.

   한복 <u>화합하지</u>(should learn to work in harmony) 않으면 실패로 치닫는 (resulting in failures) <u>충돌이 생길 수 있다</u>(we can foster disharmony).

| 복습 | 영어와 한국어의 등가 표현 |

1. <u>시카고는 미국에서 몇 번째로 큰 도시입니까</u>(____ many cities are larger than Chicago in the U. S.)?
2. 그녀는 창피해서 <u>고개를 들 수 없었다</u>(she felt _____).
3. 올해 시상식은 켈리 클락슨이 <u>진행할 예정입니다</u>(will be _____ by).
4. 자동차 제조업과 언론 분야의 대기업들이 후발 기업들에 <u>밀리고 있다</u> (have been _____ by).
5. <u>연말연시를 맞아</u>(to welcome the _____ season) 매년 진행되는 점등식에서(the lighting ceremony) 록펠러 센터 크리스마스트리가 <u>점화될 것이다</u>(will be flipped).
6. <u>화합하지</u>(should learn to work in _____) 않으면 실패로 치닫는

(resulting in failures) 충돌이 생길 수 있다(we can foster disharmony).

| 이 책을 읽으면 머리가 좋아진다! |

다음은 토니 부잔Tony Buzan의 베스트셀러《유즈 유어 헤드Use your head》의 책 소개 가운데 일부입니다. 밑줄 친 부분에 한복을 입혀 보세요.

Use Your Head: How to ① <u>unleash the power of your mind</u>
The chances are that we are only using about 1 of the power of our brain. Just imagine the amazing results if we could ② <u>unlock just a fraction of the power of the remaining 99</u>. With this definitive, classic operations manual for the brain, you can discover how to ③ <u>revolutionize the way you think and learn</u>, wake up your senses and unleash the hidden power of your mind.

With this book, you will learn how to:
• Become more creative in your approach to work and life
• Understand, retain and more readily recall information
• ④ <u>Improve your memory beyond recognition</u>
• ⑤ <u>Be more open to change and new ideas</u>

필터링 ① 실력이나 능력 앞에 놓인 'unleash'는 **신장시킨다**는 뜻을 가지고 있습니다. ② 마찬가지로 실력이나 능력 앞에 쓰이는 'unlock'

은 발휘한다는 뜻입니다.

③ 'revolutionize the way you think and learn'에서 'revolutionize'는 혁명이 일어날 정도의 급속한 변화를 가리킵니다.

④ '인식을 초월할'(beyond recognition) 정도라면 다시 생각해야 할 정도로 이전과는 다른 상태가 되겠지요.

⑤ '변화와 새로운 발상에 더 개방적이게'(Be more open to change and new ideas) 된다는 것은 변화와 새로운 발상을 반기는 적극적인 태도를 가리킵니다. 홍보 문구인 만큼 특히 ④와 ⑤의 번역은 '개조식', 즉 한정된 분량 안에 최대한 많은 정보를 넣기 위해 명사형으로 짧게 끊어 요점을 나열하는 방식으로 진행해야 합니다.

`번역` 두뇌 회전률을 높여줍니다: ① 사고력 신장 방법
우리는 보통 두뇌의 1퍼센트만을 쓰고 삽니다. 그렇다면 잠자고 있는 ② 나머지 99퍼센트를 조금이라도 쓸 수 있게 된다면 무슨 일이 벌어질까요? 이 책에서 소개하는 두뇌 사용법의 정석을 따라가면 ③ 생각하고 학습하는 방식을 혁신하고 잠자는 감각을 깨우며 사고력이 높아지는 방법을 터득하게 될 것입니다.
이 책을 통해 여러분은 다음과 같은 효과를 얻게 됩니다.

• 일과 일상에서 창의력 신장
• 정보 이해, 암기 및 연상 능력 향상
• ④ 독보적인 기억력 제고提高
• ⑤ 변화와 새로운 발상에 대한 열린 자세

I

•••●●•••

1. Whether a patient needs to take medicine indefinitely depends on a number of factors, such as the patient's general health.

번역 환자가 _____할지는 환자의 전반적인 건강 상태 등에 달려 있다.

필터링 '약을 기한 없이 복용한다'(take medicine indefinitely)는 죽을 때까지 약을 장복해야 한다는 뜻입니다.

한복 환자가 약을 평생 복용(take medicine indefinitely)할지는 환자의 전반적인 건강 상태 등에 달려 있다.

2. The bridge was shut down indefinitely.

번역 그 다리에는 _____.

필터링 '무기한 차단'(shut down indefinitely)을 자연스러운 한국어 표현으로 다듬어 보세요.

한복 그 다리에는 '통행 금지' 조치가 계속될 것이다(be shut down indefinitely).

3. Nuclear weapons have the capability to destroy the physical

integrity of the planet.

번역 핵무기로 _____ 파괴할 수 있다

필터링 '지구의 물리적 무결성'(the physical integrity of the planet)이 무엇을 의미하는지를 찾아 자연스러운 한국어 표현으로 바꿔 보세요.

한복 핵무기로 <u>이 지구 자체를</u>(the physical integrity of the planet) 파괴할 수 있다.

4. I will never <u>compromise the integrity of the company</u>.

번역 나는 _____ 않을 것이다.

필터링 '회사의 진실성'(the integrity of the company)이 위태로워지면 회사의 무엇이 손상될까요?

한복 나는 <u>회사의 명예를</u>(the integrity of the company) 훼손하지 않을 것이다.

5. They <u>preserved their integrity</u> throughout the trial.

번역 그들은 재판 내내 _____.

필터링 재판정에서 '성실성을 지키는'(preserve their integrity) 모습을 판사나 배심원들에게 어필하면 진지한 태도로 재판에 임하고 있다고 받아들여질 것입니다.

한복 그들은 재판 내내 <u>진정성을 보였다</u>(preserve their integrity).

| 복습 | 영어와 한국어의 등가 표현 |

1. 환자가 <u>약을 평생 복용</u>(take medicine _____)할지는 환자의 전반적인 건강 상태 등에 달려 있다.

2. 그 다리에는 '통행 금지' 조치가 계속될 것이다(shut down _____).

3. 핵무기로 이 지구 자체를(the physical _____ of the planet) 파괴할 수 있다.

4. 나는 회사의 명예를(the _____ of the company) 훼손하지 않을 것이다.

5. 그들은 재판 내내 진정성을 보였다(preserved _____).

| 꾸준하고 일관성 있게 |

미 항공 우주국에서 화성에 인간을 보내는 것을 목표로 10년이나 준비한 끝에 퍼서비어런스^{perseverance}라는 이름을 가진 로봇과 인 테그러티^{integrity}라고 이름 붙인 헬리콥터가 실린 로켓을 발사했습 니다. 이들 탐사 기구들은 무사히 화성 표면에 착륙해 생명체의 흔 적을 탐사하고 인간의 화성 생존 가능성 등에 대해 조사하고 있습 니다. 물론 먼 훗날의 일이겠지만, 언젠가 화성에 도시가 세워지고 인류가 살 가능성이 점점 커지고 있습니다.

그 장면을 보면서 제게 와 닿은 것은 '화성'이 아니라 탐사 로봇 과 헬리콥터였습니다. 화성 탐사 기구들의 이름을 보는 순간 '사 람 마음이란 똑같구나'라는 생각이 들어서였습니다. 미 항공 우주 국에서는 어떤 심정으로 탐사 기구들에 '꾸준함'(perseverance)과 '성실함'(integrity)이라는 이름을 붙였을까요. 아마 단번에 목적 을 이루고 말겠다는 성급한 기대 대신 이뤄질 때까지 인내하며 꾸 준하게 나아가겠다는 미 항공 우주국의 각오와 의지를 담았으리라 생각합니다.

"Memorization and practice with perseverance make you an excellent professional." 꾸준한 암기와 연습만이 전문인을 만든다는 뜻으로, 제가 학생들에게 자주 하는 말입니다. 마음먹은 일을 이루는 방법은 하나뿐입니다. 바로 '될 때까지' 하는 것입니다. 인류는 그렇게 화성에도 의지를 보냈습니다.

●●●●●●●

1. The tree will <u>remain illuminated</u> for 24 hours on Christmas day.

번역 크리스마스 당일에는 트리가 _____.

필터링 '조명에 불을 켜는' 것을 가리키는 한국어 표현을 찾아보세요.

한복 크리스마스 당일에는 트리가 <u>24시간 점등된다</u>(remain illuminated for 24 hours).

2. His <u>implicit remarks</u> signify his lost opportunities he could have.

번역 그의 _____ 그가 지금까지 놓친 기회를 두고 하는 말이다.

필터링 이어서 나오는 부정적인 내용과 함께 'implicit remarks'의 의미를 파악하자면 지금까지 놓친 기회에 대한 아쉬움을 '에둘러서'(implicit remarks), 그러나 분명하게 표현했다는 것입니다. 이처럼 언뜻 드러나지 않은 깊은 속내가 담긴 말을 가리킬 때 쓰는 관용어를 떠올려 보세요.

한복 그의 <u>뼈 있는 말들은</u>(implicit remarks) 그가 지금까지 놓친 기회를 <u>두고 하는 것이다</u>(signify).

3. Politicians are ① not eager to improve ② public livelihood.

번역 정치인들이 ② _____ ① _____.

필터링 ① 일을 '열심히 하지 않는'(not eager to) 상황을 가리켜 우리는 이렇게 말합니다.

② 정치인들은 선거철만 되면 'improve public livelihood'을 하겠다면서 이 말을 버릇처럼 꺼내지요.

한복 정치인들이 ② 민생을(public livelihood) 챙기는 데(improve) ① 뒷전이다(be not eager to.)

4. Many people have contacted me, expressing interest in the idea.

번역 _____ 연락하는 사람이 많았다.

필터링 '혹해서 관심을 표현하는'(express interest in) 상태를 자연스러운 한국어 표현으로 바꿔 보세요.

한복 그 말에 솔깃해서(express interest in the idea) 연락하는 사람이 많았다.

보충 'Interest'와 'attention' 모두 관심을 뜻하는 단어지만 뉘앙스는 서로 다릅니다. Interest가 내부로부터의 자극을 가리킨다면 Attention은 외부로부터의 자극을 의미합니다.

E.g. She has a keen interest in photography. ➡ 그녀는 사진에 관심이 많다.

E.g. The loud noise caught everyone's attention. ➡ 큰 소음에 사람들의 관심이 '쏠렸다.

5. The mayor was criticized for his inaction on problems affecting the city's poor.

번역 시장이 도시 빈곤층의 애로 사항에 대해 _____ 일관한다는 지적을 받았다.

필터링 어려움을 쉽게 여기며 별다른 '활동을 하지 않는'(inaction) 태도를 가리키는 한국어 표현을 떠올려 보세요.

한복 시장이 도시 빈곤층의 애로 사항에(problems) 대해 안일한 태도로(his inaction) 일관한다는 지적을 받았다(be criticized for).

| 복습 | 영어와 한국어의 등가 표현 |

1. 크리스마스 당일에는 트리가 24시간 점등된다(remain _____ for 24 hours).
2. 그의 뼈 있는 말들은(_____ remarks) 그가 지금까지 놓친 기회를 두고 하는 것이다.
3. 정치인들이 민생을(public livelihood) 챙기는 데(_____) 뒷전이다(be not eager to).
4. 그 말에 솔깃해서(express _____ in the idea) 연락하는 사람이 많다.
5. 시장이 도시 빈곤층의 애로 사항에 대해 안일한 태도로(his _____) 일관한다는 지적을 받았다(be criticized for).

| 번역의 감칠맛과 쪼는 맛 |

한 방송 프로그램에는 '감칠맛'과 '쪼는 맛'이라는 코너가 있습니다. '감칠맛'에서는 주문한 메뉴가 나오기 전 기본 찬을 한입씩 먹

어 보고 그 식당의 내공을 가늠해 보고, '쪼는 맛'에서는 딱 한 번만 먹을 수 있는 이른바 복불복 상황에서 출연자들이 어떻게 하면 더 많이, 더 잘 먹을까를 고민합니다.

영어를 한국어로 옮길 때에도 감칠맛과 쪼는 맛이 있습니다. 영한 사전에는 채 담기지 못한 미묘한 뉘앙스의 차이를 잡아내 한국인의 입에 딱 달라붙는 표현으로 다듬은 것이 감칠맛이라면, 번역해 보니 그럭저럭 의미는 전해지지만 글이 늘어지고 구차해지는 경우 문장을 잘 단속해 간결하면서 자연스러운 표현으로 다듬은 것이 쪼는 맛입니다.

다음에 나오는 지문들을 통해 감칠맛과 쪼는 맛을 살리는 번역에 대한 예를 들어 보겠습니다.

E.g. This subtle pressure to work long hours was applied from above.

번역 상부에서 장시간 일하라는 미묘한 압력이 있었다.

필터링 '미묘한 압력' 부분의 의미가 그야말로 '미묘'하기에 수식하는 '압력'과 어울리는 말을 찾기가 쉽지 않지만, 이럴 때 한국인이 쓰는 감칠맛이 나는 관용 표현이 있습니다.

감칠맛 상부에서 장시간 일하라는 **무언의 압박**이 있었다.

E.g. There is no doubt that we face significant challenge.

번역 심각한 위기가 닥친 것에는 의심의 여지가 없다.

필터링 《표준국어대사전》의 풀이에 따르면 '죄다'란 느슨하거나 헐

거운 것이 단단하거나 팽팽하게 되는 상태를 의미합니다. 번역할 때 쪼는 맛을 살리려면 문장이 늘어지면 안 됩니다. '심각한 위기가 닥친 것에는 의심의 여지가 없다'는 문장도 의미는 전달되지만 훨씬 간결하면서 자연스럽게 표현을 다듬을 수 있습니다.

쪼는맛 심각한 위기가 닥친 것이 **분명하다.**

E.g. We must abandon the blind faith that military ties with the United States fully address our security concerns.

번역 우리는 미국과의 군사 동맹이 우리의 안보 문제를 모두 해결해 줄 것이라는 맹목적인 믿음을 버려야 한다.

쪼는맛 미국과의 군사 동맹이 우리의 안보 문제를 모두 해결해줄 것이라는 맹신은 **금물이다.**

●●●●●●

1. I knew intuitively that something had happened to him.

번역 나는 그에게 무슨 일이 생겼다는 _____.

필터링 '직관적으로 알게 되는'(know intuitively) 상황을 가리키는 일상적 표현으로 무엇이 있을까요?

한복 나는 그에게 무슨 일이 생겼다는 감이 왔다(know intuitively).

2. ① With infinite wheel rotation, ② the module is extremely flexible with LiDAR (Light Detection and Ranging) and camera

sensors.

번역 ① _____ 이 모듈은 빛 감지 및 거리 측정 기술과 카메라 센서가 부착되어 ② _____.

필터링 ① 'infinite wheel rotation'에서 'infinite'(무한)의 짝은 'rotation'(회전)입니다.

② '매우 유연하다'(be extremely flexible)는 말은 상황에 맞춰 상태를 변화시키고 조정할 수 있는 범위가 크다는 것을 의미합니다.

한복 ① 바퀴가 무한 회전하는(with infinite wheel rotation) 이 모듈은 빛 감지 및 거리 측정 기술과 카메라 센서가 부착되어 ② 가변성이 크다(be extremely flexible).

3. Employees ① steal customers' ② intimate videos, explicit photos and bank accounts from their smart phones.

번역 직원들이 고객의 휴대폰에서 ② _____ 노출 사진 및 은행 계좌에 ① _____.

필터링 ① 문맥상 'steal'은 보안 의식이 필요한 분야의 종사자가 자신이 지켜야 할 고객의 정보를 함부로 열람하거나 탈취하는 범죄 행각을 가리킵니다.

② 그들이 그렇게 불법으로 열람하는 자료들에는 내밀하고 개인적인 무언가가 담겨 있었을 것입니다.

한복 직원들이 고객의 휴대폰에서 ② 내밀한 사생활 영상과(intimate videos) 노출 사진 및 은행 계좌에 ① 손을 댄다(steal).

4. T-Mobile has big incentive programs to induce customers to upgrade their devices and turn in their old one.

번역 티-모바일 사는 고객들이 전화기를 새 모델로 변경하도록 _____

_____.

필터링 우리는 전화기를 변경하려고 휴대폰 가게에 방문하기 전에 'big incentive programs' 조건을 꼭 꼼꼼하게 따져 봅니다.

한복 티-모바일 사에는 고객이 전화기를 새 모델로 변경하도록(induce customers to upgrade their devices) 보조금을 후하게 지원해 주는 정책이 있다(has big incentive programs).

5. They feel I need to bulk up, and to improve my upper body strength.

번역 그들은 내가 근육을 키워야 하고 특히 _____

생각한다.

필터링 '근력'(strength)는 'improve'와 짝처럼 붙어 다니는 명사입니다.

한복 그들은 내가 근육을 키워야(bulk up) 하고 특히 상체 근력을 늘려야 한다고(improve my upper body strength) 생각한다.

6. He visited his parents at irregular intervals.

번역 그는 _____ 부모님을 찾아뵈었다.

필터링 불규칙한 간격을 두고(at irregular inervals) 만난다는 말은 딱히 시간을 정하지 않고 형편이 될 때마다 찾아뵙는다는 것을 의미합니다.

한복 그는 시간이 될 때마다(at irregular intervals) 부모님을 찾아뵈었다.

| 복습 | 영어와 한국어의 등가 표현 |

1. 나는 그에게 무슨 일이 생겼다는 감이 왔다(knew _____).

2. 바퀴가 무한 회전할 수 있는(with _____ wheel rotation) 이 모듈은 빛 감지 및 거리 측정 기술과 카메라 센서가 부착되어 <u>가변성이 크다</u> (be extremely flexible).

3. 직원들이 고객의 휴대폰에서 <u>내밀한 사생활 영상</u>(_____ videos)과 노출 사진 및 은행 계좌에 <u>손을 댄다</u>(steal).

4. 티-모바일 사에는 <u>고객이 전화기를 새 모델로 변경하도록</u>(induce customers to upgrade their devices) <u>보조금을 후하게 지원해 주는 정책이 있다</u>(has big _____ programs).

5. 그들은 내가 <u>근육을 키워야</u>(bulk up) 하고 특히 <u>상체 근력을 늘려야</u> <u>한다고</u>(_____ my upper body strength) 생각한다.

6. 그는 <u>시간이 될 때마다</u>(at _____ intervals) 부모님을 찾아뵈었다.

| 우리 안의 세 가지 근육 |

근육이라고 하면 가장 먼저 신체를 구성하는 힘줄과 살이 떠오르지만 몸뿐만 아니라 마음에도 근육이 존재합니다. 몸의 근육이 그렇듯이 힘든 일을 이겨내면 마음에 근육이 붙게 됩니다. 그렇게 '지난번에도 견뎌냈는데 이 정도쯤이야'라는 생각이 들 정도로 단련된 마음의 근육을 우리는 '내공'이라고 부릅니다. 그러니 지금 힘든 시기를 겪고 있다면 인생의 고수가 되기 위한 내공을 쌓고 있는 중이라고 받아들여도 괜찮습니다.

그리고 우리에게는 몸과 마음뿐만 아니라 세 번째 근육도 있습니다. 바로 두뇌의 근육입니다. 두뇌는 사용하면 할수록 많은 주름이 잡힙니다. 이를테면 근육이 생기는 것이지요. 뇌의 주름이 늘어날수록 대뇌 피질의 표면적 또한 늘어나는데, 그렇게 주름질수록 뇌 신경세포가 더 많은 신호를 주고받는 데 도움이 된다고 합니다. 그러니 지금 하는 일이 머리를 많이 써야 하는 일이라면, 머리에 조밀하게 주름 잡힌 근육을 만드는 중인 것입니다.

이 모든 근육에는 공통점이 하나 있습니다. 꾸준한 노력을 통해 성장하고, 그렇게 발달된 근육도 노력을 유지하지 않으면 소멸된다는 것입니다.

만약 내 몸이, 내 마음이, 내 머리가 힘들다고 느껴진다면 세월에 소멸되지 않기 위해 각각의 근육이 노력하고 있는 중이라는 신호입니다.

•• ● ••

1. It is highly irregular for an elected representative to hold such a post.

번역 선출직 의원이 그런 자리에 앉다니 _____ 일이다.

필터링 '매우 불규칙적인'(highly irregular)이라는 말은 지금까지 있어 왔던 사례들에서 벗어난 경우를 가리킵니다.

한복 선출직 의원이(an elected representative) 그런 자리에 앉다니 극히 드문(highly irregular) 일이다.

2. He was criticized for his incompetent handling of the affair.

번역 그는 _____ 지적을 받았다.

필터링 일을 '무능하게'(incompetent) 한다는 말을 자연스러운 한국어 표현으로 바꿔 보세요.

한복 그는 일처리가 매끄럽지 않다는(his incompetent handling of the affair) 지적을 받았다.

3. Arnold Schwarzenegger was detained and faces criminal tax proceedings in Germany ① <u>over a luxury watch</u>. The watch ② <u>was intended to be a prize</u> at a charity auction. He cooperated at every step even though it was ③ <u>an incompetent shakedown</u>.

번역 아놀드 슈워제네거가 억류되어 ① _____ 대한 형사 조세 절차를 밟을 예정이다. 이 시계는 자선 경매에 ② _____ _____. ③ _____ 슈워제네거는 적극적으로 협조했다.

필터링 ① 우리는 'luxury'를 '사치품'보다는 다른 표현으로 번역합니다.
② 'Intended to be a prize'는 뒤에 나오는 '자선 경매'와 연결해서 번역해야 합니다.
③ '무능한 수사'(Incompetent shakedown)를 자연스러운 우리말 표현으로 다듬어 보세요.

한복 아놀드 슈워제네거가 <u>억류되어</u>(be detained) ① <u>소지하고 있던 명품시계에</u>(over a luxury watch) 대한 <u>형사 조세 절차를 밟을 예정이다</u> (face criminal tax proceedings). 이 시계는 자선 경매에 ② <u>부쳐질 예정이었다</u>(be intended to be a prize). ③ <u>어설프게 끝난 수사였지만</u>(an incompetent shakedown) 슈워제네거는 <u>적극적으로 협조했다</u>(cooperated at every step).

| 복습 | 영어와 한국어의 등가 표현 |

1. 선출직 의원이(an elected representative) 그런 자리에 앉다니 <u>극히 드문</u>(highly _____) 일이다.

2. 그는 일처리가 <u>매끄럽지 않다는</u>(_____ handling of the affair) 지적을 받았다(be criticized for).

3. 아놀드 슈워제네거가 <u>억류되어</u>(be detained) 소지하고 있던 명품시계에 대한 형사 조세 절차를 밟을 예정이다. 이 시계는 자선 경매에 부쳐질 예정이었다(be intended to be a prize). 어설프게 끝난 수사였지만(it was an _____ shakedown) 슈워제네거는 <u>적극적으로 협조했다</u>(cooperated at every step).

J

• • • ● • •

1. He joined the company three months ago.

번역 그는 3개월 전 _____.

필터링 'joined the company'는 회사와 함께하게 되었다는 의미입니다.

한복 그는 3개월 전 <u>입사했다</u>(join the company).

2. Finland has joined NATO.

번역 핀란드가 북대서양 조약 기구에 _____.

필터링 한 국가가 국제기구에 합류했다는 상황을 가리키는 한국어 표현을 떠올려 보세요.

한복 핀란드가 북대서양 조약 기구에 <u>가입했다</u>(has joined).

3. Please, will you join me in applauding Dr. Kim?

번역 김 박사님을 _____.

필터링 행사나 사교 모임에서 누군가의 등장을 알릴 때 이런 표현을 많이 쓰지요.

한복 김 박사님을 <u>박수로 환영해 주십시오</u>(join me in applauding).

4. We will soon be joined by Dr. Choi who will deliver a dinner speech.

번역 만찬사를 하실 최 박사님이 _____.

필터링 만찬사를 할 사람이 행사장에 '곧 조인할 것'이라는 내용을 자연스러운 한국어 표현으로 바꿔 보세요.

한복 만찬사를 하실(will deliver a dinner speech) 최 박사님이 곧 참석하실 것입니다(will soon be joined by).

5. I joined an alumni party last week.

번역 나는 지난 주 _____.

필터링 '참석했다'(join)도 뜻은 통하지만 이런 상황을 가리켜 많이 쓰는 관용 표현이 있습니다.

한복 나는 지난주 동창회에 얼굴을 내밀었다(join an alumni).

| 복습 | 영어와 한국어의 등가 표현 |

1. 그는 3개월 전 입사했다(____ the company).
2. 핀란드가 북대서양 조약 기구에 가입했다(has ____).
3. 김 박사님을 박수로 환영해 주십시오(____ me in applauding).
4. 만찬사를 하실(will deliver a dinner speech) 최 박사님이 곧 참석하실 것입니다(will be ____ by).
5. 나는 지난주 동창회에 얼굴을 내밀었다(____ an alumni party).

| 나를 알아주는 이는 결국 나 자신이다 |

우리는 무거운 물건을 들 때나 종이컵을 들 때 무게를 어림하지 않고 아무렇지 않게 듭니다. 그래도 무거운 물건을 들 때에는 자연스럽게 손에 힘이 들어가고, 종이컵을 들 때에는 컵이 구겨지지 않을 정도로만 조심스럽게 힘을 주게 되지요. 일상에서 여상하게 취하는 행동이라고 생각하겠지만, 이를 의수와 의족과 같은 인공 기관으로 구현하기 위해서는 무수한 자본과 노력, 시간이 필요합니다. 또 어떤 사실에 대한 질문을 받을 때 우리는 그렇다거나 혹은 그렇지 않다는 답을 거의 즉석에서 할 수 있습니다. 그러나 같은 질문에 대한 대처도 인공지능에게는 그동안 축적해 온 방대한 데이터를 하나하나 모두 검색한 후에야 답을 할 수 있는 복잡한 과정이 됩니다.

이처럼 대단한 능력들은 우리가 흔하게 접했고 또 아무렇지 않게 사용해 왔기에 저절로 우리 눈에 띄지는 않습니다. 새로운 생각, 새로운 환경과의 마주침을 통해 익숙했던 것들이 낯설게 느껴진 다음에야 비로소 발견되지요. 그러니 그동안 아무렇지 않게 생각했지만 사실은 대단한 내 안의 능력을 발견하기 위해서는 늘 자기 자신에게 귀 기울이고 새로운 것에 관심을 가져야 합니다. 저 또한 그렇게 스스로를 가꾸면서 성장해 가고 싶습니다.

••●•••

1. We, the undersigned, may choose to resign from OpenAI and join the Microsoft subsidiary run by Sam Altman.

번역 아래 서명인들은 오픈AI를 떠나 샘 알트만이 운영하는 마이크로소프트의 자회사로 _____ 수 있습니다.

필터링 회사를 '그만둔'(resign) 이후 다른 회사에 'join'하는 것을 가리켜 이렇게 표현하지요.

한복 아래 서명인들은(the undersigned) 오픈AI를 떠나 샘 알트만이 운영하는(run by) 마이크로소프트 자회사로(subsidiary) 옮겨 갈(join) 수 있습니다.

2. OpenAI board members who had pushed Altman out have been jettisoned.

번역 알트만을 퇴출시킨 오픈AI 이사진이 _____.

필터링 이사진이 '선박에서 짐을 버리듯'(jettison) 뿔뿔이 흩어지는 상황을 자연스러운 표현으로 번역해 보세요.

한복 알트만을 퇴출시킨(push Altman out) 오픈AI 이사진이 공중분해 되었다(have been jettisoned).

3. His emotions clouded his judgement.

번역 그는 감정 때문에 _____.

필터링 감정에 눈이 멀게 되면 머릿속에 구름이 끼듯 판단력이 떨어지게 되지요.

한복 그는 감정 때문에 판단이 흐려졌다(cloud his judgement).

| 복습 | 영어와 한국어의 등가 표현 |

1. 아래 서명인들은(the undersigned) 오픈AI를 떠나 샘 알트만이 운영하는(run by) 마이크로소프트의 자회사로(subsidiary) 옮겨 갈(   )수 있습니다.

2. 알트만을 퇴출시킨(push Altman out) 오픈AI 이사진이 공중분해되었다(have been _____).

3. 그는 감정 때문에 판단이 흐려졌다(clouded his _____).

| 하고 싶은 것과 할 수 있는 것 |

'하고 싶은 것'과 '할 수 있는 것' 중에서 선택하라고 하면 아마 대부분은 할 수 있는 것을 고를 것입니다. 장차 '하고 싶다'는 바람은 지금 당장 할 수 없다는 것을 의미하니까요. 하지만 현실적인 선택을 할지언정 우리가 진정으로 원하는 바는 '하고 싶은 것'입니다. 이렇게 하고 싶은 것을 지금 당장 할 수 없어 현실과 타협하는 이유는 현재 나의 역량이 그 일에 도전하기에는 부족하다고 느끼기 때문이겠지요.

그렇다면 이런 생각을 떠올릴 수도 있습니다. '두 가지가 반드시 서로 상반되는 목표여야 한다는 법도 없는데, 꼭 하고 싶은 것과 할 수 있는 것 중에서 하나만 선택해야 할까? 둘 다를 함께 추구할 수는 없을까?'

저 질문에서 제가 강조하는 생각이 바로 그렇습니다. 지금 당장은 하고 싶은 일을 할 수 없지만, 일단 해낼 수 있는 일들에 도전하면서 꾸준히 나의 역량을 키워 마무리를 짓다 보면 언젠가 '하고 싶은 일'도 '할 수 있는 일'이 되지 않을까요. 그렇게 되면 나는 또 다른 '하고 싶은 일'에 도전할 수 있게 되겠지요.

K

•• • ● • ••

1. Dexter Wade, <u>buried without his family's knowledge</u>, had ID on him with his home address.

번역 _____ 덱스터 웨이드Dexter Wade는 사망 당시 집 주소가 있는 신분증을 지니고 있었다.

필터링 'buried without his family's knowledge'은 웨이드 씨의 가족들이 그가 매장된 사실을 몰랐다는 말입니다.

한복 <u>가족의 확인 없이 매장된</u>(buried without his family's knowledge) 덱스터 웨이드는 사망 당시 <u>집 주소가 기재된 신분증을 지니고 있었다</u> (had ID on him with his home address).

| 복습 | 영어와 한국어의 등가 표현 |

1. <u>가족의 확인 없이 매장된</u>(buried without his family's _____) 덱스터 웨이드Dexter Wade는 사망 당시 <u>집 주소가 기재된 신분증을 지니고 있었다</u>(had ID on him with home address).

| AI 번역의 특징 (3) 말이 품은 미묘한 뉘앙스를 살리지 못한다 |

AI 번역 서비스의 작업 결과보다 나은 번역이 되려면 그저 뜻을 옮기는 정도를 넘어 말이 품은 의미를 맥락에서 찾아내고 자연스러운 표현으로 다듬어 전할 수 있어야 합니다. 그래야 사람의 말을 사람답게 옮긴다고 할 수 있겠지요.

1. He confirms details of his lavish lifestyle.

`AI` 그가 그의 호화로운 라이프 스타일의 세부 사항에 대해 확인합니다.

`인간` 그가 자신의 흥청망청했던 생활을 인정했다.

2. Marriage is about communication and compromise.

`AI` 결혼은 소통과 타협이다.

`인간` 결혼은 대화를 통해 서로 조금씩 양보하는 것이다.

3. Teenagers are sensitive to their appearance.

`AI` 십대들은 외모에 민감하다.

`인간` 십대들은 외모에 관심이 많다.

4. She was deeply ashamed of her behaviour.

`AI` 그녀는 그녀의 행동을 깊이 부끄러워했다.

`인간` 그녀는 자신의 소행에 대해 고개를 들지 못했다.

L

•• • ● •• •

1. I usually try to limit eye contact because I find that it makes people uncomfortable.

번역 사람들이 불편하게 생각하는 것 같아 나는 _____ 편이다.

필터링 '눈 마주치기를 제한한다는 것'(imit eye contact)은 아예 피한다는 말이 아니라 상황을 봐가면서 눈을 마주치겠다는 의미입니다.

한복 사람들이 불편하게 생각하는 것 같아(I find that it makes people uncomfortable) 나는 눈을 마주치지 않는(limit eye contact) 편(usually)이다.

2. ① Rigid job descriptions can serve to ② limit productivity.

번역 ① _____ ② _____ 수 있다.

필터링 '엄격하게 직무를 설명하는 것'(rigid job descriptions)은 '생산성을 제한하는'(limit productivity) 일이 될 수 있다는 말을 자연스러운 한국어 표현으로 번역해 보세요.

한복 ① 업무 방식을 엄격하게 규제하면(rigid job description) ② 생산성이 감소될(limit productivity) 수 있다.

보충 '생산성이 감소하다'(reduce productivity)에서 'reduce'를 'limit' 'lower' 'lessen' 등의 단어로 대체할 수 있습니다. 또는 'have a negative impact on (productivity)'라는 표현을 쓸 수도 있습니다.

3. Workshops are limited to a maximum of 25 participants.

번역 워크숍에는 _____.

필터링 25명에서 참가자가 '제한된다'(be limited to)는 것은 워크숍의 정원이 25명이라는 말입니다.

한복 워크숍에는 최대 스물다섯 명까지(be limited to a maximum of 25 participants) 참가할 수 있다.

4. Target will limit self-checkout to 10 items or fewer.

번역 타겟에서는 _____.

필터링 지문에서 말하는 타겟은 미국의 대형 마트 브랜드 가운데 하나입니다. 마트에서 셀프계산 가능한 상품의 수를 10개로 '제한'(limit)한다는 말을 한국어 표현으로 다듬어 보세요.

한복 타겟에서는 10개 이하까지만 셀프계산대에서 결제할 수 있다(limit self-check to 10 items or fewer).

5. She limits red meat consumption and emphasizes vegetables and seafood.

번역 그녀는 _____ 채소와 해산물 위주로 식사한다.

필터링 육식을 '제한하고'(limit) 채소와 해산물을 '강조한다'(emphasizes)는 말을 자연스러운 표현으로 다듬어 보세요.

한복 그녀는 육식을 줄이고(limit red meat) 채소와 해산물 위주로 식사

<u>한다</u>(emphasize seafood).

| 복습 | 영어와 한국어의 등가 표현 |

1. 사람들이 <u>불편하게 생각하는 것 같아</u>(make people uncomfortable) 나는 <u>눈을 마주치지 않는</u>(____ eye contact) <u>편</u>(usually)이다.
2. <u>업무 방식을 엄격하게 규제하면</u>(rigid job description) 생산성이 <u>감소될</u>(____ productivity) 수 있다.
3. 워크숍에는 최대 스물다섯 <u>명까지</u>(be _____ to) 참가할 수 있다.
4. 타겟에서는 <u>10개 이하까지만 셀프계산대에서 결제할 수 있다</u>(____ self-checkout to 10 items or fewer).
5. 그녀는 <u>육식을 줄이고</u>(____ red meat consumption) <u>채소와 해산물 위주로 식사한다</u>(emphasize seafood).

| Think vs. Believe vs. Find |

'Think'는 주관적인 생각을 의미합니다. 그래서 연설문과 같이 격식을 갖춰야 하는 글에서는 'think'를 잘 쓰지 않습니다.

E.g. I think that this is bigger than that.
번역 나는 이것이 그것보다 더 큰 문제라고 생각한다.

'Believe'는 어떤 사실이나 현상에 대한 보다 보편적인 의견이라

2장 • 실전, 번역다운 번역 • **169**

는 뉘앙스가 강합니다.

E.g. I believe that we should address climate change.

번역 나는 우리가 기후변화 문제를 해결해야 한다고 믿는다.

'Find'는 경험으로 알게 된 것을 가리킵니다. 바로 앞에 나온 L 섹
션 1번 지문 'I find that eye contact makes people uncomfortable'에
서도 'know'가 아닌 'find'를 쓴 까닭은, '사람들이 불편해한다'는
것은 화자 자신이 직접 겪고 내린 결론이기 때문입니다.

E.g. I find this book interesting.

번역 나는 이 책이 흥미롭다고 **생각한다**.

E.g. I find it significant to have extensive experience.

번역 다양한 경험이(have extensive experience) 중요하다는 것을
알게 되었다.

●●●●●●

1. Chicago's brutal winter looms.

번역 시카고에 ＿＿＿＿＿＿＿＿.

필터링 '잔인한 겨울'(brutal winter looms)을 한국인들에게 익숙한 표현으
로 바꿔 보세요.

한복 시카고에 한파가(brutal winter) 닥치고 있다(loom).

2. What she said sounded logical enough.

번역 그녀의 말은 _____.

필터링 '충분히 논리적으로 들린다'도 뜻은 전달되지만 한 걸음 더 나아가 우리 입에 붙는 표현을 찾아봅시다.

한복 그녀의 말은 아귀가 딱 맞는다(sound logical enough).

3. My savings are getting low.

번역 잔고가 _____.

필터링 남은 돈이나 물품이 '낮아지고 있는'(getting low) 상황을 가리키는 관용 표현을 떠올려 보세요.

한복 잔고가(my savings) 바닥나고 있다(be getting low).

4. The government loosely regulated banks.

번역 정부의 은행 _____.

필터링 '규제가 느슨하다'(loosely regulate)는 말을 자연스러운 한국어 표현으로 바꿔 보세요.

한복 정부의 은행 규제가 부실했다(loosely regulated).

5. We should check food labels for chemicals used as additives or preservatives.

번역 우리는 _____ 식품 속 첨가제나 방부제와 같은 화학 성분을 확인해 봐야 한다.

필터링 식품에 들어간 화학 성분들을 확인하기 위해서는 이것을 들여다봐야 합니다.

[한복] 우리는 식품 포장에 나와 있는(food labels for) 식품 속 첨가제나 방부제와 같은 화학 성분을 확인해 봐야 한다(should check).

| 복습 | 영어와 한국어의 등가 표현 |

1. 시카고에 한파가(brutal winter) 닥치고 있다(____).
2. 그녀의 말은 아귀가 딱 맞는다(sound _____ enough).
3. 잔고가(my savings) 바닥나고 있다(be getting ____).
4. 정부의 은행 규제가 부실했다(_____ regulated banks).
5. 우리는 식품 포장에 나와 있는(food _____ for) 첨가제나 방부제와 같은 화학 성분을 확인해 봐야 한다(should check).

• • • ● • •

1. The tower was once a landmark for ships.

[번역] 그 탑이 _____ 했다.

[필터링] 한때 '배들에게 이정표로 기능했던 탑'(be once a landmark for ships)이라고 하면 이 건축물이 떠오를 것입니다.

[한복] 그 탑이 한때는 선박의 등대 역할을(once a landmark for ships) 했다.

2. Holding photos of their deceased children parents lobby Congress to pass online safety legislation.

[번역] 사망한 자녀의 사진을 들고 부모들이 온라인 보호법이 통과될 수

있도록 _____.

필터링 '의회에 로비하다'(lobby Congress)를 한국의 실정에 맞는 표현으로 다듬어 보세요.

한복 사망한 자녀의 사진을 들고 부모들이 <u>온라인 보호법이 통과될 수 있도록</u>(to pass online safety legislation) <u>의회에 촉구하고 있다</u>(lobby Congress).

보충 'Lobby' 'Plead with' 'Implore'+Congress는 모두 의회에 탄원한다는 의미입니다. 참고로 미국 의회는 'Congress'라고 하며, 한국 국회는 'the National Assembly'라고 부릅니다.

3. A lot of those sales <u>have been lackluster</u>.

번역 판매가 _____.

필터링 판매에서 '광채가 없다'(lackluster)는 말은 판매 실적이 침체된 상황을 뜻합니다.

한복 <u>판매</u>(sales)가 <u>부진하다</u>(be lackluster).

4. Pandemic EBT helped Americans pay for groceries using an EBT card <u>loaded with benefits</u>.

번역 팬데믹 EBT 프로그램은 미국인들이 _____ EBT 카드로 식료품을 구매할 수 있도록 지원하는 정책이다.

필터링 카드에 지원금을 '싣는다'(loaded with)는 말을 자연스럽게 읽히는 표현으로 바꿔 보세요.

한복 팬데믹 EBT 프로그램은 미국인들이 <u>보조금이 충전된</u>(loaded with benefits) EBT 카드로 식료품을 구매할 수 있도록 지원하는 정책이다.

5. Fox News is <u>characteristically lying</u>.

번역 폭스 뉴스가 _____.

필터링 자신의 특징 그대로(characteristically) 거짓말을 하고 있다는 말은 일관되게 거짓말을 반복하고 있다는 의미입니다.

한복 폭스 뉴스가 <u>늘 그렇듯 거짓으로 일관하고 있다</u>(characteristically lie).

| 복습 | 영어와 한국어의 등가 표현 |

1. 그 탑이 <u>한때는 선박의 등대 역할을</u>(once a _____ for ships) 했다.
2. 사망한 자녀의 사진을 들고 부모들이 온라인 보호법이 통과되도록 <u>의회에 촉구하고 있다</u>(____ Congress).
3. <u>판매</u>(sales)<u>가 부진하다</u> (be _____).
4. 팬데믹 EBT 프로그램은 미국인들이 <u>보조금이 충전된</u>(____ with benefits) EBT 카드로 식료품을 구매할 수 있도록 지원하는 정책이다.
5. 폭스 뉴스가 <u>늘 그렇듯 거짓으로 일관하고 있다</u>(be characteristically ____).

| Sale vs. Sales |

'Sale'은 한 건의 판매를, 'Sales'는 여러 건의 판매를 의미합니다.

1. Regulations governing the <u>sale</u> of alcoholic beverages

번역 주류 판매에 대한 규제

2. They have to boost **sales** to make a profit.
번역 판매 (수)를 늘려 수익을 내야 한다.

3. The **sales** department
번역 (여러 상품을 담당하는) 판매 부서

•• • ● ● ••

1. It can be of concern to aviation as heavy precipitation can limit
   visibility.
번역 폭우로 ＿＿＿＿＿＿＿＿ 비행에 어려울 수 있다.
필터링 기상 악화로 인해 '시야가 제한'(limit visibility)된다는 말을 자연
스러운 한국어 표현으로 바꿔 보세요.
한복 폭우로(heavy precipitation) 시야 확보가 힘들어(limit visibility) 비
행이 어려울 수 있다.

2. Create ① members-only pages on your website and ② limit
   visibility to specific members.
번역 ① ＿＿＿＿＿＿＿＿ 제작해서 회원들만 ② ＿＿＿＿＿＿＿＿.
필터링 ① 지문에서 'members-only'는 뒤에 나오는 'specific members'와
같은 뜻입니다.

② '가시성을 제한한다'(limit visibility)는 것은 웹사이트를 열람할 수 있는 권한을 한정한다는 뜻입니다.

한복 ① 회원제 웹사이트를(members-only pages) 제작해서 회원들만 (specific members) ② 볼 수 있도록 만드세요(limit visibility to).

3. For children aged 2~5 years, limit scree ntime to 1 hour per day.

번역 2세에서 5세 아동은 하루 한 시간씩만 _____.

필터링 'limit screen time'은 컴퓨터나 휴대폰, 텔레비전 등의 화면 이용 시간을 제한한다는 뜻입니다.

한복 2세에서 5세 아동은 하루 한 시간씩만 전자 기기를 사용하도록 하세요(limit screen time to).

4. My parents were very liberal when we were growing up.

번역 어릴 때 _____.

필터링 부모님이 'very liberal'하다는 말은 자녀 교육이나 집안 분위기가 너그러웠다는 것을 뜻합니다.

한복 어렸을 때 우리 집은 엄격한 분위기가 아니었다(My parents were very liberal).

5. She's very liberal with her advice!

번역 그녀는 _____!

필터링 충고하는 데 있어 '거리낌 없다'(very liberal)는 말은 부정적인 뉘앙스로, 지나치게 충고를 많이 한다는 의미입니다.

한복 그녀는 매사에 이래라저래라 참견이 심하다(very liberal with her advice)!

| 복습 | 영어와 한국어의 등가 표현 |

1. 폭우로(heavy precipitation) 시야 확보가 힘들어(____ visibility) 비행이 어려울 수 있다.

2. 회원제 웹사이트를(members-only pages) 제작해서 회원들만(specific members) 볼 수 있게 만드세요(____ visibility to).

3. 2세에서 5세 아동은 하루 한 시간씩만 전자기기를 사용하도록 하세요(____ screen time to 1 hour).

4. 어렸을 때(when we were growing up) 우리 집은 엄격한 분위기가 아니었다(my parents were ____).

5. 그녀는 매사에 이래라저래라 참견이 심하다(very ____ with her advice)!

| Lose에 한복 입히기 |

다음에 제시하는 문장들에서 'lose'에 어떻게 한복이 입혀지는지 확인해 봅시다.

1. He lost Medicaid coverage and has been without insurance.

한복 그는 메디케이드 보험이 상실되어 비보험자로 지내고 있다.

2. She was one of 70,000 Americans lost to the scourge of fentanyl in 2021.

2021년 펜타닐 약물로 인해 7만 명의 미국인이 **사망했다.**

3. Ukraine worries it has lost allies' attention.
한복 우크라이나가 동맹국의 관심 **밖으로 밀려나** 노심초사하고 있다.

4. They lost their home because of their delinquent mortgage payments.
한복 주택 담보대출금이 체납되어 집이 **압류되었다.**

5. Conservative school board candidates lost ground as moderates push back on culture issues.
한복 중도파들이 문화 관련 문제를 들고 나오는 바람에 보수 성향의 학교 위원회 후보들이 가진 입지가 **사라졌다.**

6. Their business is so slow that they lost money in business.
한복 그들은 사업 부진으로 **적자를 보고 있다.**

7. Planes are losing satellite signals because the signals are being thwarted by drones.
한복 드론이 위성 신호를 교란해서 비행기들이 신호를 **놓치고 있다.**

8. Pro-Israel lawmakers in both parties are losing confidence in Netanyahu and his handling of the war against Hamas.

네타냐후 총리의 행적과 총리의 하마스전 대응 방식을 지켜
봐 온 양당의 친이스라엘계 의원들이 네타냐후 총리로부터 **멀어지**
고 있다.

9. The growth engine has lost steam due to high inflations.
물가의 고공 행진으로 성장 동력이 **멈췄다**.

10. Former BMW engineer Ernest Knoors says that this is
Max Verstappen's title to lose if nothing goes wrong.
전 BMW 엔지니어인 에르네스트 크누어스는 이변이 없는
한 맥스 페르스타펜이 우승을 **놓칠** 이유가 없다고 본다.

M

• • ● • • •

1. No player can match him.

번역 _____.

필터링 'match'가 될 만한 사람이 없다는 상황을 가리키는 관용어를 떠올려 보세요.

한복 그와 어깨를 견줄(match him) 선수가 없다(no player).

2. The two players are evenly matched in golf.

번역 두 선수가 골프 경기에서 _____.

필터링 스포츠에서 '대등한 맞수'(be evenly matched)라는 것은 막상막하의 경기를 펼치고 있다는 의미입니다.

한복 두 선수가 골프 경기에서 쌍벽을 이뤘다(be evenly matched in).

3. Their tents little match for rain.

번역 그들의 텐트로는 _____.

필터링 비에 '상대도 안 된다'(little match for)면 비를 맞을 수밖에요.

한복 그들의 텐트로는 비를 피할 수 없다(little match for rain).

4. Organs are carefully matched to patients in need of transplant.

번역 이식받을 환자에게 장기가 _____.

필터링 이식받을 환자에게 장기가 맞는지 살핀다는 말을 한국어 표현에 맞게 다듬어 보세요.

한복 이식받을 환자에게 장기가 <u>적합한지 신중을 기해 살펴야 한다</u>(be carefully matched to patients).

5. She tends to <u>take a moment before she answers</u>.

번역 그녀는 대답하는 데 _____.

필터링 대답할 때 '시간이 걸리는 경향이 있다'(tend to take a moment)는 말은 바로 답하지 않는다는 뜻이지요.

한복 그녀는 대답하는 데 <u>뜸을 들일</u>(take a moment) <u>때가 있다</u>(tend to).

| 복습 | 영어와 한국어의 등가 표현 |

1. 그와 <u>어깨를 견줄</u>(____) 선수가 없다.
2. 두 선수가 골프 경기에서 <u>쌍벽을 이뤘다</u>(be evenly _____ in).
3. 그들의 텐트로는 <u>비를 피할 수 없다</u>(little _____ for rain).
4. 이식받을 환자에게 장기가 <u>적합한지 신중을 기해 살펴야 한다</u>(be carefully _____ to patients).
5. 그녀는 대답하는 데 <u>뜸을 들일</u>(take a _____) <u>때가 있다</u>(tend to).

| 골프와 번역 |

주변을 둘러보니 골프장이 참 많습니다. 아마도 골프를 치는 사람들이 여러 골프장을 다양하게 경험해 보고 싶어 하기 때문에 그럴 것입니다. 저부터도 이 골프장 저 골프장을 쇼핑하듯이 다니기를 좋아합니다. 골프장마다 특색이 다르기 때문입니다.

그렇다면 그 많은 골프장을 다닐 때마다 골프장의 개성에 맞춰 다르게 골프를 쳐야 할까요? 어디에서나 한결같은 움직임으로 칠 수야 없겠지만, 골프장이 달라졌다고 해서 골프 치는 방식 자체가 달라지지는 않습니다. 골프장의 특색에 맞춰 자신의 동작을 바꾸려고 하기보다는 어느 환경에서도 일관성 있게 치는 기본기를 배우고 몸에 익을 때까지 연습하는 것이 낯선 곳에 가서도 제 기량을 발휘하는 데 훨씬 도움이 될 것입니다.

번역도 그와 같습니다. 생소한 형식의 지문을 받았다고 해서 번역하는 방법 자체가 달라지지는 않습니다. 그러니 이런저런 번역의 기술부터 배우는 것보다 어떤 지문이라도 한결같은 방식으로 번역하도록 기본기를 탄탄하게 다지는 편이 번역 실력을 늘리는 데 훨씬 도움이 될 것입니다.

●●●●●●

1. Queen Elizabeth was hampered by mobility issues.

번역 엘리자베스 영국 여왕의 _____ .

필터링 사람+'mobility issues'는 이동하기가 불편하다는 말입니다.

한복 엘리자베스 영국 여왕의 <u>거동이 불편했다</u>(be hampered by mobility issues).

2. You may believe that <u>minor symptoms</u> are signs of severe illness.

번역 ＿＿＿＿＿＿＿＿＿＿ 큰 병에 걸렸나 생각할 수 있다.

필터링 '작은 증상'(minor symptoms)을 자연스러운 우리말 표현으로 바꿔 보세요.

한복 <u>조금만 몸이 이상해도</u>(minor symptoms) <u>큰 병에</u>(severe illness) <u>걸렸나</u>(signs) 생각할 수 있다.

3. The Biden administration <u>will impose major sanctions</u> to hold Russia accountable for Navalny's death.

번역 바이든 정부가 나발니의 사망에 대한 러시아의 책임을 묻기 위해 ＿＿＿＿＿＿＿＿＿＿ 것이다.

필터링 '주요한 제재를 가한다'(impose major sanctions)는 말은 제한이나 금지 조치를 강경하게 시행하겠다는 의미입니다. 국가가 행하는 '제재'라는 단어에 같이 붙어 나오는 표현을 떠올려 보세요.

한복 바이든 정부가 나발니의 사망에 대한 <u>러시아의 책임을 묻기 위해서</u>(hold Russia accountable for) <u>대규모 제재 조치에 나설</u>(impose major sanctions) 것이다.

4. A group examined how antisemitism <u>manifests</u> within our society.

번역 한 단체가 우리 사회에 반유대주의가 ＿＿＿＿＿＿＿＿＿＿

조사했다.

지문에서 이야기하는 '명백하다'(manifest)는 반유대주의 현상이 노골적으로 드러날 정도로 퍼졌다는 것을 의미합니다.

한 단체가 우리 사회에 반유대주의가 얼마나 팽배하고 있는지를 (manifest) 조사했다(examine).

5. ① Mindset vs. Mind-setting

Mindset is a mental attitude or inclination; a fixed state of mind; a particular way of thinking; a set of opinions about something while mind-setting is what I created to direct your thoughts toward your goals. Quite literally, it is ② setting your mind on something you want to achieve.

①_____ 비교

'고정형 사고방식'은 개인의 마음가짐 혹은 성향 등 특정 사고방식으로 어떤 사물을 파악하는 고정된 의견인 반면 '성장형 사고방식'은 우리의 생각을 목표에 맞게 설정하는 것이다. 즉 목표를 성취하기로 ②_____

_____.

'mindset'과 'mind-setting' 각각의 의미 차이는 지문 첫 부분을 참고해 주세요.

①고정형 사고방식과(mindset) 성장형 사고방식(mind-setting) 비교 '고정형 사고방식'은(a mindset) 개인의 마음가짐(a mental attitude) 혹은 성향(inclination) 등 특정 사고방식으로 어떤 사물을 파악하는 고정된 의견인 반면 '성장형 사고방식'은(mind-setting) 우리의 생각을 목표에 맞게 설정하는 것이다(direct your thoughts toward your goals). 즉 목표를 성취하기로 ②마음을 새롭게 먹는 것이다(setting your mind on).

1. 엘리자베스 여왕의 거동이 불편했다(be hampered by _____).
2. 조금만 몸이 이상해도(_____ symptoms) 큰 병에(severe illness) 걸렸나 생각할 수 있다.
3. 바이든 정부가 나발니의 사망에 대한 러시아의 책임을 묻기 위해서(hold Russia accountable for) 대규모 제재 조치에 나설(impose _____ sanctions) 것이다.
4. 한 단체가 우리 사회에 반유대주의가 얼마나 팽배하고 있는지를 (_____) 조사했다.
5. 고정형 사고방식과(_____) 성장형 사고방식(_____) 비교
  '고정형 사고방식'은 개인의 마음가짐(a mental attitude) 혹은 성향(inclination) 등 특정 사고방식으로 사물을 파악하는 고정된 의견인 반면 '성장형 사고방식'은 우리의 생각을 목표에 맞게 설정하는 것이다(direct your thoughts toward your goals). 즉 목표를 성취하기로 마음을 새롭게 먹는 것이다(setting your _____ on).

| 통번역 공부와 인생 공부 |

'mindset'은 고정된 사고방식이고 'mind-setting'은 그렇게 굳어진 사고방식에서 벗어나 새롭게 성장하기로 마음먹는 것입니다. 처음부터 스스로를 정해놓은 mindset과는 다르게 생각의 방향을 목표에 맞게 자유로이 수정할 수 있도록 '마음을 먹기' 위해서는 우선

내가 어디로 가는지를 알고 있어야 하겠지요. 목표가 되는 곳이 흔들리지 않고 단단히 자리 잡고 있어야 그곳을 향해 이리저리 유연하게 나아갈 수도, 속도를 자유자재로 조절할 수도 있는 것입니다.

"무작정 열심히만 한다고 되는 것도 아닌 것 같고, 공부를 하긴 하는데 딱 잡히는 것도 없고, 왜 이럴까요? 밤잠 설쳐가며 공부하고 있는데 제자리만 걷고 있는 느낌이에요."

한 학생이 보낸 메일을 읽고 애틋함을 느꼈습니다. 너무나도 절실한 그 마음을 알기 때문입니다. 잘하고 싶은데, 그래서 열심히 하고 있는데 '이렇게 하는 게 맞나' 싶어 불안한 그 마음을 알기 때문입니다.

공부를 할 때에는 우선 '무작정' 노력하기보다는 '무엇을' '왜' 열심히 해야 하는지부터 알아야 합니다. '인생은 속도가 아니라 방향이다'라는 말처럼 먼저 공부의 목표와 방향을 알아야 그 다음에 그 길을 따라 속도전도 벌일 수 있습니다. 방향 없이 힘껏 뛰는 것은 전력질주가 아니라 조바심에 휘둘려 방황하는 것일 뿐입니다.

수업 시간에 지문을 두고 '무엇'을 그리고 '왜'를 질문하며 번역의 방향을 제시한 다음 학생들에게 과제를 냅니다. 여러 차례 이야기했지만 영한 번역에서 학생들이 걸려 넘어지는 가장 큰 걸림돌은 영문의 '의미'를 생각하지 않고 일 대 일로 단어 대응을 한다는 것입니다.

1. The contributions have had a positive impact on many children.
2. The policy has had a positive impact on exports.

이 두 문장에는 똑같이 'have a positive impact on'이 들어 있습니다. 대부분의 학생들은 두 지문 모두 '긍정적인 영향이 있다'로 번역합니다. 그리고 더는 생각하지 않습니다.

그러나 아닙니다.

첫 번째 예문에서는 'The contributions'와 'many children' 사이의 **관계를 살피면서 알맞은 표현을 찾아야** 합니다. 이 기부금이 많은 아이들을 어떻게 했다는 것일까요? 아이들을 도와줬지요. 즉 첫 번째 지문에 한복을 입히자면 '**이 기부금으로 아이들이 많은 혜택을 받았다**'는 번역이 나옵니다.

두 번째 예문에서는 'The policy'와 'exports' 사이의 **관계 속에서 알맞은 표현을 찾아야** 하겠지요. 그렇다면 이 정책이 수출을 어떻게 했다는 것일까요? 바로 '수출을 많이 하도록 도왔다'는 것입니다. 즉 두 번째 지문에 한복을 입히자면 '**이 정책 덕분에 수출량이 증가했다**'라는 번역이 나옵니다.

번역을 할 때에는 일정한 방향이 있어야 합니다. 그리고 방향을 잡았다는 것은 내가 가고자 하는 길의 맥락을 깨달았다는 것입니다. 내가 가고 있는 목적지의 의미를 안다면 새로운 풍경을 접하더라도 일정한 방향에 맞춰 진행해 오며 길을 들인 관성에 따를 수 있게 되고, 그렇게 나아가는 것도 점점 수월해집니다.

어딘가를 힘껏 걸어가기 전에 방향부터 알아야 한다는 조언은 비단 번역이라는 길에만 적용되는 말은 아닐 것입니다.

N

• • • ● • • •

1. In order to further increase their market share, companies must
   meet the needs of consumers.

   번역 시장 점유율을 더욱 높이기 위해 기업은 ＿＿＿＿＿＿＿＿＿＿
   ＿＿＿＿＿ 한다.

   필터링 '소비자의 니즈를 충족시키다'(meet the needs of consumers)를 자
   연스러운 한국어 표현으로 바꿔 보세요.

   한복 시장 점유율을 더욱 높이기(further increase their market share) 위
   해 기업은 소비자들의 가려운 곳을 긁어 줄 수 있어야(meet the needs of
   consumers) 한다.

2. Some believe there have been negligible solutions for how oil
   and gas practices can be greener.

   번역 석유와 휘발유를 좀 더 환경 친화적으로 사용할 수 있는 ＿＿＿＿＿
   ＿＿＿＿＿ 지적이 나왔다.

   필터링 '미미한 해결책'(negligible solutions)이라는 의미가 어색하게 읽히
   지 않도록 조금 더 다듬어 보세요.

   한복 석유와 휘발유를 좀 더 환경 친화적으로(can be greener) 사용할 수

있는(practices) 방안이 부족하다는(negligible solutions) 지적이 나왔다 (some believe).

3. ① Unfortunately, his speech ② offered only negligible solutions for the nation's energy and environmental problems.

번역 ① _____ , 그가 연설에서 제시한 국가의 에너지 및 환경 문제에 관한 ② _____ .

필터링 ① 문맥을 살펴 '불행하게도'(unfortunately)를 뒤에 나오는 해결책이 부족했다는 설명과 어울리는 표현이 되도록 다듬어 보세요.
② 화자는 '해결책이 부족한'(offered only negligible solutions) 상황을 두고 불행하다는 부정적인 감정을 드러냈습니다.

한복 ① 기대와는 다르게(unfortunately) 그가 연설에서 제시한 국가의 에너지 및 환경 문제에 관한 ② 해결책은 실망스러웠다(offer only negligible solutions).

4. Myelin is ① a neural substance that is important for several reasons. ② It's universal: everyone can grow it throughout life. ③ It's indiscriminate: its growth enables all manner of skills, mental and physical.

번역 미엘린은 ① _____ , 몇 가지 이유에서 주목할 필요가 있다. 먼저 ② _____ . 누구나 생애 주기 내내 미엘린을 생성할 수 있다. 또한 ③ _____ . 정신 및 육체 기량 전반에 영향을 준다.

필터링 미엘린은 뉴런을 여러 겹으로 둘러싸고 있는 절연체로 말초신경에서 중추신경으로 정보를 최대한 빨리 전달하는 것을 돕는 물질이며, ①

'a neural substance'는 신경 물질을 가리킵니다.

② '일반적인'(universal)을 문맥에 따라, 즉 뒤에 나오는 'everyone can grow'를 반영해서 자연스러운 우리말 표현으로 다듬어 보세요.

③ 마찬가지로 '무분별한'(indiscriminate)을 문맥에 따라, 즉 이어지는 'enables all manner of skills'를 반영해 한국어 표현으로 옮겨 보세요.

한복 미엘린(Myelin)은 ① 신경 물질로(a neural substance), 몇 가지 이유에서 주목할 필요가 있다. 먼저 ② 누구나 생성 가능하다(be universal). 누구나 생애 주기 내내(throughout life) 미엘린을 생성할 수 있다. 또한 미엘린의 작용 범위는 ③ 한정되어 있지 않다(be indiscriminate). 정신 및 육체 기량 전반에(all manner of skills) 영향을 준다.

| 복습 | 영어와 한국어의 등가 표현 |

1. 시장 점유율을 더욱 높이기 위해 기업은 소비자들의 가려운 곳을 긁어 줄 수 있어야(meet the _____ of consumers) 한다.

2. 석유와 휘발유를 좀 더 환경 친화적으로(can be greener) 사용할 수 있는 방안이 부족하다는(_____ solutions) 지적이 나왔다(some believe).

3. 기대와는 다르게(unfortunately) 그가 연설에서 제시한 국가의 에너지 및 환경 문제에 관한 해결책은 실망스러웠다(offer only _____ solutions).

4. 미엘린(Myelin)은 신경물질로, 몇 가지 이유에서 주목할 필요가 있다(important). 먼저 누구나 생성 가능하다(be universal). 누구나 생애 주기 내내 미엘린을 생성할 수 있다. 또한 미엘린의 작용 범위는 한정되어 있지 않다(be indiscriminate). 정신 및 육체적인 기량 전반에(all

_____ of skills) 영향을 준다.

| 169센티미터의 거인 |

아르헨티나 출신의 축구선수 리오넬 메시Lionel Messi는 성장 호르몬 결핍증이 있다는 진단을 받았습니다. FC 바르셀로나의 후원을 받으며 꾸준히 치료했지만 그의 신장은 169센티미터에서 더 자라지는 못했습니다.

오늘날 그와 함께 그라운드에서 뛰고 있는 축구선수들의 평균 신장은 185센티미터에 달한다고 합니다. 하지만 우리는 '축구선수'라고 하면 가장 먼저 메시를 떠올립니다. 신체 조건이 곧 경쟁력이 되는 구기 스포츠 종목에서 그는 어떻게 작은 신장이라는 불리한 조건을 극복하고 세계 최고의 선수가 될 수 있었을까요?

그는 자신의 신장이 169센티미터에서 멈추자 경쟁자들보다 부족한 피지컬로도 치열한 경쟁에서 살아남을 수 있는 자신만의 방법을 고민했습니다. 메시는 어떤 상황에서도 자신에게 주어진 축구공을 발에서 50센티미터 이상 떨어뜨리지 않도록 끊임없이 훈련했습니다. 바꿀 수 없는 신장에 대해 원망하는 대신 한계를 바꿀 수 있는 방법을 고민한 끝에 노력으로 현실을 변화시킨 것입니다. 프리미어리그에서 활약하는 손흥민 선수도 처음에는 오른발잡이였지만 연습을 통해 지금은 양발을 자유자재로 쓸 수 있게 되었고, 이러한 능력을 바탕으로 세계 최고의 프로 축구 리그로 꼽히는 프리미어리그에서 득점왕까지 거머쥐었습니다.

바꿀 수 없는 것은 바뀌지 않습니다. 어떤 조건이나 환경은 개인의 노력만으로는 결코 바꿀 수 없으며, 원망하거나 한탄만 한다고 해서 달라지지도 않습니다.

우리가 바꿀 수 있는 것은, 당연하겠지만 우리의 힘으로 바꿀 수 있는 조건들입니다. 그렇게 내가 바꿀 수 있는 것을 바꾸기 위해서는 세 가지가 필요합니다. 첫째, 자신이 바꿀 수 없는 한계를 인정할 수 있어야 하고 둘째, 자신이 바꿀 수 있고 바꾸고 싶은 부분을 찾아내야 하며 셋째, 바꿀 수 있는 방법을 궁리해 그 한계 내에서 최선을 다해야 합니다.

그렇게 도전하고 또 도전하다 보면 메시가 그러했듯 언젠가 내가 나를 보고 미소 짓는 거인이 될 것입니다.

O

1. I finally <u>managed to obtain</u> a copy of the report.

번역 나는 마침내 그 보고서 한 부를 _____.

필터링 '마지막으로 간신히 획득하다'(finally managed to obtain)를 자연스러운 한국어 표현으로 바꿔 보세요.

한복 나는 마침내 그 보고서 한 부를 <u>손에 넣었다</u>(manage to obtain).

2. He <u>is oblivious to the world around him</u>.

번역 그는 _____.

필터링 '주변의 세상을 모른다'(be oblivious to the world)는 말은 사회가 돌아가는 사정에 어둡고 처세와 관련한 경험이 부족하다는 것을 의미합니다.

한복 그는 <u>세상 물정에 어둡다</u>(be oblivious to the world).

3. ① <u>Overthinking</u> leads to ② <u>procrastination</u>.

번역 _____.

필터링 ① 어떤 판단을 내리기 전에 생각이 너무 많은 태도를 가리킬 때 자주 쓰는 표현을 떠올려 보세요.

② 막판까지 '미루는'(procrastination) 상황을 일컫는 한자어 표현이 있습니다.

한복 ① 너무 앞뒤를 재다 보면(overthinking) ② 차일피일(procrastination) 하게 된다(lead to).

4. Don't' overprotect children.

번역 아이를 ＿＿＿＿＿＿＿＿＿＿ 마세요.

필터링 한국인들은 특히 부모가 자식을 '과잉보호'(overprotect)하는 상황을 가리켜 이와 같이 말합니다.

한복 아이를 온실 속 화초처럼 키우지(overprotect) 마세요.

5. He tends to overstep the line. He should keep his boundary in place.

번역 그는 ＿＿＿＿＿＿. 선을 넘지 말아야 한다.

필터링 타인의 영역에 함부로 침범하며 선을 넘는 이들을 가리킬 때 자주 쓰는 표현을 찾아보세요.

한복 그는 오지랖이 넓다(tend to overstep the line). 선을 넘지 말아야 한다(keep his boundary in place).

| 복습 | 영어와 한국어의 등가 표현 |

1. 나는 마침내 그 보고서 한 부를 손에 넣었다(manage to ＿＿＿＿ a copy of).
2. 그는 세상 물정에 어둡다(be ＿＿＿＿＿ to the world).
3. 너무 앞뒤를 재다 보면(＿＿＿＿＿＿) 차일피일(procrastination)하게

된다(lead to).

4. 아이를 온실 속 화초처럼 키우지(_____) 마세요.

5. 그는 오지랖이 넓다(tend to _____ the line). 선을 넘지 말아야 한다
(keep his boundary in place).

| 번역과 템플 스테이 |

번역은 그저 한 언어로 쓰인 의미를 그에 대응하는 다른 언어로 교
체하는 작업이 아닙니다. 따라서 '받아쓰기'가 아닌 화자가 전하
고자 하는 의도를 청자의 입장에 맞게 전환하는 작업인 '번역'을
하기 위해서는 먼저 원문 분석부터 꼼꼼하게 해야 합니다. 그래야
한 언어를 구조와 표현이 전혀 다른 언어에 맞게 전환하는 번역을
할 수 있습니다.

E.g. Ageing has increased demand for telemedicine services.

번역 고령화는 원격 수요를 늘리고 있다.

필터링 '고령화'를 부사구로, '수요'를 주어로 번역합니다.

한복 고령화로 인해 원격 의료 수요가 늘고 있다.

E.g. Developed countries have actively developed electric
vehicles.

번역 선진국들이 전기차를 활발하게 개발하고 있다.

필터링 부사를 동사로 번역합니다.

선진국들이 전기차 개발에 박차를 가하고 있다.

이렇게 원문의 주어는 목적어로, 원문의 부사구는 주어로 구조를 변경할 수 있습니다.

엉뚱하게 들릴지도 모르겠지만 그래서 번역하는 과정은 사찰에서 수행하는 것과 비슷하게 느껴지기도 합니다. 글의 의도를 짚어가며 동시에 옮겨진 문장을 헤아리는 작업에 몰두하다 보면 글쓴이와 읽는 이 사이에서 나를 잊게 되기 때문입니다. 그렇게 몸은 연구실에 있지만 마음은 고요한 사찰에서 명상을 하는 것 같은 기분을 느끼다 보면 번역이 꼭 템플 스테이 체험과 같다는 생각도 듭니다. 말과 말을 잇기 위해 말에 가둬진 고정관념들을 버려야 하는 작업이 속세로 다시 나갈 힘을 얻기 위해 잠시나마 속세를 버려야 하는 체험과 비슷하지 않은지요.

• • • ● ● •

1. The footage is overwritten.

번역 자료 화면이 _____.

필터링 저장매체에서 같은 이름의 새 데이터로 낡은 데이터를 대체하는 'overwrite'가 컴퓨터 용어로 이렇게 번역되었습니다.

한복 자료 화면이(the footage) 덮어쓰기 촬영이 되었다(be overwritten).

2. Those retailers remained open.

번역 그 업소들은 _____.

필터링 그 업소들이 '열린 채로 있었다'(remained open)는 말은 다른 업소들이 문을 닫았음에도 여느 때처럼 영업을 했다는 의미입니다.

한복 그 업소들은 <u>정상 영업했다</u>(remained open).

3. Authorities responded to a bomb threat at the home of the judge <u>overseeing</u> former President Trump's New York civil fraud case Thursday.

번역 트럼프 전 대통령의 뉴욕 사기 의혹 민사 사건을 _____ 판사가 그의 자택을 겨냥한 폭발물 협박을 받자 당국이 출동했다.

필터링 한국어에서는 판사가 사건을 맡았을 때 '감독한다'(oversee)고 하지 않지요.

한복 트럼프 전 대통령의 <u>뉴욕 사기 의혹 민사 사건을</u>(New York civil fraud case) <u>담당하는</u>(oversee) 판사가 <u>그의 자택을 겨냥한 폭발물 협박을 받자</u>(a bomb threat to the home of) 당국이 <u>출동했다</u>(responded to).

4. I was <u>overwhelmed</u> because others made superb presentations.

번역 다들 발표를 잘해서 _____.

필터링 남들이 앞서 나가는 모습에 '압도되어'(be overwhelmed) 움츠러드는 모습을 가리킬 때 쓰는 한국어 표현을 떠올려 보세요.

한복 다들 <u>발표를 잘해서</u>(make superb presentations) <u>주눅이 들었다</u>(be overwhelmed).

5. Biden <u>has openly attributed much of his win to</u> the power of the Black electorate.

번역 바이든 대통령은 자신의 당선이 흑인 유권자 덕분이라고 _____

_____.

필터링 'openly attributed A to B'는 'A는 B 덕분이라고 솔직하게 터놓다'
라는 의미입니다. 여기서 'openly'는 동사로 번역합니다.

한복 바이든 대통령은 자신의 당선이 흑인 유권자 덕분이라고(attribute
his win to the power of the Black electorate) 공공연하게 밝혔다(openly).

| 복습 | 영어와 한국어의 등가 표현 |

1. 자료 화면이 덮어쓰기 촬영이 되었다(be _____).
2. 그 업소들은 정상 영업했다(remained ____).
3. 트럼프 전 대통령의 뉴욕 사기 의혹 민사 사건을 담당하는(_____)
   판사가 그의 자택을 겨냥한 폭발물 협박을 받자(a bomb threat to the
   home of) 당국이 출동했다(responded to).
4. 다들 발표를 잘해서(make superb presentations) 주눅이 들었다(be
   _____).
5. 바이든 대통령은 자신의 당선이 흑인 유권자 덕분이라고(attribute his
   win to the power of the Black electorate) 공공연하게 밝혔다(_____).

• • • ● • •

1. Rosalynn Carter was the most politically active first lady since
   Eleanor Roosevelt. Why have her efforts been so overlooked?
   번역 로잘린 카터는 엘레나 루즈벨트 이래 가장 왕성한 정치 활동을 펼
   쳤던 영부인이다. 그와 같은 _____ ?

필터링 누군가의 '노력이 간과되었다'는(have been overlooked) 말은 그가 이룩한 성과가 제대로 인정받지 못했음을 의미합니다.

한복 로잘린 카터는 엘레나 루즈벨트 이래 <u>가장 왕성한 정치 활동을 펼쳤던 영부인이다</u>(be the most politically active first lady). 그와 같은 <u>활동이</u>(her efforts) <u>과소평가된 이유는 무엇일까</u>(Why have been so overlooked)?

2. Mattew Perry, a Friends star, ① <u>opened up and was candid</u> about his addiction. His delivery of his lines on 'Friends' ② <u>made his voice indelible</u>.

번역 〈프렌즈〉의 스타 매튜 페리가 자신의 마약 중독에 관해 ① _____ _____ . 〈프렌즈〉에서 그가 들려 줬던 목소리 연기는 ② _____ 것이다.

필터링 ① 누군가 자신의 치부에 대해 '솔직하게 입을 여는'(open up and was candid) 상황을 가리키는 관용 표현을 떠올려 보세요.

② 매튜 페리는 극중에서 높은 톤으로 자주 웃는 모습을 보여 줬습니다. 그런 '그의 목소리가 잊히지 않을 것'(made his voice indelible)이라는 말을 자연스러운 표현으로 다듬어 보세요.

한복 〈프렌즈〉의 스타 매튜 페리가 자신의 마약 중독에 관해 ① <u>마침내 입을 열고</u>(open up) <u>허심탄회하게 털어놓았다</u>(be candid about). 〈프렌즈〉에서 <u>그가 들려 줬던 목소리 연기는</u> ② <u>오래 기억될</u>(make his voice indelible) 것이다.

보충 'open'이 '열다'는 의미라면 'open up은 '마침내 열다'라는 의미를 가집니다. 영문을 읽다 보면 화자가 개인적인 이야기를 꺼내는 상황에서 'open up'이 많이 쓰인다는 것을 발견할 수 있습니다.

E.g. Travis Kelce <u>opens up</u> about his relationship with Taylor Swift. → 트래비스 켈시가 테일러 스위프트와의 관계에 대해 <u>마침내 입을 열었다.</u>

| 복습 | 영어와 한국어의 등가 표현 |

1. 로잘린 카터는 엘레나 루즈벨트 이래 <u>가장 왕성한 정치활동을 펼쳤던 영부인이다</u>(be the most politically active first lady). 그와 같은 활동이 <u>과소평가된 이유는 무엇일까</u>(Why have been _____)?

2. 〈프렌즈〉의 스타 매튜 페리가 자신의 마약 중독에 관해 <u>마침내 입을 열고</u>(____ up) 허심탄회하게 털어놓았다(be candid about). 〈프렌즈〉에서 그가 들려 줬던 목소리 연기는 오래 기억될것이다.

| Overcome에게 한복 입히기 |

문맥을 반영해서 'overcome'을 다양한 표현으로 번역해 보세요.

1. In the final game Sweden easily overcame France.

번역 결승전에서 스웨덴이 프랑스를 상대로 _____.

한복 결승전에서 스웨덴이 프랑스를 상대로 대승을 거뒀다(easily overcome).

2. Tell me how to overcome shyness.

번역 수줍음을 _____ 방법을 알려 주세요.

한복 수줍음을 타지 않는 방법을 알려 주세요.

3. I ought to overcome these feelings but they still well up
   inside me

번역 나는 마음을 _____ 하지만 감정이 계속 복받쳤다.

한복 나는 마음을 추슬러야 하지만 감정이 계속 복받쳤다.

P

• • ● • •

1. He is easily provoked.

번역 그는 _____.

필터링 '쉽게 화를 내는'(easily provoked) 모습을 가리킬 때 자주 쓰는 한국어 표현을 찾아보세요.

한복 그는 금방 흥분한다(be easily provoked).

보충 'provoke'가 흥분케 하거나, 또는 그러한 상태를 유발하는 행동을 가리키는 동사라면 'unprovoked'는 이러한 도발과 같은 행위를 받지 않고도 화가 난 상태, 즉 마땅한 이유가 없는 흥분 상태를 가리키는 형용사입니다.

E.g. Detectives have released images of two men they want to identify over an unprovoked serious assault on a man. → 경찰이 한 남성에게 이유 없이(unprovoked) 심한 공격을 가한 두 남성을 찾기(identify) 위해 그들의 모습을 공개했다.

2. What It Feels Like to Be Emotionally and Physically Stressed.

번역 _____ 때 생기는 증상.

필터링 '감정적이고 신체적으로 스트레스를 받는'(emotionally and physically

stressed)을 자연스러운 한국어 표현으로 바꿔 보세요.

한복 감정과 체력에 무리가 올(be emotionally and physically stressed)
때 생기는 증상.

3. He acts based upon his principle.

번역 그는 _____ 행동한다.

필터링 '자신만의 원칙에 입각해'(based upon his principle) 행동하는 것을
우리는 이렇게 표현하지요.

한복 그는 소신껏(based upon his principle) 행동한다.

4. My husband and I had an argument that got physical. Should I
   leave him?

번역 부부싸움이 _____. 헤어져야 할까요?

필터링 '신체적으로'(get physical) 다퉜다는 말은 부부싸움이 말다툼 정
도로 끝나지 않았다는 뜻입니다.

한복 부부싸움이 폭력으로까지 이어졌습니다(get physical). 헤어져야
할까요?

5. He pressured me to accept the proposal.

번역 그가 제안을 받아들이라고 _____.

필터링 제안을 받아들이도록 '압력을 주는'(pressured) 상황을 가리킬 때
쓰는 표현을 떠올려 보세요.

한복 그가 제안을 받아들이라고 내 등을 떠밀었다(pressure me to).

| 복습 | 영어와 한국어의 등가 표현 |

1. 그는 금방 흥분한다(be easily _____).

2. 감정과 체력에 무리가 올(be emotionally and _____ stressed) 때 생기는 증상.

3. 그는 소신껏(based upon his _____) 행동한다.

4. 부부싸움이 폭력으로까지 이어졌습니다(get _____). 헤어져야 할 까요?

5. 그가 제안을 받아들이라고 내 등을 떠밀었다(_____ me).

| Pursue에 한복 입히기 |

《옥스퍼드 학습자 사전》에서는 pursue에 대해 이렇게 설명합니다. "something to do something or try to achieve something over a period of time." 이처럼 '일정 기간 무엇인가를 좇거나 시도한다'는 뉘앙스를 살려 'pursue'에 어떻게 한복이 입혀지는지 확인해 봅시다.

1. How can we most effectively pursue these aims?

필터링 '목표'와 어울리는 '좇아가는 것'과 관련된 뉘앙스를 가진 한 국어 표현을 찾아보세요.

한복 이 목표를 가장 잘 달성하는(effectively pursue) 방법은?

2. She wishes to pursue a medical career.

필터링 어떤 분야에 종사한다는 상황을 가리키는 한국어 관용 표현이 있습니다.

한복 그녀는 의료 분야에 몸담고(pursue a career) 싶어 한다.

3. Many communities are pursueing plans to preserve open spaces.

필터링 '계획을 추진한다'(pursue plans)는 말을 자연스러운 한국어 표현으로 다듬어 보세요.

한복 공터 보존(preserve openspaces) 계획을 세우는(pursue plans) 지역들이 늘고 있다.

4. Top scientists are pursuing medical applications once thought to be out of reach.

필터링 불가능이라 여겨졌던 의료 응용 방법들을 '추구한다'는 말은 원하는 방법에 도달하기 위해 계속해서 시도하고 있다는 의미입니다.

한복 최고 수준의 과학자들이 그동안 불가능하다고 여겨졌던 의료 응용 프로그램의 개발에 도전하고 있다(pursue).

5. Today, no country is openly pursuing biological weapons.

필터링 '생화학 무기'와 어울리는 'pursue'의 뜻이 무엇일지 찾아보세요.

한복 오늘날 공식적으로 생화학 무기를 개발하는(openly pursue) 국가는 없다.

•• • ● • ••

1. My popularity has declined.

<u>번역</u> _____.

<u>필터링</u> 인기가 '줄어드는'(has declined) 상황을 가리키는 한국어 관용 표현이 있습니다.

<u>한복</u> <u>인기가 식고 있다</u>(popularity has declined).

2. He is still popular.

<u>번역</u> 그의 _____.

<u>필터링</u> '여전히 인기가 있는'(be still popular) 상황을 강조하기 위해 지문을 부정형으로 다듬어 보세요.

<u>한복</u> 그의 인기는 <u>식을 줄 모른다</u>(be still popular).

3. The president hasn't kept his pledges.

<u>번역</u> 대통령의 _____.

<u>필터링</u> 정치인이 '공약을 지키지 않고 있다'(hasn't kept his pledges)는 상황을 가리킬 때 자주 쓰이는 한국어 표현이 있습니다.

<u>한복</u> 대통령의 <u>공약公約이 공약空約이 되었다</u>(hasn't kept his pledges).

4. I carefully prepared breakfast for my husband.

<u>번역</u> 나는 남편의 아침밥을 _____.

<u>필터링</u> 식사를 '각별하게 준비하다'(carefully prepared)를 자연스러운 한국어 표현으로 바꿔 보세요.

<u>한복</u> 나는 남편의 아침밥을 <u>잘 챙겨줬다</u>(carefully prepared).

5. Physical comedy is considered low comedy as opposed to 'high' comedy which is based on the use of language.

번역 언어유희에 바탕을 둔 '고상한' 코미디에 비해 _____ 저속하다고 여겨진다.

필터링 익살스러운 몸짓으로 웃기는 코미디 장르를 가리켜 우리는 이렇게 부릅니다.

한복 언어유희에 바탕을 둔 '고상한' 코미디에 비해 <u>몸 개그는</u>(physical comedy) <u>저속하다고 여겨진다</u>(be considered low).

| 복습 | 영어와 한국어의 등가 표현 |

1. 인기가 <u>식고 있다</u>(has _____).
2. 그의 인기는 <u>식을 줄 모른다</u>(be still _____).
3. 대통령의 <u>공약公約</u>이 <u>공약空約이 되었다</u>(hasn't kept _____).
4. 나는 남편의 아침밥을 <u>잘 챙겨줬다</u>(carefully _____).
5. 언어유희에 바탕을 둔 '고상한' 코미디에 비해 <u>몸 개그는</u>(_____ comedy)는 <u>저속하다고 여겨진다</u>(be considered low).

••• ● •••

1. The thought has preoccupied him.

번역 _____.

필터링 '그 생각이 그를 사로잡고 있다'(The thought has preoccupied him) 는 말은 그가 어떤 생각에서 쉽게 헤어 나오지 못하고 있는 상황을 의미 합니다.

그는 자나깨나 그 생각에 빠져 있다(The thought has preoccupied him).

2. The steep rise in interest rates over the last two years has pushed credit card rates much higher.
지난 2년간 이자율의 급상승으로 _____

_____.

'신용카드 수수료가 크게 높아졌다'(has pushed credit card rates much higher)를 금융 관련 분야에서 많이 쓰는 표현으로 다듬어 보세요.
지난 2년간 이자율의 급상승으로 신용카드 수수료도 대폭 상승했다(has pushed credit card rates much higher).

3. Retailers have launched big promotions in October instead of waiting for Black Friday.
상점들이 블랙 프라이데이 전인 10월부터 _____

_____.

'큰 행사 상품을 실시하다'(launch big promotions)에 해당하는 한국어 표현으로 무엇이 있을지 찾아보세요.
상점들이 블랙 프라이데이 전인 10월부터 대규모 판촉 행사를(big promotions) 시작했다(have launched).

4. Officials told me that ① they stalled in the past over how many hostages would be released and that is still a sticking point ② despite progress.
관계자들은 석방될 인질들의 수가 ① _____

② _____ 여전히 난항 중이라고 밝혔다.

필터링 ① '과거에서 지연되고 있는'(stalled in the past) 상황은 문맥상 인질 협상 이전을 의미합니다.

② '진척되었음에도 불구하고'(despite progress)는 문맥상 인질 석방 과정을 가리킵니다.

한복 관계자들은 석방될 인질들의 수가 ① 제자리걸음을 걷고 있다면서(they stalled in the past) 현재 ② 상황이 나아지기는 했지만(despite progress) 여전히 난항 중이라고 밝혔다(be still a sticking point).

5. Johns Hopkins School of Medicine pushes the boundaries of discovery, transforms health care, advances in medical education and creates hope for humanity.

번역 존스홉킨스 의과대학은 _____ 보건의료 개선과 의학 발전 및 인류에게 희망을 약속하는 학문의 전당입니다.

필터링 'push the boundaries of'를 한국어로 옮길 때 '경계'(boundaries)와 어울리는 'push'의 의미로 무엇이 있을지 생각해 보세요.

한복 존스홉킨스 의과대학은 인류를 위한 과학 발견의 영역을 넓히고(push the boundaries of), 보건의료 개선과 의학 교육 발전 및 인류에게 희망을 약속하는(creates hope for humanity) 학문의 전당입니다.

| 복습 | 영어와 한국어의 등가 표현 |

1. 그는 자나깨나 그 생각에 빠져 있다(The thought has _____ him).
2. 지난 2년간 이자율의 급상승으로 신용카드 수수료도 대폭 상승했다 (has _____ credit card rates much higher).

3. 상점들이 블랙 프라이데이 전인 10월부터 대규모 판촉 행사를(big _____) 시작했다(have launched).

4. 관계자들은 석방될 인질들의 수에 대해 제자리걸음을 걷고 있다면서(they stalled in the past) 현재 상황이 나아지기는 했지만(despite _____) 여전히 난항 중이라고 밝혔다.

5. 존스홉킨스 의과대학은 인류를 위한 과학 발견의 영역을 넓히고(_____ the boundaries of), 보건의료 개선과 의학 교육 발전 및 인류에게 희망을 약속하는(creates hope for humanity) 학문의 전당입니다.

| Promotion vs. Promotions |

'promotion'은 불가산명사로《옥스퍼드 학습자 사전》의 풀이는 다음과 같습니다.

[uncountable] promotion of something (formal) activity that encourages people to believe in the value or importance of something, or that helps something to succeed.

1. Her job is mainly concerned with sales and promotion.
번역 그의 주된 업무는 판매와 홍보다.

2. a society for the promotion of religious tolerance.
번역 종교에 대한 관용을 선도하는 사회.

'a promotion'과 'promotions'는 **가산명사**로 행사상품을 뜻합니다.

3. Retailers have launched big promotions.

【번역】 상점들이 **행사 상품**을 대량 방출하고 있다.

4. We are doing a special promotion of Chilean wines.

【번역】 칠레산 와인을 **특별 행사**가로 모시고 있습니다.

• • • ● • • •

1. You have a need to push your expectation.

【번역】 _____ 필요가 있다.

【필터링】 한국어에서는 기대하는 심정을 북돋워서 높이는 상황을 가리킬 때 '밀다' 대신 다른 동사를 사용합니다.

【한복】 너의 기대치를 끌어올릴(push your expectation) 필요가 있다.

2. She didn't want to rush into marriage to please her parents or a government eager to push up the birthrate.

【번역】 그녀는 부모님이나 출산율 상승에 혈안이 된 정부의 _____ 서둘러 결혼하고 싶지는 않았다.

【필터링】 만약 그녀가 서둘러 결혼해 아이를 낳는다면 부모님이나 정부의 바람을 들어주는 것이겠지요. '바람을 들어주다'에 해당되면서 그 대상인 '정부'와도 어울리는 한국어 표현을 떠올려 보세요.

【한복】 그녀는 부모님이나 출산율 상승에 혈안이 된(eager to push up the

birthrate) 정부의 뜻에 따라(please) 서둘러 결혼하고 싶지는 않았다.

3. Neither side was able to persuade the other.

번역 양쪽 다 서로를 _____ 수 없었다.

필터링 타인을 '설득하려는'(persuade) 목적은 결국 자신의 입장을 이해시키는 데 있습니다.

한복 양쪽 다(neither side) 서로를 이해시킬(persuade) 수 없었다.

4. His analysis is persuasive.

번역 그의 분석이 _____.

필터링 설득적이라는(persuasive) 말을 자연스러운 우리말 표현으로 다듬어 보세요.

한복 그의 분석이 그럴듯하다(be persuasive).

5. The contributions have a positive impact on the lives of hundreds of children.

번역 수백 명의 아이들이 이 기부금의 _____.

필터링 아이들이 기부금로부터 '긍정적인 영향을 받았다'(have a positive impact on)는 말은 결국 기부금의 혜택을 받았다는 의미입니다.

한복 수백 명의 아이들이 이 기부금의 혜택을 받았다(have a positive impact on).

| 복습 | 영어와 한국어의 등가 표현 |

1. 너의 기대치를 끌어올릴(___ your expectation) 필요가 있다.

2. 그녀는 부모님이나 출산율 상승에 혈안이 된(eager to push up the birthrate) 정부 뜻에 따라(_____)서둘러 결혼하고 싶지는 않았다.

3. 양쪽 다(neither side) 서로를 이해시킬(_____) 수 없었다.

4. 그의 분석이 그럴듯하다(be _____).

5. 수백 명의 아이들이 이 기부금의 혜택을 받았다(have a _____ impact on).

•• ● ••

1. In the last few years, positive changes have been made.

번역 지난 몇 년간 _____ 있다.

필터링 '긍정적인 변화'(positive changes)가 이뤄지면 상황이 이전보다 나아질 것이라는 점을 염두에 두고 해당 표현을 다듬어 보세요.

한복 지난 몇 년간 개선된 점들이(positive changes) 있다.

2. Overseas investment has a positive effect on exports.

번역 해외 투자로 수출량이 _____.

필터링 투자가 '긍정적인 영향을 미쳤다면'(has a positive effect on) 수출 상황이 좋아졌겠지요.

한복 해외 투자로 수출량이 호조를 보이고 있다(has a positive effect on).

보충 반대로 '부정적인 영향을 미친' 상황은 다음과 같이 번역됩니다.

E.g. Disruptions in supply chains have had a negative effect on exports. → 공급망에 차질이 생기면서 수출량이 하락세를 보이고 있다.

3. His family has been a very positive influence on him.

번역 그의 가족이 그에게 _____.

필터링 가족이 가지는 긍정적인 역할은 언제라도 돌아갈 수 있는 쉼터, 비빌 언덕과 같은 것이지요.

한복 그의 가족이 그에게 <u>든든한 버팀목이 되어줬다</u>(be a very positive influence on).

보충 지문의 'positive influence'를 '정신적 지주' '울타리'와 같은 관용 표현으로도 번역할 수 있습니다.

4. He took a highly positive view of the matter.

번역 그가 문제 해결에 _____.

필터링 문제를 해결하는 데 있어 '매우 긍정적인 견해를 갖고 있다'(take a highly positive view of)는 말을 자연스러운 한국어 표현으로 다듬어 보세요.

한복 그가 문제 해결에 <u>자신감을 보였다</u>(take a highly positive view of).

5. He has a positive genius for upsetting people.

번역 그는 사람을 열 받게 하는 데 _____.

필터링 '확실한 천재성을 가지고 있다'(has a positive genius for)도 뜻은 통하겠지만 한국인들이 이러한 상황을 가리킬 때 보다 자주 쓰는 표현이 있습니다.

한복 그는 사람을 열 받게 하는 데 <u>선수다</u>(has a positive genius for).

1. 지난 몇 년간 개선된 점들이(_____ changes) 있다.
2. 해외 투자로 수출량이 호조를 보이고 있다(has a _____ effect on).
3. 그의 가족이 그에게 든든한 버팀목이 되어줬다(has been a very __ _____ influence).
4. 그가 문제 해결에 자신감을 보였다(take a highly _____ view of).
5. 그는 사람을 열 받게 하는 데 선수다(have a _____ genius for).

| Prejudice에 한복 입히기 |

우리는 prejudice를 '편견' '편견을 갖게 하다' 정도의 뜻으로만 암기해 왔지만, 그 외에도 '영향을 끼치다' '고정관념' 등의 파생된 의미를 가지고 있습니다. 'without' 뒤에 나오면 '침해하지 않는다'라는 뜻을 가진 숙어가 되며, 특히 법률 문서에서 자주 볼 수 있는 표현입니다. 예를 들어 법률상에서 'dismissed with prejudice' 'dismissed without prejudice'는 각각 '재소가 불가능한 각하' '재소가 가능한 각하'로 번역됩니다.

1. Any delay will prejudice the child's welfare.
한복 조금만 늦어도 아이의 형편이 위태로워진다.

2. She did not disclose evidence that was likely to prejudice her

client's case.

한복 그녀는 자신의 의뢰인에게 불리할 것 같은 증거는 내놓지 않았다.

3. Her prejudice against people from different cultures made it hard for her to work in a diverse environment.

한복 다른 문화권에서 온 사람들에 대한 고정관념 때문에 그녀는 다양한 환경에서 일하기가 어려웠다.

4. She overcame her prejudice against online education after successfully completing a course.

한복 학위를 취득한 다음 그녀는 온라인 교육에 대한 생각이 바뀌었다.

5. A case dismissed without/with prejudice due to incomplete paperwork can be refiled once the paperwork is corrected.

한복 서류가 미비해 기각 또는 불기각된 사건의 경우 서류를 보완하면 재심을 청구할 수 있습니다.

6. The case is temporarily dismissed(=without prejudice) and can be brought back to court.

한복 이 사건은 기각되었지만 재심을 청구하는 것이 가능하다.

7. The case is permanently dismissed(=with prejudice) and cannot be refiled.

한복 이 사건은 기각되었고 재심을 청구하는 것이 불가능하다.

8. A frivolous lawsuit dismissed with prejudice to prevent repeated filings.

한복 악의를 가지고 근거 없이 반복적으로 제기하는 경우를 방지하기 위해 이 소송은 재심의 여지없이 기각되었다.

9. They agreed to pay compensation without prejudice.

한복 책임을 묻지 않는다는 조건으로 보상금에 합의했다.

•• ● ••

1. The Taylor Swift effect has propped up local economies.

번역 테일러 스위프트 효과로 _____.

필터링 '지역 경제를 지탱하다'(prop up local economies)를 한국어 표현으로 바꿔 보세요.

한복 테일러 스위프트 효과로 지역 경제가 살아나고 있다(has propped up local economies).

보충 테일러 스위프트가 콘서트를 하는 지역에는 그를 찾는 팬들이 몰리면서 호텔부터 식당까지 활기를 띠게 된다고 합니다. 이러한 현상을 가리켜 '테일러 스위프트 효과'라고 일컫습니다.

2. It wasn't easy, but I persuaded him to do the right thing.

번역 힘들었지만 그가 도리를 다하도록 ＿＿＿＿＿＿＿＿＿＿.

필터링 누군가를 설득하는 데 성공한(persuade) 상황을 가리킬 때 쓰는 관용 표현을 떠올려 보세요.

한복 힘들었지만 그가 도리를(the right thing) 다하도록 그의 마음을 움직였다(persuade him).

3. People previously thought smoking was cool.

번역 담배를 피우는 모습이 멋지다고 ＿＿＿＿＿＿＿＿＿＿.

필터링 '이전에는 그렇게 생각했지만'(previously thought) 지금은 아니라는 의미입니다.

한복 담배를 피우는 모습이 멋지다고 여겨진 적이 있었다(previously thought).

4. In Japan, a weaker yen and the release of pent-up consumption demand have boosted the economy.

번역 일본은 엔저와 ＿＿＿＿＿＿＿＿＿＿ 힘입어 호황을 누리고 있다.

필터링 '억눌린 소비'(pent-up consumption)라고 하면 낯설어 보이지만, 소비 위축에 대한 반작용으로 과도한 소비가 이뤄지는 현상을 가리킬 때 이 표현이 자주 나왔습니다.

한복 일본은 엔저와(a weaker yen) 보복성 소비 수요에(pent-up consumption demand) 힘입어 호황을 누리고 있다(boost the economy).

5. Short-term pop-up shops have long served as testing grounds for brands to experiment with and tap new audiences.

번역 _____ 브랜드를 대중에게 노출하고 새로운 소비층을 개척하는 시험대 역할을 해온 지 오래다.

필터링 'short-term pop-up shops'은 홍보를 목적으로 번화가에서 특정 상품을 일정 기간에만 판매하고 철수하는 매장 또는 그러한 임시 매장을 활용한 마케팅 기법을 의미합니다.

한복 짧게 치고 빠지는 팝업 스토어들이(short-term pop-up shops) 브랜드를 대중에게 노출하고 새로운 소비층을 개척하는 시험대 역할을 해온 지 오래다(have long served as testing grounds for).

| 복습 | 영어와 한국어의 등가 표현 |

1. 테일러 스위프트 효과로 지역 경제가 살아나고 있다(has _____ local economies).

2. 힘들었지만 그가 도리를(the right thing) 다하도록 그의 마음을 움직였다(_____ him).

3. 담배를 피우는 모습이 멋지다고 여겨진 적이 있었다(_____ thought).

4. 일본은 엔저와 보복성 소비 수요에(_____ consumption demand) 힘입어 호황을 누리고 있다(boost the economy).

5. 짧게 치고 빠지는 팝업 스토어들이(short-term _____ shops) 브랜드를 대중에게 노출하고 새로운 소비층을 개척하는 시험대 역할을 해온 지 오래다(have long served as testing grounds for).

| Persuade에 한복 입히기 |

'설득하다' '납득시키다'라는 뜻 외에도 문맥에 맞춰 다양한 표현의 한복을 입힐 수 있습니다.

1. That does not persuade me that it was not a genuine offer to settle.

   한복 그 제안이 진심이라는 생각이 들지 않았다.

2. She's always easily persuaded.

   한복 그녀는 귀가 얇다.

3. She tried to persuade them that they should leave.

   한복 그녀는 그들이 왜 회의 참석이 필요한지 납득시키려 했다.

4. If she doesn't want to go, nothing will persuade her.

   한복 그녀가 가기 싫다고 하면 달리 방법이 없다.

5. He did everything he could to persuade the police that he was not the robber.

   한복 그는 자신이 강도가 아니라는 것을 경찰이 믿도록 모든 수를 다 써봤다.

•• • ● • ••

1. Pay remains unchanged.

번역 ＿＿＿＿＿＿＿.

필터링 월급에 변동이 없다는 말을 자연스러운 한국어 표현으로 다듬어
보세요.

한복 월급이 제자리다(pay remains unchanged).

2. Native Hawaiians use its sacred salt in cooking, healing, rituals
   and as protection.

번역 하와이 원주민들은 소금을 신성시하며 요리, 치유 및 의식 그리고
＿＿＿＿＿ 이용한다.

필터링 옛 사람들은 재난이나 저주를 무사히 넘기기 위해 초자연적인 힘
을 담은 이것을 곁에 두었습니다.

한복 하와이 원주민들은 소금을 신성시하며 요리, 치유 및 의식 그리고
호신부로(as protection) 이용한다.

3. Too many Americans are priced out of the housing market.

번역 ＿＿＿＿＿＿＿＿＿＿＿＿＿＿＿＿＿＿＿＿＿＿ 미국인들이
부지기수다.

필터링 '너무 높은 가격이 붙어 주택 거래가 이뤄지지 못하게 되다'(price
out of the housing market)라는 내용이 입에 달라붙도록 감칠맛이 나는
표현으로 다듬어 보세요.

한복 주택 가격 상승으로 주택 구매가 하늘의 별 따기가 된(be priced out
of the housing market) 미국인들이 부지기수다(too many Americans).

4. Arizona spend 1billion for addiction treatment, much of it fraudulent. State officials said the fund for Native American treatment amounted to a virtually unguarded pool of money.

번역 애리조나 주는 마약 중독 치료에 10억 달러를 지출했지만 그 대부분은 사기에 연루되어 있다. 주 관계자의 말에 따르면 아메리카 원주민들의 마약 중독 치료로 책정된 _____ 한다.

필터링 중독 치료에 쓰이는 예산을 가리켜 사기에 빗대거나 '사실상 무방비의 돈이 모인 곳'(a virtually unguarded pool of money)이라고 표현한 까닭은 그만큼 감독이 제대로 이뤄지지 않기 때문입니다.

한복 애리조나 주는 마약 중독 치료에 10억 달러를 지출했지만 그 대부분은 사기에 연루되어 있다(much of it fraudulent). 주 관계자의 말에 따르면 아메리카 원주민들의 마약 중독 치료로 책정된 예산에 대한 감독이 허술했다고(a virtually unguarded pool of money) 한다.

| 복습 | 영어와 한국어의 등가 표현 |

1. 월급이 제자리다(____ remains uchanged).
2. 하와이 원주민들은(Native Hawaiians) 소금을 신성시하며 요리, 치유 및 의식 그리고 호신부로(as _____) 이용한다.
3. 주택 가격 상승으로 주택 구매가 하늘의 별 따기가 된(be ____ out of the housing market) 미국인들이 부지기수다.
4. 애리조나 주는 마약 중독 치료에 10억 달러를 지출했지만 그 대부분은 사기에 연루되어 있다(much of it fraudulent). 주 관계자의 말에 따르면 아메리카 원주민들의 마약 중독 치료로 책정된 예산에 대한 감독이 허술했다고(a virtually unguarded ____ of money) 한다.

| Performance에 한복 입히기 |

'공연'이라는 뜻 외에도 문맥에 맞춰 다양한 표현의 한복을 입힐 수 있습니다.

1. Her performance was deemed grossly incompetent, so she was fired.
   [한복] 그녀는 **업무 처리**가 미숙해서 해고당했다.

2. Viewers and audience members gave Jo Koy a chilly reception for what many said was a mediocre performance as host of Sunday's Golden Globes ceremony.
   [한복] 시청자들과 시상식 관객들이 일요일에 열린 골든 글로브 시상식 사회를 본 조 코이의 **진행**이 매끄럽지 못했다는 평가를 남겼다.

3. Wearing the wrong sneaker for the wrong type of exercise can compromise your performance and potentially lead to injury.
   [한복] 운동에 맞지 않는 운동화를 착용하면 **기량**이 떨어지고 부상으로까지 이어질 수도 있다.

4. Key performance indicators encompass a wide variety of finance, sales, customer service and more.
   [한복] 주요 **성과** 지표는 다양한 금융, 판매, 고객 서비스 등을 포함한다.

Q

• • • ● • • •

1. The government <u>quickly responded to the case</u>.

번역 정부가 그 사건에 _____.

필터링 '신속하게 대응'(quickly responded)을 우리에게 보다 익숙한 표현으로 다듬어 보세요.

한복 정부가 그 사건에 발 빠르게 대응했다(quickly respond to).

보충 'quick'과 'easy'에는 '빠른' '쉬운' 외에도 다양한 뜻이 있습니다. 예를 들어 "A quick test"는 간단한 테스트로, "I am easily exhausted"는 "나는 금방 지친다"로 번역합니다.

2. Japan <u>didn't qualify for the final</u>.

번역 일본이 _____.

필터링 '최종전을 치를 자격이 없다'는 말은 결승전에 오르지 못했다는 뜻입니다.

한복 일본이 <u>결승전 진출에 실패했다</u>(didn't qualify for the final).

3. Two men <u>are being questioned by the police</u>.

번역 두 남자가 _____.

필터링 경찰에게 '질문을 받는'(be being questioned)을 상황을 가리킬 때 쓰는 표현을 떠올려 보세요.

한복 두 남자가 경찰에게 <u>심문을 받고 있다</u>(be being questioned).

4. The Ministry's role <u>has long been questioned</u>.

번역 그 부처의 역할이 _____.

필터링 하는 역할을 '오랫동안 질문을 받아왔다'(has long been questioned)는 것은 의심받거나 비판의 대상이 되었다는 뜻입니다. 이러한 상황을 가리키는 관용 표현을 찾아 보세요.

한복 그 부처의 역할이 <u>도마 위에 오른 지 오래다</u>(has long been questioned).

| 복습 | 영어와 한국어의 등가 표현 |

1. 정부가 그 사건에 발 빠르게 <u>대응했다</u>(_____ respond to).
2. 일본이 결승전 진출에 <u>실패했다</u>(didn't _____ for the final).
3. 두 남자가 경찰에게 <u>심문을 받고 있다</u>(be being _____).
4. 그 부처의 역할이 <u>도마에 오른 지 오래다</u>(has long been _____).

| 날랜 갈색 여우가 게으른 개를 넘어간다 |

《체셔피크 쇼어Chesapeke Shore》는 아름다운 호숫가를 배경으로 삼아 한 장면 한 장면 보는 것만으로도 '힐링'이 되는 드라마입니다. 극중에서 메건이 작가인 둘째딸에게 처음으로 타자기를 사주면서 한 문장을 반복해서 두드리게 시키는데, 바로 제목으로 써놓은 'The quick brown fox jumps over the lazy dog'입니다.

메건은 왜 하고 많은 문장 중에 '날랜 갈색 여우가 게으른 개를 넘어간다'라는 별다를 것 없는 내용을 계속 타이핑하라고 시킨 것인지, 혹시 짧은 문장 안에 제가 놓친 심오한 의미가 담긴 것인지 궁금했습니다. 알고 보니 이 문장에는 A에서 Z까지 알파벳 26자가 모두 들어 있어 반복해서 타자기로 입력하다 보면 키보드 위치가 자연스럽게 손에 익게 되기에 타자 연습용으로 많이 쓰인다고 합니다.

아는 만큼 보이고, 아는 만큼 재미가 생깁니다. 우리가 공부하는 이유지요.

R

1. He had to repeat third grade.

번역 그는 ＿＿＿＿＿＿＿＿.

필터링 '3학년을 반복했다'(repeat third grade)는 말은 다음 학년으로 진급하지 못했다는 뜻이지요.

한복 그는 3학년을 유급했다(repeat third grade).

2. E-commerce plays a pivotal role in fostering growth.

번역 전자 상거래가 곧 ＿＿＿＿＿＿＿＿＿.

필터링 '경제를 성장시키는 데 있어 중요한 역할을 수행하고 있다'(play a pivotal role in fostering growth)라고 하면 우리가 일상에서 여상하게 주고받는 말이 아닌 것처럼 느껴집니다. 한국어의 쪼는 맛을 살려 자연스럽게 읽히도록 다듬어 보세요.

한복 전자 상거래가 곧 경제 성장의 동력이다(play a pivotal role in fostering growth).

3. His name plate on his office door was unceremoniously removed.

번역 그의 사무실 문에 있던 명패가 ＿＿＿＿＿＿＿.

필터링 '예의를 차릴 새도 없이'(unceremonious) 제거해야 할 정도라면 상황이 많이 급박했을 것입니다.

한복 그의 사무실 문에 있던 명패가 급하게 치워졌다(be unceremoniously removed).

4. Series producers react as shows <u>are unceremoniously removed</u>.

번역 프로그램이 ＿＿＿＿＿＿＿＿＿ 시리즈 제작자들이 들고 일어났다.

필터링 제작자들이 항의할 정도로 'unceremoniously'하게 방송을 중단했다는 말은 당사자들조차도 모를 정도로 급작스러운 결정에 의해 이뤄진 조치임을 의미합니다.

한복 프로그램이 소리 소문 없이 중단되자(unceremoniously removed) 시리즈 제작자들이 들고 일어났다(react).

| 복습 | 영어와 한국어의 등가 표현 |

1. 그는 3학년을 유급했다(＿＿＿＿ third grade).
2. 전자 상거래가 곧 경제 성장의 동력이다(play a pivotal ＿＿＿＿＿ in fostering growth).
3. 그의 사무실 문에 있던 명패가 급하게 치워졌다(unceremoniously ＿＿＿＿＿).
4. 프로그램이 소리 소문 없이 중단되자(unceremoniously ＿＿＿＿＿) 시리즈 제작자들이 들고 일어났다(react).

1. It was hard to reconcile his career ambitions with the needs of his children.

번역 그는 육아와 _____ 힘들었다.

필터링 육아와 일을 '화해시킨다'(reconcile)는 말은 육아와 일을 모두 아우르겠다는 의미입니다.

한복 그는 육아와 일 욕심을(his carrer ambitions) 병행하기가(reconcile ~with) 힘들었다(it was hard).

2. The federal agency mandates a major redesign of Infant lounger, citing that at least 25 deaths have been linked to baby loungers since 2015.

번역 연방 기관은 2015년 이래로 25명 이상의 유아 사망자가 발생한 사고가 유아 수유 쿠션과 관련이 있다고 밝히면서 유아 수유 쿠션의 ____ _____.

필터링 연방 기관에서 쿠션의 '주요한 재디자인을 의무화하도록 지시했다'(mandate a major redesign)는 말은 관련 사고가 벌어지지 않도록 쿠션 디자인을 다시 만들도록 했다는 의미입니다.

한복 연방 기관은 2015년 이래로 25명 이상의 유아 사망자가 발생한 사고가 유아 수유 쿠션과 관련이 있다고 밝히면서(citing that) 유아 수유 쿠션의(baby loungers) 디자인을 대폭 변경하도록 지시했다(mandate a major redesign of).

3. It's been nearly six months since Facebook announced it was

rebranding to Meta.

번역 페이스북이 메타로 _____ 발표한 지 6개월 정도가 지났다.

필터링 페이스북은 리브랜딩 과정에서 회사 로고를 다듬은 정도가 아니라 사명 자체를 '메타'로 바꿨습니다.

한복 페이스북이 메타로 개명했다고(rebrand) 발표한 지 6개월 정도가 지났다.

4. The school violated his constitutional right to speak freely and exercise his religion.

번역 그 학교는 헌법에 명시된 언론의 자유와 _____ _____ 그의 권리를 침해했다.

필터링 '그의 종교를 실행하다'(exercise his religion)를 자연스러운 표현으로 바꿔 보세요.

한복 그 학교는 헌법에 명시된 언론의 자유와(speak freely) 종교 생활을 누릴 수 있는(exercise his religion) 그의 권리를 침해했다.

5. The car's improved suspension gives you a smoother ride.

번역 이 차의 차대 받침 장치가 개선되어 _____.

필터링 탑승했을 때 '더 부드러운 느낌을 준다'(give you a smoother ride)를 간결하게 다듬어 보세요.

한복 이 차의 차대 받침 장치가 개선되어 승차감이 더욱 좋아졌다(give you a smoother ride).

1. 그는 육아와 일 욕심(his carrer ambitions)을 병행하기가(_____ with) 힘들었다(it was hard).

2. 연방 기관은 2015년 이래로 25명 이상의 유아 사망자가 발생한 사고 가 유아 수유 쿠션과 관련이 있다고 밝히면서 유아 수유 쿠션의 디자 인을 대폭 변경하도록 지시했다(mandate a major _____ of).

3. 페이스북이 메타로 개명했다고(_____) 발표한 지 6개월 정도가 지 났다.

4. 그 학교는 헌법에 명시된 언론의 자유와(speak freely) 종교 생활을 누릴 수 있는(exercise his _____) 그의 권리를 침해했다(violate his constitutional right).

5. 이 차의 차대 받침 장치가 개선되어 승차감이 더욱 좋아졌다(give you a smoother ___).

| 'Be linked to' vs. 'be tied to' |

두 표현 모두 '~과 관련되다'라는 뜻이지만 'be linked to'는 관련 성이 있는 간접적인 가능성에, 'be tied to'는 직접적이고 밀접한 연관성이 있을 때 사용합니다.

1. Too much salt is linked to high blood pressure.
   한복 과다한 염분 섭취는 고혈압을 유발할 수 있다.

2. 15 minutes of exercise a week is linked to a longer life.

한복 일주일에 15분씩 하는 운동에는 수명 연장 효과가 있을 수 있다.

3. The FDA says that lead poisoning linked to applesauce pouches is reported in more than 60 children who involve children under the age of 6.

한복 미 식약청은 6세 미만을 포함한 60명 이상의 아동들이 팩에 든 사과 주스를 마시고 납중독 증상을 보인 것 같다는 신고가 있었다고 밝혔다.

4. Why grip strength matters? Muscles in wrists and hands have been tied to quality of life and longevity.

한복 악력이 왜 중요할까? 팔목과 손의 근육이 삶의 질 및 수명과 밀접한 관련이 있기 때문이다.

5. Popular baby loungers are tied to more deaths.

한복 널리 쓰이던 유아 수유 쿠션으로 인해 유아 사망률이 높아졌다.

•• • ● ● •••

1. The economy is beginning to revive.

번역 경제가 _____.

필터링 경제가 '되살아나고'(revive) 있는 상황을 한국어로 옮길 때 '시작'

(beginning)이란 표현을 덧붙이지 않아도 충분히 의미 전달이 됩니다.

한복 경제가 회복되고(revive) 있다(be beginning to).

2. A hot shower and a cup of tea will revive you.

번역 더운물로 샤워한 다음 마시는 한 잔의 차는 _____.

필터링 차 한 잔에 사람을 소생시킬 정도의 효과가 있다고 과정 섞어 말한 것입니다.

한복 더운물로 샤워한 다음 마시는 한 잔의 차는 생명수다(revive).

3. Drinking a cup of coffee in the afternoon helps revive me.

번역 오후에 커피 한 잔은 _____.

필터링 나른한 오후에 커피 한 잔을 마시면 피곤했던 몸이 확 깨어나는 것 같은 기분이 들지요.

한복 오후에 커피 한 잔은 활력을 끌어올린다(help revive me).

4. This movie is intended to revive her flagging career.

번역 이 영화는 _____ 기획되었다.

필터링 '늘어진 경력'(flagging career)이라는 말은 기세와 인기가 꺾여 이전만큼 활동하지 못하는 상태를 의미합니다. 이러한 상황을 가리키는 관용 표현을 떠올려 보세요.

한복 이 영화는 한물간 여배우를 회생시키고자(revive her flagging career) 기획되었다.

5. Schools in the area are still inadequately resourced.

번역 이 지역 학교들에 대한 _____.

필터링 '여전히 부적절하게 자원이 배치되어 있다'(be still inadequately resourced)를 자연스러운 한국어 표현으로 바꿔 보세요.

한복 이 지역 학교들에 대한 지원이 아직도 부족하다(be still inadequately resourced).

| 복습 | 영어와 한국어의 등가 표현 |

1. 경제가 회복되고(_____) 있다.
2. 더운물로 샤워한 다음 마시는 한 잔의 차는 생명수다(_____).
3. 오후에 커피 한 잔은 활력을 끌어올려준다(help to _____ me).
4. 이 영화는 한물간 여배우를 회생시키고자(_____ her flagging career) 기획되었다.
5. 이 지역 학교들에 대한 지원이 아직도 부족하다(be still inadequately _____).

| 영어와 한국어의 붕어빵 표현 (1) |

글자만 다를 뿐 영어와 한국어의 표현이 똑같습니다.

1. He will never set a foot in my house.
번역 그는 우리 집에 한 발도 들여 놓을 수 없다.

2. Ukraine hits back at Pope Francis over white flag remarks.

번역 우크라이나가 **백기 발언**을 한 프란치스코 교황을 비난했다.

3. Why didn't you follow my advice?

번역 왜 내 조언을 **따르지 않았니?**

4. The plot is almost impossible to follow.

번역 이 줄거리는 **따라가기가 어렵다.**

5. Back-breaking work will face them.

번역 허리가 휠 일이 그들을 기다리고 있다

6. Her eyes followed him everywhere.

번역 그녀의 눈이 어디나 그를 **따라다녔다.**

7. I don't follow many celebrities on Twitter any more.

많은 유명인들의 트위터(엑스) 계정에 더는 **팔로우하지 않는다.**

• • ● ● • •

1. Schools in the area are reliably resourced.

번역 이 지역 학교들에 대한 _____.

필터링 '자원이 믿을 만하게 배치되어 있다'(be reliably resourced)를 자연스러운 한국어 표현으로 바꿔 보세요.

이 지역 학교들에 대한 지원이 안정적이다(be reliably resourced).

2. The government is restricted in bolstering spending to stimulate the economy.

번역 정부가 경기 부양을 위한 지출을 늘리는 데에는 _____.

필터링 '제약이 있다'(be restricted in)면 지출을 경기 부양에 필요할 만큼 양껏 늘릴 수는 없을 것입니다.

한복 정부가 경기 부양을(stimulate the economy) 위한 지출을 늘리는 데에는(bolster spending) 제약이 있다(be restricted in).

보충 위의 지문 말고도 '늘리기 어렵다'를 다음과 같이 다양하게 표현할 수 있습니다.

confined in bolstering, limited in bolstering, face a challenge in bolstering, find it hard to bolster, have difficulty in bolstering, is difficult to bolster.

3. The €9-a-month ① ticket scheme for mass transportation was put in place ② to give a financial relief to travelers.

번역 월 9유로 ① _____ ② _____
_____ 시행되었다.

필터링 ① 달마다 9유로로 이용할 수 있는 '승차권 정책'(a ticket scheme)을 가리키는 한국어 표현을 떠올려 보세요.

② '교통 요금을 구제해준다'(give a financial relief to travelers)는 교통비에 대한 부담을 줄여준다는 말입니다.

한복 월 9유로 ① 대중교통 정액권 제도가(The monthly ticket scheme) ② 이용자들의(travelers) 교통비 부담을 덜어주기 위해(give a financial relief to) 시행되었다(be put in place).

4. This announcement will <u>bring much relief to</u> companies.

번역 이번 발표로 회사들이 _____ 것이다.

필터링 '큰 안도감을 가져오게'(bring much relief to) 된 상황을 이르는 관용 표현을 찾아보세요.

한복 이번 발표로 회사들이 <u>크게 한숨 돌릴 수 있을</u>(bring much relief to) 것이다.

5. There has been little statistical evidence showing that those who commute by car <u>changed their transport routines in any meaningful way</u>.

번역 자가용으로 출퇴근하는 사람들의 _____ 통계는 없다.

필터링 'change their transport routines'에서 교통 루틴이란 자가용을 끌고 출퇴근하는 경우를 가리킵니다.

한복 <u>자가용으로 출퇴근하는 사람들의</u>(those who commute by car) <u>출퇴근 방식이 크게 달라졌다는</u>(changed their transport routines in any meaningful way) <u>통계는 없다</u>(little statical evidence).

| 복습 | 영어와 한국어의 등가 표현 |

1. 이 지역 학교들에 대한 <u>지원이 안정적이다</u>(be _____).
2. 정부가 경기 부양을 위한 <u>지출을 늘리는 데에는</u>(bolsters pending) 제약이 있다(be _____ in).
3. 월 9유로 <u>대중교통 정액권 제도가</u>(The monthly ticket scheme) 이용자들의 <u>교통비 부담을 덜어주기 위해</u>(give a financial _____ to)

시행되었다.

4. 이번 발표로 회사들이 크게 한숨 돌릴 수 있을(bring much _____ to) 것이다.

5. 자가용으로 출퇴근하는 사람들의(those who commute by car) 출퇴근 방식이 크게 달라졌다는(changed their transport _____ in any meaningful way) 통계는 없다.

| 'Be restricted to'에 한복 입히기 |

앞서 'be restricted in'이 '제약이 있다'와 같이 행동에 제한을 둔다는 뜻을 가졌다면 'be restricted to'는 '~만 가능하다' '~의 전용이다'와 같이 자격을 한정하는 의미를 가집니다.

1. Access to this area is restricted to authorized personnel only.
번역 이 구역의 출입은 허가받은 인원으로 제한됩니다.
한복 관계자만 출입이 **가능합니다**(be restricted to).
보충 '관계자 외 출입 금지'라고 더욱 간결하게 표현할 수도 있습니다.

2. Parking in this zone is restricted to residents with a permit.
번역 이곳의 주차는 허가증을 가진 주민으로 제한됩니다.
한복 주민 **전용**(be restricted to) 주차장입니다.

•••●•••

1. With this achievement, <u>there will be a great relief to</u> commuters, the movement of traffic will be smooth, and the travel time will be reduced.

번역 이렇게 되면 통근자들에게 있어서는 _____,
교통 흐름도 빨라지며 출퇴근 시간도 단축되는 효과가 있다.

필터링 '큰 안도감이 든다'(a great relief to)를 이어지는 내용과 연결해 자연스러운 표현으로 다듬어 보세요.

한복 이렇게 되면(With this achievement) 통근자들에게 있어서는 <u>교통 상황이 크게 호전되고</u>(there will be a great relief to), <u>교통 흐름도</u>(the movement of traffic) <u>빨라지며</u>(be smooth) 출퇴근 시간도 <u>단축되는 효과가 있다</u>(will be reduced).

2. The insurance company will provide a replacement of car so that <u>there will be a great relief</u> for the insured.

번역 보험회사의 차량 대여로 가입자들이 _____.

필터링 보험회사의 대책으로 가입자들이 '큰 안도감을 느끼는'(be a good relief) 상황을 우리에게 익숙한 표현으로 다듬어 보세요.

한복 보험회사의 <u>차량 대여로</u>(provide a replacement of car) 가입자들이 (the insured) <u>한시름 덜게 되었다</u>(there will be a great relief for).

3. The second and third phases of the Metro will be coming up so <u>there will be a great relief.</u>

번역 지하철 두 번째 및 세 번째 구간이 연장될 예정이라 앞으로 이용이

2장 • 실전, 번역다운 번역 • **239**

_____.

필터링 지하철 구간이 연장되면 이용자들은 쾌적함을 느끼겠지요.

한복 지하철 두 번째 및 세 번째 구간(phases)이 연장될 예정이라 앞으로 이용이 훨씬 편리해질 것이다(there will be a great relief.)

4. ① The foregoing opinions ② do not necessarily reflect the views of Times News.

번역 ① _____ ② 본지의 _____.

필터링 ① 외부 필자의 '앞서 말한 의견'(the foregoing opinions)을 신문에서 자주 접했던 표현으로 바꿔 보세요.

② '본지의 견해를 반드시 반영하지는 않습니다'(do not necessarily reflect the views of)를 신문이나 잡지의 외부 칼럼 말미에서 자주 봤던 표현으로 바꿔 보세요.

한복 ① 이 기고문은(the foregoing opinions) ② 본지의 편집 방향과(reflect the views of) 일치하지 않을 수 있습니다(do not necessarily reflect the views of).

5. Posture correctors remind us to sit up straight either by physically restraining your back and shoulders.

번역 자세 교정기들은 _____ 앉는 자세를 바르게 만든다.

필터링 교정기로 '등과 어깨를 신체적으로 억제한다'(physically restraining your back and shoulders)는 말은 장시간 앉아 있다 보면 몸이 굽게 되는 현상을 방지하고자 교정기를 이용해 등과 어깨 부위를 억지로라도 편 채로 고정시킨다는 의미입니다.

한복 자세 교정기들은(posture correctors) 등과 어깨 부위를 잡아줘(by physically restraining your back and shoulders) 앉는 자세를 바르게 만든다(sit up straight).

| 복습 | 영어와 한국어의 등가 표현 |

1. 이렇게 되면(With this achievement) 통근자들에게 있어서는 <u>교통 상황이 크게 호전되고</u>(there will be a great _____ to), <u>교통 흐름도</u>(the movement of traffic) 빨라지며(be smooth) 출퇴근 시간도 단축되는 효과가 있다.

2. 보험회사의 <u>차량 대여로</u>(provide the replacement of car) 가입자들이 <u>한시름 덜게 되었다</u>(there will be a great _____ for).

3. 지하철 두 번째 및 세 번째 <u>구간이</u>(phases) 연장될 예정이라 앞으로 <u>이용이 훨씬 편리해질 것이다</u>(there will be a great _____).

4. <u>이 기고문은</u>(the foregoing opinions) 본지의 <u>편집 방향과</u>(_____ the views of)과 <u>일치하지 않을 수 있습니다</u>(do not necessarily).

5. <u>자세 교정기들은</u>(posture correctors) 등과 어깨 부위를 잡아줘(by physically _____ your back and shoulders) 앉는 자세를 바르게 <u>만든다</u>(sit up straight).

| Comment vs. Opinion |

'comment'가 짧은 발언이나 피드백을 뜻한다면 'opinion'은 개인의 깊이 있는 생각이라는 뉘앙스를 가집니다.《옥스퍼드 학습자 사전》에서는 두 단어에 대해 다음과 같이 설명합니다.

Comment: something that you say or write that gives an opinion on or explains somebody/something

Opinion: your feelings or thoughts about somebody/something, rather than a fact

1. "Will you resign, sir?" "No comment!"

번역 "사임하신다는 겁니까?" "말씀드리지 않겠습니다!"

2. She made helpful comments on my work.

번역 내 업무에 관해 그녀가 해준 조언은 유익했다.

3. He has very strong political opinions.

번역 정치에 관한 그의 의견은 확고하다.

• • ● • •

1. The Texas Supreme Court ruled against her.

번역 텍사스 대법원이 _____.

필터링 문맥을 반영해서 '그녀에게 반대하는 판결을 내리다'(rule against her)를 옮겨 보세요.

한복 텍사스 대법원이 그녀에게 불리한 판결을 선고했다(ruled against

her).

2. The Supreme Court Chief Justice rebukes President Donald Trump for a contemptuous remark about a judge who ruled against an executive order.

번역 연방 대법원장이 행정명령 _____ 판사에게 과도한 발언을 한 트럼프 전 대통령을 힐책했다.

필터링 효력 행사에 '반대하는 판결'을 자연스러운 한국어 표현으로 바꿔 보세요.

한복 연방 대법원장이 행정명령 효력정지 판결을 내린(rule against) 판사에게 과도한 발언을(a contemptuous remark) 한 트럼프 전 대통령을 힐책했다(rebuke).

3. I did some rough math on profits.

번역 수익을 _____.

필터링 '거칠게 수학했다'(did some rough math on)는 말은 대략 짐작할 수 있을 정도로만 셈했다는 의미입니다.

한복 수익을 대충 계산해 봤다(did some rough math on).

4. We hope to recoup our initial investment in the first year.

번역 우리는 첫해에 초기 _____ 싶다.

필터링 투자자들은 '처음 투자한 비용을 모두 되찾는 것'(recoup our initial investment)을 가리켜 이렇게 표현하지요.

한복 우리는 첫해에 초기 투자금을 회수하고(recoup investment) 싶다.

5. Local businesses are well represented on the committee.

번역 지역의 기업들이 위원회에 _____.

필터링 위원회에서 '잘 대표되어졌다'(be well represented)는 표현은 집단의 대표자 자격으로 위원회에 얼굴을 비쳤다는 의미입니다.

한복 지역의 기업들이 위원회에 대거 참석했다(be well represented).

| 복습 | 영어와 한국어의 등가 표현 |

1. 텍사스 대법원이 그녀에게 불리한 판결을 선고했다(____ against).
2. 연방 대법원장이 행정명령 효력정지 판결을 내린(____ against) 판사에게 과도한 발언을(a contemptuous remark) 한 트럼프 전 대통령을 힐책했다(_____).
3. 수익을 대충 계산해 봤다(do some ____ math on).
4. 우리는 첫해에 초기 투자금을 회수하고(_____ investments) 싶다.
5. 지역의 기업들이 위원회에 대거 참석했다(be well _____).

| 번역에 한자어 표현 활용하기 (2) |

1. His sudden resignation put the company at risk.
한복 그의 갑작스런 사임으로 회사가 '풍전등화'의 위기에 빠졌다.

2. This accident is highly unexpected.
한복 이 사건은 '청천벽력'과도 같다.

3. The government inactively responds to the medical crisis.

한복 정부가 의료 대란에 '수수방관'하고 있다.

4. The court's move is a major victory for Trump.

한복 이번 판결로 트럼프 대통령은 '기사회생'했다.

5. we could see signs of revival of the economy, despite many unfavorable conditions.

한복 '악재'에도 불구하고 경기 회복의 조짐이 있다.

6. A Huawei official insisted Huawei was not aware of the collaboration mentioned in the report.

한복 화웨이 관계자가 보고서에 나온 협업은 '금시초문'이라고 주장했다.

7. They are like-minded.

한복 '유유상종'.

• • ● • •

1. Recently, insurance scams have been rampant.

번역 요즘 들어 보험 사기가 _____.

필터링 '만연한'(rampant)을 우리가 일상에서 자주 쓰는 표현으로 다듬어 보세요.

요즘 들어 <u>보험 사기가</u>(insurance scams) <u>잇따르고 있다</u>(have been rampant).

2. This was <u>a rough soup</u> – I couldn't finish eating it. Most ingredients were undercooked.

_____ 있었다. 그래서 먹다 말았다. 수프 안의 재료들이 설익었기 때문이다.

필터링 수프가 'rough'하면 조리 상태가 변변찮다는 것이겠지요.

수프가 <u>덩어리져</u>(a rough soup) 있었다. 그래서 <u>먹다 말았다</u>(couldn't finish eating). 수프 안의 재료들이 <u>설익었기 때문이다</u>(undercooked).

3. Countries <u>heavily relying on</u> the tourism industry are seeking ways to manage that business sector in the years to come.

관광 산업으로 _____ 나라들이 장차 관광 산업의 향방을 두고 고민하고 있다.

필터링 특정 산업이 국가 경제에서 차지하는 비중이 높을 때 이런 관용 표현을 씁니다.

관광 산업으로 <u>먹고사는</u>(heavily rely on) 나라들이 장차 관광 산업의 향방을(in the years to come) 두고 <u>고민하고 있다</u>(be seeking ways to).

4. Campuses are <u>coping with a surge of students with dietary restrictions</u>.

학교들은 _____

_____.

필터링 '식단 제한'(dietary restrictions)이란 음식을 가려 먹을 수밖에 없는 처지를 가리킵니다.

한복 학교들은 학교 급식을 가려 먹어야 하는(dietary restrictions) 학생들이 급속하게 늘어남에 따라(a surge of) 그 해결책을 찾고 있다(be coping with).

| 복습 | 영어와 한국어의 등가 표현 |

1. 요즘 들어 보험 사기가(insurance scams) 잇따르고 있다(have been _____).

2. 수프가 덩어리져(a _____ soup) 있었다. 그래서 먹다 말았다(couldn't finish eating). 수프 안의 재료들이 설익었기 때문이다.

3. 관광 산업으로 먹고사는(heavily _____ on) 나라들이 장차 관광 산업의 향방을 두고 고민하고 있다.

4. 학교들은 학교 급식을 가려 먹어야 하는(dietary _____) 학생들이 급속하게 늘어남에 따라(a surge of) 그 해결책을 찾고 있다(be coping with).

| '많이'가 너무 '많다' |

다음 지문에 나오는 'widely' 'profusely' 'largely' 'generously' 'deeply'는 모두 같은 뜻으로 번역됩니다.

1. The collaborative tool is widely used /practiced.

한복 이 협업 툴은 많이 쓰인다.

2. Drink wine profusely.

한복 와인을 많이 마셔라.

3. He largely contributed to developing the project.

한복 그는 이 사업을 시작하는 데 기여를 많이 했다.

4. He tips generously at restaurants.

한복 그는 식당에서 팁을 많이 준다.

5. Retailers deeply discount prices.

한복 상점들이 할인을 많이 한다.

S

• • ● • •

1. Share farts. Share love.

<u>번역</u> 방귀를 ＿＿＿ 사랑이 깊어집니다.

<u>필터링</u> 한국에서도 '방귀를 나누다'(share farts)와 비슷한 관용 표현이 있습니다.

<u>한복</u> 방귀를 <u>트면</u>(share) 사랑이 깊어집니다.

2. Say nicely first.

<u>번역</u> ＿＿＿＿＿＿＿＿＿＿＿＿＿＿＿.

<u>필터링</u> 멋진 말을 듣고 싶다면 '먼저 멋지게 말하라'(say nicely first)는 뜻을 가진 속담을 떠올려 보세요.

<u>한복</u> 가는 말이 고와야 오는 말이 곱다(say nicely first).

<u>보충</u> 'nicely' 대신 'sweetly' 'kindly'를 쓸 수도 있습니다.

3. He <u>didn't say</u> much at our first meeting.

<u>번역</u> 그는 첫 만남에서 ＿＿＿＿＿＿.

<u>필터링</u> 어떤 만남에서 '말을 많이 하지 않는다'(didn't say much)는 것은 꼭 해야 할 말만 조심스럽게 꺼냈다는 의미입니다. 한국어에서도 이러

한 태도를 가리키는 표현이 있습니다.

한복 그는 첫 만남에서 말을 아꼈다(didn't say much).

4. The first presidential debate was shaky.

번역 제1차 대선 토론은 ＿＿＿＿＿＿＿.

필터링 토론회와 같은 행사가 '불안정했다'(shaky)는 말은 기대했던 것만큼 매끄럽게 진행되지 못했음을 의미합니다.

한복 제1차 대선 토론은 기대에 못 미쳤다(be shaky).

5. I have a substantial amount of work to do.

번역 나는 ＿＿＿＿＿＿.

필터링 '해야 할 상당한 일이 있다'(have a substantial amount of work to do)를 자연스러운 한국어 표현으로 바꿔 보세요.

한복 나는 할 일이 태산이다(have a substantial amount of work to do).

6. Eat a substantial amount of your food in the morning.

번역 아침을 ＿＿＿＿＿＿.

필터링 아침식사로 '상당한 양을 먹어라'(eat a substantial amount of)도 뜻은 통하지만 입에 달라붙지는 않습니다. 우리가 일상에서 자주 쓰는 표현으로 다듬어 보세요.

한복 아침을 든든히 드세요(eat a substantial amount of).

| 복습 | 영어와 한국어의 등가 표현 |

1. 방귀를 트면(＿＿＿) 사랑이 깊어집니다.

2. 가는 말이 고와야 오는 말이 곱다(___ nicely first).

3. 그는 첫 만남에서 말을 아꼈다(didn't ___ much).

4. 제1차 대선 토론은 기대에 못 미쳤다(be _____).

5. 나는 할 일이 태산이다(have a _____ amount of work to do).

6. 아침을 든든히 드세요(eat a _____ amount of).

| 60초와 90초 사이 |

축구 경기에서 전후반전 90분을 합해 한 선수가 공을 장악하는 시간은 60초에서 90초 사이에 불과하다고 합니다. 필드를 뛰는 선수는 그 짧은 시간 안에 기량을 남김없이 드러낼 수 있어야 합니다.

그래서 축구 경기를 보다 보면《어린 왕자》에서 읽었던 '중요한 것은 눈에 보이지 않는다'라는 문장이 생각납니다. 우리는 우리 눈에 드러난 찰나의 움직임만으로 그들이 그 자리에 서기까지 얼마나 오랫동안 노력해 왔는지, 그들이 공을 잡지 않을 때에는 어떻게 움직이는지에 대해서는 알 수 없습니다. 다만 그 짧은 시간을 기회로 삼아 최선을 다하는 모습은 볼 수 있기에 그들의 움직임에 환호와 격려를 보냅니다.

축구뿐만이 아니라 목표를 향해 나아가는 모든 노력들도 마찬가지입니다. 그동안 흘린 땀은 보이지도 않고, 그나마 자신을 드러낼 수 있는 기회는 순간에 불과합니다. 그래서 들인 시간에 비해 만족스럽지 못한 결과와 맞닥뜨리면 인생의 대부분을 투입한 '보이지 않는 시간'이 부정당한 것 같은 참담함을 느끼기도 합니다.

하지만 카메라가 공이 없는 곳에서 벌어졌던 나의 치열한 노력을 비추지 않더라도, 그래서 관중들이 나의 분투를 알아주지 않는다고 하더라도 내가 흘린 땀과 눈물을 나 자신만큼은 똑똑하게 알고 있습니다.

경기장에서 하이라이트는 공을 잡는 90초 동안 골을 넣거나 멋지게 드리블을 하는 선수가 받습니다. 그러나 90분의 경기는 공을 잡지 않는 88분 30초 동안 자신의 자리에서 보이지 않는 노력을 거듭해 온 선수들에 의해 만들어집니다. 우리는 중요한 것이 눈에 보이지 않는다는 것을 압니다. 그러니 나 자신에 대해 가장 잘 알고 있는 나를 믿고 열심히 달리세요. 나만큼은 90초 밖의 나를 볼 수 있으니까요.

•• ● ••

1. He has scaled the heights of his profession.

번역 그는 일에서 _____.

필터링 지문에서 'scale'은 '오르다'라는 뜻을 가진 동사입니다.

한복 그는 일에서 성공 가도를 달렸다(scale the heights of).

2. How to Sustainably Scale the Growth of Your Online Business?

번역 어떻게 _____?

필터링 지문에서 'scale'은 '증가하다'라는 뜻을 가진 동사입니다.

한복 어떻게 온라인 사업을 꾸준히 확장할 수 있을까(sustainably scale

the growth of)?

3. You twisted the fact to <u>support your position</u>.

번역 _____ 말을 바꿨구나.

필터링 말을 바꿔가며 '입장을 옹호하는'(support your position) 상황을 가리키는 한국어 표현을 떠올려 보세요.

한복 너 혼자 살겠다고(support your position) <u>말을 바꿨구나</u>(twist the fact).

4. San Francisco, <u>once a stronghold of</u> Asian American politics, struggles to find its next leaders.

번역 한때 아시아계 미국인의 정치 _____ 샌프란시스코에서 차세대 (아시아계) 정치인 발굴이 어려워지고 있다.

필터링 '한때는 근거지('once a stronghold of)라는 말은 한때 선거에 나오기만 하면 당선되는 지역이었다는 뜻입니다. 이에 어울리는 한국어 표현을 찾아보세요.

한복 한때 아시아계 미국인의 정치 <u>텃밭이었던</u>(a stronghold of) 샌프란시스코에서 차세대 (아시아계) 정치인 <u>발굴이 어려워지고 있다</u>(struggle to find).

5. Because <u>sector-specific</u> systems are specialized, this cooprerative tool is useful.

번역 _____ 체계가 전문화되어 있어 이 협업 툴이 좋다.

필터링 '분야 특정의'(sector-specific)를 자연스러운 우리말 표현으로 바꿔 보세요.

한복 분야별(sector-specific) 체계가 전문화되어 있어(be specialized) 이 협업 툴이 좋다(be useful).

보충 '~별'로 쓰인 사례들을 몇 가지 더 들어 보자면 '성별 용품'(gender-specific items) '연령별 용품'(age-specific items) 등이 있습니다.

| 복습 | 영어와 한국어의 등가 표현 |

1. 그는 일에서 성공 가도를 달렸다(＿＿ the heights of).
2. 어떻게 온라인 사업을 꾸준히 확장할 수 있을까(＿＿＿＿＿ scale the growth of)?
3. 너 혼자 살겠다고(＿＿＿ your position) 말을 바꿨구나(twist the fact).
4. 한때 아시아계 미국인의 정치 텃밭이었던(a ＿＿＿＿ of) 샌프란시스코에서 차세대 (아시아계) 정치인 발굴이 어려워지고 있다(struggle to find).
5. 분야별(sector-specific) 체계가 전문화되어 있어(be ＿＿＿＿＿) 이 협업 툴이 좋다(be useful).

••●●●••

1. The hard-cap supply limit of bitcoin also makes it predictably scarce.

번역 비트코인에는 채굴량 한도가 정해져 있기에 향후 ＿＿＿＿＿＿＿
＿＿＿.

필터링 'predictably' 부사를 동사로 번역해, 공급량이 제한되어 있으므로 '드물 것이 예측된다'(predictably scarce)는 의미로 번역합니다.

한복 비트코인에는 채굴량 한도가 정해져(the hard-cap supply limit of) 있어 향후 희소성이 예측된다(be predictably scarce).

보충 비트코인의 총 채굴량은 2,100만 개라고 알려져 있습니다(A total of Bitcoin is capped at 21million).

2. The strike left hundreds of tourists stranded at the airport.

번역 파업으로 _____.

필터링 밧줄로 묶인 것처럼 꼼작 못하는(stranded) 상황을 가리킬 때 자주 쓰는 관용 표현이 있지요.

한복 파업으로 수백 명의 여행객이 공항에서 발이 묶였다(left hundreds of tourists stranded).

3. The Justice Department issued a scathing report on the Louisville Police Department.

번역 법무부가 루이즈빌 경찰서를 _____.

필터링 '신랄한 보고서를 발표하다'(issue a scathing report)를 문맥에 맞춰 자연스러운 표현으로 다듬어 보세요.

한복 법무부가 루이즈빌 경찰서를 혹평하는 보고서를 발표했다(issue a scathing report on).

4. There is no shame in wanting to be successful.

번역 성공만 한다면 _____.

필터링 성공을 위해 '수치심을 잊을 정도로'(there is no shame) 매진한다니, 정말 가릴 것이 없겠네요.

한복 성공만 한다면 물불 안 가린다(there is no shame).

5. Shame is a product of a society that prioritizes the soul over the body and is a defense mechanism against all that is low, and sinful. The loss of shame in today's world comes from a profound change in values.

번역 _____ 육체보다 정신을 앞세우는 사회의 산물이며 저속함과 사악함에 맞선 방어기제다. 오늘날 _____ 사람들의 가치관이 크게 달라졌기 때문이다.

필터링 문맥상 지문의 '수치'(shame)는 유학에서 이야기하는 인간의 존엄성을 지키기 위해 필요한 덕목에 가깝습니다.

한복 염치는(shame) 육체보다 정신을 앞세우는 사회의 산물이며 저속함과 사악함에 맞선 방어기제다(a defense mechanism). 오늘날 염치가 사라진 까닭은(the loss of shame) 사람들의 가치관이(values) 크게 달라졌기(a profound change in) 때문이다(come from).

| 복습 | 영어와 한국어의 등가 표현 |

1. 비트코인의 채굴량 한도가 정해져(the hard-cap supply limit of) 있어 향후 희소성이 예측된다(be predictably _____).
2. 파업으로 수백 명의 여행객이 공항에서 발이 묶였다(left hundreds of tourists _____).
3. 법무부가 루이즈빌 경찰서를 혹평하는 보고서를 발표했다(issue a _____ report).
4. 성공만 한다면 물불 안 가린다(There is no _____).
5. 염치는(_____) 육체보다 정신을 앞세우는 사회의 산물이며 저속함과 사악함에 맞선 방어기제다(a defense mechanism). 오늘날 염치가

사라진 까닭은(the loss of shame) 사람들의 <u>가치관이</u>(values) <u>크게 달라졌기</u>(profound change in) <u>때문이다</u>(come from).

••●●●••

1. We seek to restore <u>shame</u>.

번역 _____.

필터링 '우리는 염치를 회복하려고 한다'(we seek to restore shame)를 공익광고 문구답게 다듬어 보세요.

한복 <u>염치를 돌려드리겠습니다</u>(We seek to restore shame).

2. The medical school has traditionally been one of the nation's <u>primary sources of</u> academicians, investigators, and clinical specialists.

번역 본 의과대학은 줄곧 학술 위원, 조사관 및 임상 전문의를 _____ __ 왔습니다.

필터링 의과대학이 학술 위원, 조사관, 임상 전문의의 '주요 원천'(primary sources)이라면 앞서 열거한 직업군들을 양성한 곳이라는 의미겠지요.

한복 본 의과대학은 줄곧(traditionally) 학술 위원, 조사관 및 임상 전문의를 <u>주로 배출해</u>(primary sources of) 왔습니다.

3. Electronic warfare <u>grows increasingly sophisticated</u>.

번역 전자전이 _____.

필터링 어떤 군사 활동이 '점점 정교화되고 있다'(grow increasingly sophisticated)는 말은 관련된 체계, 장비, 전술 등이 나아지고 있다는 뜻입니다.

한복 전자전이 점점 발전하고 있다(grow increasingly sophisticated).

4. The statement did little to soothe public sentiment.

번역 그 성명서로 _____.

필터링 정치 분야에서 자주 행하는 '대중의 정서를 위로하는'(sooth public sentiment) 시도를 가리킬 때 많이 쓰는 표현을 떠올려 보세요.

한복 그 성명서로 민심을 달래기에는 턱없이 부족했다(did little soothe public sentiment).

5. In a surprise move, he resigned from election campaign.

번역 그가 선거에서 _____.

필터링 '놀라운 행보'(in a surprise move)와 '사임'(resign)이 합쳐진 한국어 관용 표현을 찾아보세요.

한복 그가 선거에서 전격 사퇴했다(in a surprise move, he resigned).

| 복습 | 영어와 한국어의 등가 표현 |

1. 염치를 돌려드리겠습니다(We seek to restore _____).
2. 본 의과대학은 줄곧(traditionally) 학술 위원, 조사관 및 임상 전문의를 주로 배출해(primary _____ of) 왔습니다.
3. 전자전이 점점 발전하고 있다(grow increasingly _____).
4. 그 성명서로 민심을 달래기에는 턱없이 부족했다(did little to _____ public sentiment).
5. 그가 선거에서 전격(in a _____ move) 사퇴했다.

••●●●••

1. Marise McDermott will step aside from the position of CEO.

번역 마리스 맥더멋 대표가 _____.

필터링 어떤 '직에서 비켜선다'(step aside from the position of)는 말은 그 직무를 그만둔다는 뜻입니다.

한복 마리스 맥더멋 대표가 보직을 내려놓을 것이다(step aside from the position of).

2. You have a strong case for getting your job back.

번역 너는 복직할 _____.

필터링 '~할 강한 경우'(a strong case for)는 이어 나오는 복직에 대한 이야기입니다. '복직할 수 있는 강력한 근거가 있다'는 말을 자연스러운 한국어 표현으로 다듬어 보세요.

한복 너는 복직할(get your job back) 승산이 크다(have a strong case for).

3. A telescope is stronger with the bigger lens.

번역 망원경 렌즈가 커지면서 _____.

필터링 망원경이 '더 강력해질'(stronger) 구석은 더 멀리 더 선명하게 볼 수 있는 성능밖에 없지요.

한복 망원경 렌즈가 커지면서(with the bigger) 성능이 더 좋아졌다.(be stronger).

4. I reach for sneakers when I am doing a jog followed by a strength set, so I don't have to change them between activities.

번역 조깅할 때 신은 운동화로 _____ 할 수 있어 운동화를 따로 갈아 신지 않아도 된다.

필터링 여기서 'a strength set'는 근력을 강화하는 운동을 가리킵니다.

한복 조깅할 때 신은 운동화로 근력 운동도 할 수 있어(followed by a strength set) 운동화를 따로 갈아 신지(change sneakers) 않아도 된다.

5. We should do a sweeping promotion of new products.

번역 우리에게는 _____ 필요하다.

필터링 '광범위한 홍보를 하다'(do a sweeping promotion of)를 자연스러운 한국어 표현으로 바꿔 보세요.

한복 우리에게는 대대적인 신제품 홍보가(a sweeping promotion of) 필요하다.

| 복습 | 영어와 한국어의 등가 표현 |

1. 마리스 맥더멋 대표가 보직을 내려놓을 것이다(___ aside from the position of).

2. 너는 복직할(get your job back) 승산이 크다(have a _____ case of).

3. 망원경 렌즈가 커지면서 성능이 더 좋아졌다(be _____).

4. 조깅할 때 신은 운동화로 근력 운동도 할 수 있어(followed by a _____ set) 운동화를 따로 갈아 신지(change them) 않아도 된다.

5. 우리에게는 대대적인 신제품 홍보(a _____ promotion of)가 필요하다.

• • • ● • •

1. Her new job is just a sideways move.

번역 그녀의 새 일자리는 ＿＿＿＿＿＿＿＿＿＿＿.

필터링 '옆면 이동'(be just a sideways move)은 이동하기 전과 크게 다를 바 없다는 의미입니다.

한복 그녀의 새 일자리는 <u>전 직장과 같은 직급이다</u>(be a sideways move).

2. A 911 caller asked the dispatcher to have first responders arrive on the scene in a discreet manner, saying we're trying to <u>remain a little subtle</u>.

번역 911 신고자가 교환원에게 구급대원들이 ＿＿＿＿＿＿＿＿＿ 사고 현장으로 조용히 와 줄 것을 요청했다.

필터링 지문에서 'subtle'은 not obvious, 즉 눈에 뚜렷하게 띄지 않는다는 의미입니다.

한복 911 신고자가 <u>교환원에게</u>(the dispatcher) 구급대원들이 <u>사람들의 눈을 피해서</u>(remain little subtle) <u>사고 현장으로</u>(on the scene) <u>조용히 와 줄 것을</u>(in a discreet manner) 요청했다.

3. He was not subtle.

번역 그는 ＿＿＿＿＿＿＿＿＿＿＿.

필터링 '미묘하지 않다'(not subtle)는 것은 곧 '뚜렷하다'(obvious)는 의미입니다.

한복 그는 <u>분명하게 의사 표현을 했다</u>(be not subtle).

4. Subtle pressure to work long hours was applied from above.

번역 장시간 근무하라는 _____ 상부에서 내려왔다.

필터링 '미묘한 압력'(subtle pressure)은 분명 압력이 있으나 눈에 띄게 가해지지는 않는다는 뜻입니다. 이러한 상황을 가리키는 한국어 관용 표현이 있습니다.

한복 장시간 근무하라는 <u>무언의 압박이</u>(subtle pressure) <u>상부에서 내려왔다</u>(be applied from above).

보충 그렇다면 조명이 'subtle'하다는 것은 어떤 의미일까요? 지문으로 예를 들자면 'a subtle use of lighting in the play', 바로 연극 무대 같은 곳에서 사용하는 간접 조명을 가리킵니다.

5. The glass ceiling is <u>a subtle barrier</u> that prevents women from moving up a corporate ladder.

번역 유리 천장이란 여성들의 승진을 가로막는 _____ 일컫는다.

필터링 '미묘한 장벽'(a subtle barrier)은 not obvious barrier, 대놓고 드러나지는 않지만 분명하게 존재하는 방해 및 한계를 의미합니다.

한복 '유리 천장'이란 <u>여성들의 승진을 가로막는</u>(prevent women from moving up a corporate ladder) <u>보이지 않는 장벽을</u>(a subtle barrier) 일컫는다.

6. Prices have risen <u>steadily</u>.

번역 물가가 ____ 오르고 있다.

필터링 지문의 'steadily'를 동사로 번역해 보세요.

한복 물가가 <u>계속</u>(steadily) 오르고 있다.

| 복습 | 영어와 한국어의 등가 표현 |

1. 그녀의 새 일자리는 <u>전 직장과 같은 직급이다</u>(be _____ move).
2. 911 신고자가 교환원에게 구급대원들이 <u>사람들의 눈을 피해</u>(remain a little _____) <u>사고 현장으로</u>(on the scene) <u>조용히 와 줄 것을</u>(in a discreet manner) 요청했다.
3. 그는 분명하게 <u>의사 표현을 했다</u>(be not _____).
4. 장시간 근무하라는 <u>무언의 압박이</u>(_____ pressure) <u>상부에서 내려왔다</u>(be applied from above).
5. '유리 천장'이란 여성들의 <u>승진을 가로막는</u>(prevent women from moving up a corporate ladder) <u>보이지 않는 장벽</u>(a _____ barrier)을 일컫는다.
6. 물가가 <u>계속</u>(_____) 오르고 있다.

| 돌멩이를 58면체로 깎는다는 것 |

보석 중의 보석이라고 불리는 다이아몬드는 광산에서 캐낼 때는 원석(diamond in the rough), 즉 돌멩이일 뿐입니다. 다이아몬드 원석과 500원 동전을 벤치에 놓고 시민들의 반응을 관찰했더니 모두 500원 동전에만 관심을 보였다고도 합니다. 동전보다도 관심을 받지 못하는 돌멩이를 58면체로 깎아내야 비로소 우리가 아는 보석이 되는 것이지요.

저는 우리 모두가 다이아몬드 원석으로 탄생했다고 생각합니다.

그래서 제게 삶이란 계속해서 자신의 원석을 깎아가고 있는 과정입니다. 누군가는 더디게 누군가는 이르게 각자의 호흡으로 다듬어진 끝에, 때가 되면 가장 넓은 윗면에서 아래로 내려갈수록 좁아지는 58면체를 드러내는 것이 인생이라고 저는 생각합니다. 그렇게 자신을 보석으로 완성한 순간, 우리는 이렇게 외치겠지요.
"내가 살아 온 과정이 바로 다이아몬드였구나!"

•• ● ● ● ••

1. Netanyahu is <u>fighting for a reputation that may be indelibly stained</u>.

번역 네타냐후 이스라엘 총리가 자기 ＿＿＿＿＿＿＿＿＿＿＿＿＿＿
＿＿＿.

필터링 정치인에게 '지워지지 않을 자국이 될 수 있는'(a reputation that may be indelibly stained) 것이란 치명적인 약점을 가리키겠지요.

한복 네타냐후 이스라엘 총리가 자기 <u>정치 인생의 걸림돌</u>(a reputation that may be indelibly stained) <u>치우기에 나섰다</u>(be fighting for).

2. The T-Mobile manager said that if she wanted access back to the old device, she would need to pay the amount they had discounted her for the trade-in and <u>she surrendered</u> and paid the amount.

번역 티모바일 사 매니저가 그녀에게 쓰던 전화기를 돌려받기 원한다면 기기 교체 시 받은 할인금을 반환해야 한다고 했고, 그녀는 ＿＿＿＿＿＿＿

__ 그 금액을 지불했다.

필터링 지문에서 할인금을 반환해야 한다는 매니저의 안내에 그녀가 '항복했다'(surrender)는 말은 매니저의 말을 따르기로 수긍했다는 것을 의미합니다.

한복 티모바일 사 매니저가 그녀에게 쓰던 전화기를(the old device) 돌려받기 원한다면 기기 교체 시 받은 할인금을 반환해야(pay the amount they had discounted her) 한다고 했고, 그녀는 그러기로 하고(surrendered) 그 금액을 지불했다.

3. Surrender fees are implemented to discourage hasty decision-making and to incentivize clients to honor the commitment made.

번역 _____ 성급한 결정을 피하고 고객이 계약을 유지하도록 하려는 용도에서 비롯되었다.

필터링 문맥상 'surrender fees'은 계약을 중도에 해지할 때 내는 비용입니다.

한복 중도 해지비는(surrender fees) 고객이 성급한 결정을 피하고 계약을 유지하도록(incentivize) 하려는 용도에서 비롯되었다.

4. True to his longtime practice of stiffing the help, Trump is turning a deaf ear to Giuliani's desperate pleas.

번역 예전처럼 _____, 트럼프 전 대통령은 줄리아니 변호사의 매달림에 눈 하나 깜짝하지 않았다.

필터링 문맥에 맞춰 '팁도 주지 않는다'(stiff)를 한국인에게 익숙한 표현으로 다듬어 보세요.

한복 예전처럼 나 몰라라 하면서(stiff the help), 트럼프 전 대통령은 줄리아니 변호사의 매달림에도(desperate pleas) 눈 하나 깜짝하지 않았다

(turn a deaf ear to).

5. The new book sanitizes early American history.

번역 이번에 나온 책에는 초기 미국 역사 가운데 ＿＿＿＿＿＿＿＿＿＿

＿＿＿＿＿＿.

필터링 지문에서 'sanitize'는 살균한다는 뜻이 아니라 "to change something to make it less upsetting or unpleasant and more acceptable", 어떤 것이 가진 불미스럽거나 불쾌한 부분을 경감시켜 받아들일 만한 수준으로 왜곡시키는 행위를 가리킵니다.

한복 이번에 나온 책에는 초기 미국 역사 가운데 불미스러운 부분이 삭제되었다(sanitize).

6. The river is seductively warm at this time of year.

번역 매년 이맘때가 되면 강물이 ＿＿＿＿＿＿＿＿＿＿＿＿＿＿＿.

필터링 '매혹적으로 따뜻하다'(seductively warm)를 자연스러운 한국어 표현으로 바꿔 보세요.

한복 매년 이맘때가 되면 강물이 뛰어 들고 싶을 정도로 따뜻해진다(be seductively warm).

| 복습 | 영어와 한국어의 등가 표현 |

1. 네타냐후 이스라엘 총리가 자기 정치 인생의 걸림돌(a reputation that may be indelibly ＿＿＿＿＿) 치우기에 나섰다(be fighting for).

2. 티모바일 사 매니저가 그녀에게 쓰던 전화기를(the old device) 돌려받기 원하면 기기 교체 시 받은 할인금을 반환해야(pay the amount they

had discountd her) 한다고 했고 그녀는 그러기로 하고(_____)
그 금액을 지불했다.

3. 중도 해지비는(_____ fees) 고객이 성급한 결정을 피하고 계약을
유지하도록(incentivize) 하려는 용도에서 비롯되었다.

4. 예전처럼 나 몰라라 하면서(___ the help), 트럼프 전 대통령은 줄리
아니 변호사의 매달림에도(desperate pleas) 눈 하나 깜짝하지 않았다
(turn a deaf ear to).

5. 이번에 나온 책에는 초기 미국 역사 가운데 불미스러운 부분이 삭제
되었다(_____).

6. 매년 이맘때가 되면 강물이 뛰어 들고 싶을 정도로 따뜻해진다(be
_____ warm).

•••●●•••

1. The influx of migrants has put a strain on Chicago's network of
social services.

번역 이주자의 대규모 유입으로 시카고 사회복지 사업망에 _____
___.

필터링 '부담을 주다'(put a strain on)를 한국어 표현에 맞게 바꿔 보세요.

한복 이주자의 대규모 유입으로(the influx of migrants) 시카고 사회복
지 사업망에 비상이 걸렸다(has put a strain on).

2. These costs can typically strain a budget.

번역 이런 비용은 _____.

필터링 '일반적으로 예산에 부담이 된다'를 자연스러운 표현으로 다듬어

보세요.

한복 이런 비용은 예산에 무리가 되곤 한다(typically stain a budget).

보충 'Cost'가 in its singular form refers to the sum of a total group, 즉 전체 비용을 의미한다면 'Costs'는 refers to all of the pieces within that group, 다시 말해 단일 비용을 가리킵니다.

E.g. The cost of a service includes material costs and labor costs.

→ 서비스 '비용'(cost)에는 '재료비'(costs)와 '인건비'(costs)가 포함된다.

3. As Missouri's designated applied learning institution, we seek a candidate who is both collaborative and service oriented.

번역 본사는 미주리 주 지정(designated) 응용 학습 기관(institution)으로 협업과 공공 서비스 정신이 강한 인재를 _____.

필터링 누군가를 채용하려는 상황에서 일할 '후보를 찾는'(seek a candidate) 과정을 가리킬 때 자주 쓰는 표현을 찾아보세요.

한복 본사는 미주리 주 지정(designated) 응용 학습 기관(institution)으로 협업과 공공 서비스 정신이 강한(both collaboative and service oriented) 인재를 물색 중이다(seek).

4. I seem to have started off successfully.

번역 나는 _____ 것 같다.

필터링 '시작을 성공적으로 했다'(start off successfully)를 우리에게 친숙한 표현으로 다듬어 보세요.

한복 나는 첫 단추를 잘 끼운(start off successfully) 것 같다.

5. When my friend said, "Who spilled my tea?" I felt uncomfortable

but remained silent.

번역 친구가 "누가 내 차를 쏟았니?"라고 화를 내기에 내심 뜨끔했지만

_____.

필터링 뜨끔했지만 '침묵했다'(remain silent)는 것은 결국 시치미를 뗐다는 것이지요.

한복 친구가 "누가 내 차를 쏟았니?"라고 화를 내기에 내심 뜨끔했지만 (felt uncomfortable) 모른척했다(remain silent).

보충 'He remained silent'를 '모른척하다' 외에도 다음과 같이 여러 표현으로 번역할 수도 있습니다. ① 그는 조용했다. ② 그는 침묵했다. ③ 그는 아무 말도 하지 않았다. ④ 그는 한마디도 하지 않았다. ⑤ 그는 입을 다물었다. ⑥ 그는 입을 떼지 않았다. ⑦ 그는 함구했다. ⑧ 그는 가만히 있었다. ⑨ 그는 모른척했다. ⑩ 그는 잠자코 있었다.

6. I've softened somewhat in my advancing age.

번역 나이가 들면서 _____.

필터링 나이가 들면서 성격이나 태도가 '부드러워진'(soften) 상태를 가리켜 우리는 이렇게 말합니다.

한복 나이가 들면서(in my advancing age) 유해졌다(have softened).

7. His face softened as he looked at his daughter.

번역 딸을 바라보는 그의 모습은 _____.

필터링 딸을 볼 때마다 '얼굴이 풀리는'(face softened) 아빠들을 일컫는 표현이 있지요.

한복 딸을 바라보는 그의 모습은 딸바보 그 자체였다(his face softened).

| 복습 | 영어와 한국어의 등가 표현 |

1. 이주자의 대규모 유입으로(the influx of migransts) 시카고의 사회복지 사업망에 비상이 걸렸다(has put a _____ on).

2. 이런 비용은 예산에 무리가 되곤 한다(typically _____ a budget).

3. 본사는 미주리 주 지정(designated) 응용 학습 기관으로 협업과 공공 서비스 정신이 강한(both collaboative and service oriented) 인재를 물색 중이다(_____).

4. 나는 첫 단추를 잘 끼운(_____ off successfully) 것 같다.

5. 친구가 "누가 내 차를 쏟았니?"라고 화를 내기에 내심 뜨끔했지만(felt uncomfortable) 모른척했다(remain _____).

6. 나이가 들면서(in my advancing age) 유해졌다(have _____).

7. 딸을 바라보는 그의 모습은 딸바보 그 자체였다(his face _____).

| Strain에 한복 입히기 |

'부담을 주다'라는 뜻 외에도 문맥에 맞춰 다양한 표현의 한복을 입힐 수 있습니다.

1. Higher housing prices can strain the budget.
   [한복] 집값이 올라 예산에 무리가 갈 수 있다.

2. Don't strain your eyes by reading in poor light.

한복 조명이 좋지 않은 데에서 눈을 **혹사하지** 마세요.

3. Use a colander to strain the vegetables.

한복 채로 야채의 **물기를 빼세요**.

4. The dogs were straining at the leash, eager to get to the park.

한복 개가 공원에 가자고 줄을 **잡아당기고** 있었다.

5. Necks were strained for a glimpse of the actor.

한복 목을 **빼고** 그 배우를 보려고 했다.

6. Dogs' ears strained for any slight sound.

한복 개는 조금만 소리가 나도 **예민하게 반응한다**.

7. The sudden influx of visitors is straining hotels in the town to the limit.

한복 투숙객이 몰려 그 도시의 호텔들이 **몸살을 앓고** 있다.

8. The dispute has strained relations between the two countries.

한복 그 논쟁으로 양국 관계가 **소원해지고** 있다.

9. The company is already straining under the weight of a $12 billion debt.

한복 회사가 120억 달러의 채무 때문에 **부도나기 직전이다**.

1. The Northern region is facing a high risk of <u>serious electricity shortage</u> this summer.

번역 북부 지역이 올여름 _____ 겪을 위험이 크다.

필터링 '심각한 전력 부족'(serious electricity shortage)을 가리킬 때 우리가 자주 쓰는 표현을 떠올려 보세요.

한복 북부 지역이 올여름 <u>심각한 전력난을</u>(serious electricity shortage) <u>겪을 위험이 크다</u>(face a high risk of).

2. Walmart <u>shifts</u> to India from China for cheaper imports.

번역 월마트가 저가 수입품 구매를 위해 중국에서 인도로 _____
____.

필터링 저가 수입품 거래처를 교체한다는 내용의 문맥을 반영해 '인도로 변화하다'(shift to India)를 다듬어 보세요.

한복 월마트가 저가 수입품 구매를 위해 중국에서 인도로 <u>눈을 돌리고 있다</u>(shift to India).

3. For the better part of the last century, the names Dior and Chanel <u>were synonymous with</u> luxury goods.

번역 지난 세기 전반 디올과 샤넬이라고 하면 명품으로 _____.

필터링 지문에서 명품과 '유사하다'(be synonymous with)는 말은 브랜드명이 곧 명품과 같았다는 뜻입니다.

한복 <u>지난 세기 전반</u>(for the better part of the last century) 디올과 샤넬이라고 하면 <u>명품으로</u>(luxury goods) <u>통했다</u>(be synonymous with).

'empathy'가 경험해 본 적은 없지만 상대의 감정을 이해하려는 노력을 의미한다면, sympathy'는 경험해 본 적이 있어 저절로 공감이 가는 상태, 즉 동감을 가리킵니다.

E.g. Our society needs compassionate <u>empathy</u>. → 우리 사회는 상대의 감정에 <u>공감해 주는</u> 온정이 필요하다.

E.g. There was personal <u>sympathy</u> between them. → 그들 사이에는 <u>통하는 것이</u> 있었다.

4. He says <u>his marriage status</u> will not affect his career.

그는 _____ 일에 전혀 지장을 주지 않는다고 말했다.

'그의 결혼 상황'(his marriage status)을 자연스러운 표현으로 바꿔 보세요.

그는 <u>자신의 결혼 여부가</u>(his marital status) 일에 전혀 <u>지장을 주지 않는다고</u>(not affect) 말했다.

5. Would <u>it surprise him</u> to know that I'm thinking of leaving?

내가 헤어질 생각을 하고 있다는 것을 알면 _____?

'너를 놀라게 하다'(surprise you)를 문맥에 맞는 표현으로 다듬어 보세요.

내가 <u>헤어질</u>(leaving) 생각을 하고 있다는 것을 알면 <u>그는 뜻밖이라고 할까?</u>(Would it surprise him to know)?

6. Travelers can <u>transfer their traffic ticket subscription</u> to friends, relatives or colleagues if they pay an additional €9.

이용자들이 9유로를 추가 지불하면 친구, 친척 혹은 동료에게 ____

_____ 수 있다.

필터링 '그들의 교통카드 정액권을 이동한다'(transfer their traffic ticket subscription)는 말은 자신이 사용하려고 구입했던 정액권을 타인에게 넘겨준다는 의미입니다.

한복 이용자들이 9유로를 추가 지불하면(pay an additional) 친구, 친척 혹은 동료에게 자신의 교통 카드 정액권을 양도할(transfer their traffic ticket subscription) 수 있다.

7. Wendy's considers surge pricing: Will other fast food chain follow?

번역 웬디스가 _____ 구상 중이다. 다른 패스트푸드 체인점들도 뒤따라 인상할까?

필터링 '급증 가격 책정'(surge pricing)은 시간대를 정해 그 시간에만 가격을 인상하는 정책을 가리킵니다.

한복 웬디스가 시간대별 탄력요금제를(surge pricing) 구상 중이다. 다른 패스트푸드 체인점들도 뒤따라 인상할까(follow)?

| 복습 | 영어와 한국어의 등가 표현 |

1. 북부 지역이 올여름 심각한 전력난을(serious electricity _____) 겪을 위험이 크다(face a high risk of).

2. 월마트가 저가 수입품 구매를 위해 중국에서 인도로 눈을 돌리고 있다(___ to India).

3. 지난 세기 전반(for the better part of the last century) 디올과 샤넬이라고 하면 명품으로(luxury goods) 통했다(be _____ with).

4. 그는 자신의 결혼 여부가(his marital _____) 일에 전혀 지장을 주지 않는다고(not affect) 말했다.

5. 내가 헤어질(leaving) 생각을 하고 있다는 것을 알면 그는 뜻밖이라고 할까?(Would it _____ him to know)?

6. 이용자들이 9유로를 추가 지불하면(pay an additional) 친구, 친척 혹은 동료에게 자신의 교통 카드 정액권을 양도할(transfer their traffic ticket _____) 수 있다.

7. 웬디스가 시간대별 탄력요금제를(____ pricing) 구상 중이다. 다른 패스트 푸드체인점들도 뒤따라 인상할까?

| Sensitive에 한복 입히기 |

'민감한' '세심한'라는 뜻 외에도 문맥에 맞춰 다양한 표현의 한복을 입힐 수 있습니다.

1. She is very sensitive to other people's feelings.
한복 그녀는 눈치를 많이 본다.

2. Schools must be sensitive to the needs of students from different backgrounds.
한복 학교는 다양한 환경에서 성장한 학생들의 요구를 잘 파악해야만 한다.

3. These drugs can make skin extremely sensitive to sunlight.

한복 이 약을 복용하면 햇빛 알레르기가 생길 수 있다.

4. Coral reefs are very sensitive to changes in seawater temperature.

한복 산호초는 수온의 영향을 많이 받는다.

5. Teenagers are very sensitive about their appearance.

한복 십대들은 외모에 신경을 많이 쓴다.

6. She's very sensitive to criticism.

한복 그녀는 지적질에 금세 반응한다.

7. The equipment is highly sensitive to the slightest movement.

한복 이 장비는 미세한 움직임도 바로 감지한다.

T

• • • ● • •

1. I won't think twice.

번역 _____.

필터링 '두 번 생각 안 할 것이다'는 이것저것 오래 생각하지 않고 일단 행동하겠다는 의미입니다.

한복 앞뒤 재지 않고 닥치는 대로 하려고 한다(I won't think twice).

2. The store is running a temporary sale.

번역 그 가게는 지금 _____.

필터링 'is running a temporary sale'는 일시적으로 세일을 진행한다는 뜻입니다.

한복 그 가게는 지금 반짝 세일 중이다(be running a temporary sale).

3. A thorough medical exam doesn't reveal a serious medical condition.

번역 _____ 심각한 병세가 발견되지 않는다.

필터링 '철저한 병원 검사'(a thorough medical exam)를 뒤에 이어지는 내용에 맞춰 자연스러운 표현으로 다듬어 보세요.

아무리 병원에서 검사를 해도(a thorough medical exam) 심각한 병세가(a serious medical condition) 발견되지(reveal) 않는다.

4. Bankers may ① be tempted to resist technological change. But that would be wrong because its benefit ② easily outweigh the risks.

은행가들은 기술 변화를 ① _____ 수도 있다. 그러나 기술 도입에는 손해보다 이득이 ② _____ 것을 알아야 한다.

① 기술 변화에 '저항하려고 유혹을 받는다'(be tempted to resist)는 말은 변화를 원하지 않는다는 뜻입니다.

② 'it benefits easily outweigh the risks'를 우리말로 옮길 때에는 저울 추가 위험에서 이익 쪽으로 확 쏠리는 상황을 상상해 보세요.

은행가들은 기술 변화를 ① 비켜 가고 싶을(be tempted to resist) 수도 있다. 그러나 손해보다 이득이 ② 훨씬 크다는(easily outweigh) 것을 알아야 한다.

5. Diplomacy thrives at the dinner table. People have connected over food and used meals for political ends.

외교술은 만찬 자리에서 _____. 참석자들은 음식으로 거리를 좁히며 목적이 있는 식사를 한다.

외교술이 '만찬 식탁에서 번성한다'(thrive at the dinner table)는 말을 자연스러운 한국어 표현으로 바꿔 보세요.

외교술은(diplomacy) 만찬 자리에서 빛을 발한다(thrive). 참석자들은 음식으로 거리를 좁히며(connect over food) 목적이 있는 식사를 한다(have used meals).

| 복습 | 영어와 한국어의 등가 표현 |

1. 앞뒤 재지 않고 닥치는 대로 하려고 한다(I won't think _____).

2. 그 가게는 지금 반짝 세일 중이다(be running a _____ sale).

3. 아무리 병원에서 검사를 해도(a _____ medical exam) 심각한 병세
   가(a serious medical condition) 발견되지 않는다.

4. 은행가들은 기술 변화를 비켜 가고 싶을(be _____ to resist) 수도 있
   다. 그러나 기술 도입에는 손해보다 이득이 훨씬 크다는 것을 알아야
   한다.

5. 외교술은 만찬 자리에서 빛을 발한다(_____). 참석자들은 음식으로
   거리를 좁히며(connect over food) 목적이 있는 식사를 한다.

| Threaten에 한복 입히기 |

'협박하다'라는 뜻 외에도 문맥에 맞춰 다양한 표현의 한복을 입
힐 수 있습니다.

- Threaten+명사: 지금보다 악화되는 상황

1. A storm system bringing rain and strong winds threatens
   holiday travel across the Northeast.

   한복 비와 강풍을 동반한 태풍 때문에 북동부 지역으로 휴가 여행을
   가기가 어렵다.

---

2. A low birth rate will threaten the country's future.

한복 저출산율로 나라가 **사라질 지경**이다.

3. The White House is threatening the patents of high-priced
   drugs developed with taxpayer dollars.

한복 백악관은 세금으로 개발된 고가 의약품의 특허권을 **협상 카드**
로 쥐고 있다.

4. Long waitlists threaten U.K. promise of free care .

한복 대기자가 많아 영국 정부가 공약한 무상 치료가 **유명무실**해지
고 있다.

5. How electronic warfare is threatening global aviation?

한복 전자전으로 전 세계 항공 산업에는 어떤 **문제가 발생**하는가?

6. In France, intense heat threatens wine makers' centuries-old
   varieties.

한복 프랑스에서 폭염으로 수 세기 동안 내려온 전통 와인 생산자
들이 **직격탄을 맞고** 있다.

7. The high prices are threatening a billion-dollar business and
   a staple of the British menu.

한복 고물가로 수십억 달러의 사업 규모를 자랑했던 영국 대표 음

식이 사양길로 들어서고 있다.

8. Our way of life is gravely threatened.

한복 우리 생활 방식이 심각한 위기를 맞고 있다.

• Threaten+to 동사: threaten의 번역 생략

1. Muslim Americans threaten to vote against Biden.

한복 미국의 무슬림들은 바이든 대통령에게 투표하지 않을 것이라고 했다.

2. The House GOP chairman is threatening to hold Hunter Biden in contempt of Congress if he fails to appear to a closed-door deposition.

한복 공화당 하원의장은 헌터 바이든이 비공개 법정 진술에 출석하지 않으면 의회 모독죄로 처벌할 것이라고 말했다.

3. OpenAI employees threaten to quit en masse after former CEO Sam Altman joins Microsoft.

한복 샘 알트만 전 대표가 마이크로소프트로 이적한 이후 오픈AI 직원들이 집단 퇴사를 할 것이라고 한다.

···●●···

1. We have included kitchen appliances, <u>organization tools</u>, self-care items, and more.

번역 우리는 주방 가전제품과 _____ 및 자기관리 용품 등을 구비하고 있다.

필터링 《옥스퍼드 학습자 사전》에서 organization tools의 뜻을 찾아보면 "Organizational tools are things that help you organize your space, time and tasks to make your workday more productive", 업무 생산성에 도움을 주는 정리 도구라고 나옵니다.

한복 우리는 주방 가전제품과 <u>업무 관리 도구</u>(organization tools) 및 <u>자기관리 용품</u>(self-care items) <u>등을</u>(and more) <u>구비하고 있다</u>(have included).

2. Amazon co-founder <u>thrives in</u> philanthropy.

번역 아마존 공동 창업주가 자선 활동을 _____.

필터링 자선 활동을 '번성하다'(thrive)를 <u>자연스러운 표현</u>으로 다듬어 보세요.

한복 아마존 <u>공동 창업주가</u>(co-founder) 자선활동을 <u>활발히 하고 있다</u>(thrive in).

보충 thrive, flourish는 자동사입니다.

E.g. I hope my grandchildren are <u>thriving</u>(또는 flourishing). → 손주들이 <u>잘됐으면</u> 좋겠다.

3. Relief is <u>tantalizing closely</u> but Israle imposes arbitrary restriction.

번역 구호의 손길이 _____ 이스라엘의 일방적인 규제로 그림의 떡이 되고 있다.

필터링 '가까이'(closey) 아른거리며 잡힐 듯 잡히지 않는(tantalize) 상황을 가리키는 관용 표현이 있지요.

한복 구호의 손길이 바로 눈앞에 있지만(tantalize closely) 이스라엘의 일방적인 규제로(arbitrary restriction) 그림의 떡이 되고 있다.

| 복습 | 영어와 한국어의 등가 표현 |

1. 우리는 주방 가전제품과 업무 관리 도구(organization ____) 및 자기 관리 용품(self-care items) 등을 구비하고 있다(have included).
2. 아마존 공동 창업주가(co-founder) 자선 활동을 활발히 하고 있다 (____ in).
3. 구호의 손길이 바로 눈앞에 있지만(_____ closely) 이스라엘의 일방적인 규제로(arbitrary restriction) 그림의 떡이 되고 있다.

| Travel에 한복 입히기 |

'여행하다' '여행'라는 뜻 외에도 문맥에 맞춰 다양한 표현의 한복을 입힐 수 있습니다.

1. The parents traveled from across the country to implore Congress to pass the bill.

한복 그 법안을 통과시켜 줄 것을 탄원하기 위해 부모들이 전국에

서 국회로 모여들었다.

2. Drivers in parts of the U.S. were urged not to travel unless absolutely necessary on Monday.

한복 미국 일부 지역에서는 긴급 상황 외에는 월요일에 운전을 하지 말라고 당부했다.

3. Iran bans Mahsa Amini's family from travelling to receive the European Union's top human right prize.

한복 이란은 유럽연합에서 수여하는 최고인권상을 수상하기 위해 나서려는 마사 아미니의 가족을 출국 금지시켰다.

4. U.S. envoy travels to Lebanon to try and defuse tensions after Israel killed a Hamas official.

한복 이스라엘이 하마스 관계자를 살해한 이후 긴장이 고조됨에 따라 미국 특사가 레바논을 방문했다.

5. Their vehicle was hit by a car travelling in the opposite direction.

한복 그들이 탄 차가 반대 방향에서 오는 차와 충돌했다.

6. In the past, employees would be available at all times-to travel often, work late.

한복 이전에 직원들은 늘 대기조 신세였기에 출장도 자주 가고 야근도 해야 했다.

U

···●●●···

1. I don't understand what he's saying.

번역 나는 _____.

필터링 서로의 말을 이해하지 못하는 상황에서 쓰는 관용 표현이 있습니다.

한복 나는 그와 말이 통하지 않는다(don't understand him).

2. We sincerely apologize for the trouble, and ask for a deep understanding.

번역 불편을 드린 데 진심으로 사과의 말씀을 드리며 _____ 구합니다.

필터링 '깊은 이해'(a deep understanding)를 자연스러운 한국어 표현으로 바꿔 보세요.

한복 불편을 드린 데 진심으로 사과의 말씀을 드리며 너그러운 양해를(a deep understanding) 구합니다.

3. The election result remains uncertain.

번역 선거 결과는 _____.

필터링 결과가 '불확실하게 남아 있다'(remain uncertain)는 것은 아직 확실하게 결정되지 않았으니 결말까지 두고 봐야 한다는 뜻입니다.

한복 선거 결과는 <u>뚜껑을 열어봐야 안다</u>(remain uncertain).

4. The house <u>was left unused</u> for most of the year.

번역 그 집은 일 년의 대부분이 _____.

필터링 '쓰지 않은 채로 남아 있는'(be left unused)을 자연스러운 표현으로 다듬어 보세요.

한복 그 집은 일 년의 대부분이 <u>비어 있는 상태다</u>(be left unused).

5. <u>Any unused</u> pastry can be frozen and used at a later date.

번역 ____ 페이스트리 반죽은 모두 냉동 보관해서 다음에 쓸 수 있다.

필터링 '사용되지 않은 페이스트리 반죽'(any unused pastry)이란 빵을 만들고 남은 것을 가리킵니다.

한복 <u>남은</u>(unused) 페이스트리 반죽은 <u>냉동 보관해서</u>(can be frozen) <u>다음에</u>(at a later date) 쓸 수 있다.

6. Editors <u>were unanimous</u> in their condemnation of the proposals.

번역 편집자 _____ 이 제안을 반박했다.

필터링 편집자 '만장일치'(unanimous)를 조금 더 간결한 표현으로 다듬어 보세요.

한복 편집자 <u>전원이</u>(be unanimous in) 이 제안을 반박했다(condemnation of the proposal).

| 복습 | 영어와 한국어의 등가 표현 |

1. 나는 그와 말이 통하지 않는다(don't _____ him).
2. 불편을 드린 데 진심으로 사과의 말씀을 드리며 너그러운 양해를
   (a deep _____) 구합니다.
3. 선거 결과는 뚜껑을 열어봐야 안다(remain _____).
4. 그 집은 일 년의 대부분이 비어 있는 상태다(be left _____).
5. 남은(_____) 페이스트리 반죽은 냉동 보관해서(can be frozen) 다음
   에(at a later date) 쓸 수 있다.
6. 편집자 전원이(be _____) 이 제안을 반박했다(condemnation of
   the proposal).

•••●●•••

1. Never underestimate your opponent.

번역 _____.

필터링 경적필패^{輕敵必敗}, 즉 상대를 '얕보지'(underestimate) 말라는 의미를
가진 관용 표현을 떠올려 보세요.

한복 상대를 절대 물로 보지 말라(never underestimate).

2. ① Don't underestimate water. On flooded roads, it can ② make
   you lose control of your vehicle.

번역 ① _____. 홍수가 난 도
로에서는 ② 자동차 _____.

필터링 지문의 맥락에 맞춰서 '물을 경시하지 말라'(Don't underestimate

water)를 자연스러운 표현으로 번역해 보세요.

한복 ① '저 정도 수위라면 괜찮겠지'라고 생각해서는 안 된다(Don't underestimate water). 홍수가 난 도로에서는(on flooded roads) ② 자동차 제어가 안 된다(make you lose control of).

3. Foreign collaborative tools are widely used in Korea.

번역 외산 협업 툴이 한국에서 ＿＿＿＿＿＿＿.

필터링 시장에서 많은 호응을 받고 있기에 '널리 쓰이는'(be used widely) 것이겠지요.

한복 외산 협업 툴이 한국에서 강세를 보이고 있다(be used widely).

4. Her efforts to get into a top-notchy college proved useful.

번역 상위권 대학 입학을 목표로 했던 그녀의 노력이 ＿＿＿＿＿＿.

필터링 노력이 '유용했다'(prove useful)는 것은 노력한 만큼 성과를 얻었다는 뜻이겠지요.

한복 상위권 대학(a top-notchy college) 입학을(get into) 목표로 했던 그녀의 노력이 결실을 맺었다(proved useful).

5. The project proved useless.

번역 그 사업이 ＿＿＿＿＿＿＿.

필터링 '쓸모없게 되었다'(prove useless)는 상황을 가리키는 관용 표현을 떠올려 보세요.

한복 그 사업이 말짱 도루묵이 되었다(prove useless).

| 복습 | 영어와 한국어의 등가 표현 |

1. 상대를 절대 물로 보지 말라(Never _____).
2. '저 정도 수위라면 괜찮겠지'라고 생각해서는 안 된다(Don't _____
   water). 홍수가 난 도로에서는(on flooded roads) 자동차 제어가 안 된
   다(make you lose control of).
3. 외산 협업 툴이 한국에서 강세를 보이고 있다(be ____ widely).
4. 상위권 대학 입학을(get into) 목표로 했던 그녀의 노력이 결실을 맺었
   다(proved _____).
5. 그 사업이 말짱 도루묵이 되었다(proved _____).

| Road vs. street |

둘 다 길을 뜻하지만 'Road'가 다양한 곳에 난 차도, 시골길, 산길
등을 가리킨다면, 'Street'는 도시나 마을 사이에 형성된 사람이 주
로 걸어 다니는 길을 가리킵니다. 영어사전에서 풀이를 찾아보면
다음과 같습니다.

"A street is usually found in a city or town, and therefore often
has houses or buildings on both sides."

번역 거리는 주로 도시나 마을에 나 있으며, 그런 까닭에 길 양쪽에
주택이나 건물이 있는 경우가 많습니다.

"A road is a hard surface built for vehicles to travel on / can be in the countryside and might go through a forest or field."

번역 도로는 차량이 통행할 수 있도록 단단하게 형성된 길입니다. 시골에도 나 있을 수 있고, 숲이나 들을 통과할 수도 있습니다.

●● ● ●●

1. I was sitting in an extremely uncomfortable position.

번역 나는 앉은 자리가 _____.

필터링 '매우 불편한 자리'(in an extremely uncomfortable position)를 가리키는 한국어 관용 표현을 떠올려 보세요.

한복 나는 앉은 자리가 가시방석 같았다(in an extremely uncomfortable).

2. There are deep discounts on Super Saturday when retailers push to get rid of unsold merchandise.

번역 상점들이 _____ 크리스마스 전 주 토요일에 초특가 할인 행사가 있다.

필터링 '팔리지 않은 물건을 제거하려고 밀어붙이다'(push to get rid of unsold merchandise)를 자연스러운 표현으로 다듬어 보세요. 상점이나 기업에서 팔리지 않아 창고에 쌓인 상품을 뭐라고 부르나요?

한복 상점들이 재고 정리를 서두르는(push to get rid of unsold merchandise) 크리스마스 전 주 토요일에 초특가 할인 행사가(deep discounts) 있다.

3. Years of frenzied construction have left Chinese cities with an enormous number of unsold apartments.

번역 몇 년간에 걸친 아파트 건설 붐 이후 중국 도시들이 _____

_____.

필터링 신문 기사나 뉴스를 보면 '팔리지 않은 엄청난 수량의 아파트'(an enormous number of apartments unsold)를 가리켜 이렇게 부릅니다.

한복 몇 년간에 걸친 아파트 건설 붐(frenzied construction) 이후 중국 도시들이 미분양 아파트를 대거(an enormous number of unsold apartments) 떠안게 되었다(left).

4. Mr. Trump is planning to ① upstage the debate by ② airing a competing interview.

번역 트럼프 전 대통령이 ② _____

① _____ 작정을 하고 있다.

필터링

① '토론으로부터 관심을 가로채다'(upstage the debate)를 자연스러운 표현으로 다듬어 보세요.

② '경쟁하는 인터뷰를 방송한다'(air a competing interview)는 자신의 인터뷰를 토론 방송과 동시간대에 내보낸다는 의미입니다.

한복 트럼프 전 대통령이 ② 토론 방송과 동시간대에 자신의 인터뷰를 내보내(air a competing interview) ① 토론에 쏠릴 유권자의 관심을 가로챌(upstage the debate) 작정을 하고 있다(be planning).

5. TGI Fridays is closing 36 underperforming locations across the U.S. as part of a broader restructuring.

번역 TGIF가 구조조정 확대의 일환으로 _____

_____.

필터링 '지점들을 폐점시키다'(close locations)와 어울리는 '성과가 부족하다'(underperforming)의 한국어 표현을 찾아보세요.

한복 TGIF가 구조조정 확대의(broader restructuring) 일환으로 저조한 실적을 보인(underperformed) 36개 지점을(locations) 정리했다(close).

| 복습 | 영어와 한국어의 등가 표현 |

1. 나는 앉은 자리가 가시방석 같았다.(in an extremely _____).
2. 상점들이 재고 정리를 서두르는(push to get rid of _____ merchandise) 크리스마스 전주 토요일에는 초특가 할인 행사가 있다.
3. 몇 년간에 걸친 아파트 건설 붐(frenzied construction) 이후 중국 도시들이 미분양 아파트를 대거(an enormous number of _____ apartments) 떠안게 되었다(left).
4. 트럼프 전 대통령이 토론 방송과 동시간대에 자신의 인터뷰를 내보내 토론에 쏠릴 유권자의 관심을 가로챌(_____ the debate) 작정을 하고 있다.
5. TGIF가 구조조정 확대(broader restructuring)의 일환으로 저조한 실적을 보인(_____) 36개 지점을 정리했다.

•• ● ● ••

1. Warnings grow about risky Iv injections at unregulated med spas. ER doctors say they are seeing more severe infections and

other injuries associated with the facilities, which can operate with little oversight.

번역 _____ 의료 휴양소에서 위험한 정맥주사 시술을 하는 것에 대한 우려가 점점 더 커지고 있다. 응급실 의사들은 이들 시설에서 심각한 감염과 부상이 늘고 있다고 지적했다.

필터링 '규제되지 않은'(unregulated) 의료 휴양소라는 말은 해당 시설이 규범으로 정해놓은 통제로부터 벗어났다는 의미입니다. 그리고 지문에서 'unregulated'는 'little oversight'와 같은 의미이기에 'little oversight'는 번역을 생략합니다.

한복 단속을 피해(unregulated) 의료 휴양소에서 위험한 정맥 주사 시술을 하는 것에 대한 우려가 점점 더 커지고 있다(warnings grow). 응급실 의사들은 이들 시설에서 심각한 감염과 부상이 늘고(more severe infections and injuries) 있다고 지적했다(say).

2. Two opposition parties that favor better relations with Beijing had agreed to work together but made no progress in plans for a united presidential ticket.

번역 중국과의 관계 개선을 원하는 두 야당이 공조하기로 했으나 ____ _____ 진전이 없었다.

필터링 '통합된 대통령 티켓'(a united presidential ticket)은 선거에서 자주 볼 수 있는 상황입니다. 선거에서 여러 후보들이 연합해 한 명에게 힘을 몰아주는 상황을 가리켜 한국인들은 이렇게 말하지요.

한복 중국과 관계 개선을 원하는(favor) 두 야당이 공조하기로 했으나(agree to work together) 단일 후보를 내는 데에는(a plan for a united presidential ticket) 진전이 없었다(made no progress).

3. School violence continues unabated.

번역 학교폭력이 _____.

필터링 '수그러들지 않고 계속되고 있다'(continues unabated)를 간결한 표현으로 다듬어 보세요.

한복 학교폭력이 줄어들지 않고 있다(continues unabated).

4. Climate change remains unabated.

번역 기후변화 문제가 _____.

필터링 문제가 수그러들지 않고 있다는 것은 해결되지 않고 이전처럼 그대로 있다는 뜻입니다.

한복 기후변화 문제가 여전하다(remain unabated).

5. They pushed for unreasonable measures.

번역 그들이 _____ 대책을 촉구했다.

필터링 어떤 문제에 대처할 만한 수단이 '불합리하다'(unreasonable)는 말은 문제를 해결하기에는 많이 모자라다는 의미입니다.

한복 그들이 무리한(unreasonable) 대책을 촉구했다(push for).

| 복습 | 영어와 한국어의 등가 표현 |

1. 단속을 피해(_____) 의료 휴양소에서 위험한 정맥 주사 시술을 하는 것에 대한 우려가 점점 더 커지고 있다. 응급실 의사들은 이들 시설에서 심각한 감염과 부상이 늘고(more severe infections and injuries) 있다고 지적했다.

2. 중국과 관계 개선을 원하는 두 야당이 공조하기로 했으나(agree to work

together) 단일 후보를 내는 데에는(a plan for a _____ presidential ticket) 진전이 없었다(made no progress).

3. 학교폭력이 줄어들지 않고 있다(continues _____).

4. 기후변화 문제가 여전하다(remain _____).

5. 그들이 무리한(_____) 대책을 촉구했다(push for).

●●●●●●●

1. The next few days passed uneventfully.

【번역】 다음 며칠은 _____.

【필터링】 '별다른 일 없이 지나갔다'(pass uneventfully)를 간결한 표현으로 바꿔 보세요.

【한복】 다음 며칠은 잠잠했다(pass uneventfully).

2. The causes of the phenomenon are still incompletely understood.

【번역】 그 현상의 원인에 대해 아직 _____.

【필터링】 진상이 '불안전하게 이해되었다'(incompletely understood)면 계속 파헤쳐야겠지요.

【한복】 그 현상의 원인에 대해 아직 조사 중이다(incompletely understood).

| 복습 | 영어와 한국어의 등가 표현 |

1. 다음 며칠은 잠잠했다(pass _____).

2. 그 현상의 원인에 대해 아직 조사 중이다(incompletely _____).

V

• • • ● • • •

1. He showed no visible sign of emotion.

번역 그에게서 _____.

필터링 '눈에 띄는 어떤 감정의 표시도 보여 주지 않았다'는 말은 대상의 감정이 변화하는 모습을 관찰자가 알아차리지 못했다는 뜻입니다.

한복 그에게서 감정의 변화를 전혀 읽을 수 없었다(show no visible sign of emotion).

2. His relief was all too visible.

번역 그가 마음을 놓는 것이 _____.

필터링 '안심하는 모습이 모두 보였다'는 것은 그의 심리 상태가 표정이나 태도에서 뚜렷하게 드러났다는 의미겠지요.

한복 그가 마음을 놓는 것이 확연했다(all too visible).

3. He was not asked to leave—he went voluntarily.

번역 그에게 가라고 한 사람은 없었다. _____ 간 것이다.

필터링 '자발적으로 갔다'(went voluntarily)의 한국어 관용 표현을 떠올려 보세요.

그에게 가라고 한 사람은 없었다(He was not asked to leave). 제 발로(voluntarily) 간 것이다.

4. Eggs are easy to cook and are an <u>extremely versatile</u> food.

번역 계란은 요리하기도 쉽고 _____ 재료다.

필터링 '지극히 다용도의'(be an extremely versatile)는 다양한 방면에 활용 가능한 쓸모를 가리킵니다. 이를 한국인들이 많이 쓰는 표현으로 바꿔 보세요.

한복 계란은 요리하기도 쉽고 '약방의 감초' 같은(extremely versatile) 재료다.

5. <u>Optimizing your website</u> for online advertising can be a great way to <u>increase visibility and traffic flow</u> to your site.

번역 온라인 광고 맞춤형 웹사이트는 _____

_____ 절호의 기회가 될 수 있다.

필터링 '가시성과 유동 인구가 늘어나도록'(increase visibility and traffic flow) 다듬으면 웹사이트가 자주 눈에 띄면서 방문자도 증가하겠지요. 지문 뒤에 나오는 'your site'는 'your website'의 중복이므로 따로 번역하지 않습니다.

한복 온라인 광고 맞춤형 웹사이트는(optimize your website for online advertising) 노출도를 향상시켜 방문자 수를 늘릴 수 있는(increase visibility and traffic flow) 절호의 기회가 될 수 있다(can be a great way).

6. ① <u>Vanity or lifestyle drugs</u> are those that are prescribed by a physician for conditions that are not considered health problems

and ② do not affect the patient's ability to live a full and productive
life.

번역 ① _____ 환자의 회복과 ② _____
_____ 내과 의사가 미용을 목적으로 처방한다.

필터링 ① '허영 혹은 생활 방식 개선 약'(vanity or lifestyle drugs)을 번역
하기 위해서는 배경지식이 있거나 따로 검색을 해야 합니다. 문맥을 살
피면 치료보다는 자기만족을 충족시켜 주는 의약품을 가리킨다고 유추
할 수 있습니다.

② 긴 지문을 번역하기 위해서는 지문의 화자가 전달하고자 하는 핵심어
를 빨리 찾아야 합니다. 여기서는 'not health considered problems' + 'not
affect normal life'입니다.

한복 ① 미용 의약품은(vanity or lifestyle drugs) 환자의 회복과 ② 정상
적인 일상 영위와는 무관하며(not affect full and productive life), 내과
의사가 미용을 목적으로 처방한다(prescribed by a physician).

| 복습 | 영어와 한국어의 등가 표현 |

1. 그에게서 감정의 변화를 전혀 읽을 수 없었다(show no _____ sign of
emotion).
2. 그가 마음을 놓는 것이 확연했다(be too _____).
3. 그에게 가라고 한 사람은 없었다(He was not asked to leave). 제 발로
(_____) 간 것이다.
4. 계란은 요리하기도 쉽고 '약방의 감초' 같은(extremely _____) 재
료다.
5. 온라인 광고 맞춤형 웹사이트는 노출도를 향상시켜 방문자 수를 늘릴

수 있는(increase _____ and traffic flow) 절호의 기회가 될 수 있다
(can be a great way).

6. 미용 의약품은(_____ or lifestyle drugs)은 환자의 건강회복과 정상
적인 일상 영위와는 무관하며(not affect full and productive life) 내과
의사가 미용을 목적으로 처방한다.

| 영어와 한국어, 붕어빵이 아니다! |

1. I have a dinner plan.

[직역] 저녁 계획이 있다.

[한복] 저녁 약속이 있다.

2. He was not responsive.

[직역] 그는 반응하지 않았다.

[한복] 그는 의식이 없다.

3. American are struggling with credit card late fees.

[직역] 미국인들이 신용카드 지체요금 때문에 고민하고 있다.

[한복] 미국인들이 신용카드 연체료 때문에 고민하고 있다.

4. Dissolve candy!

[직역] 사탕을 녹여라!

[한복] 사탕을 녹여 먹어라!

5. Restaurants remain open in times of Chuseok holidays.

직역 추석에도 식당들이 계속 문을 열기로 했다.

한복 추석에도 식당들이 **정상 영업한다.**

6. People can access vaccination without paying out-of-pocket for them.

직역 국민들이 비용을 지불하지 않고 백신을 맞을 수 있다.

한복 국민들이 **자비 부담 없이** 백신을 맞을 수 있다.

7. Charles M. Melton, who was awarded best breakthrough performance thanked his mother in his acceptance speech.

직역 최고의 혁신적인 연기상을 수상한 찰스 멜튼이 수상 연설에서 어머니께 고마움을 전했다.

한복 **가장 주목할 만한 배우상을** 수상한 찰스 멜튼이 **수상 소감에서** 어머니께 고마움을 전했다.

8. Kenneth Branagh accepted the Outstanding Cast award.

직역 케네스 브레너가 최우수 배역상을 받았다.

한복 케네스 브레너가 **앙상블상을** 받았다.

보충 앙상블상(Outstanding Action Performance by an Ensemble)은 스텝이나 배역들이 서로 잘 어우러진 작품에게 주는 상입니다.

9. A restraining order is therefore preventative, not punitive.

직역 제지명령은 처벌이 아니라 예방 차원에서 내리는 것이다.

한복 **접근금지명령은** 처벌이 아니라 예방 차원에서 내리는 것이다.

10. A party can claim irreconcilable differences for divorce.

직역 부부 중 어느 한쪽이 화해할 수 없는 차이로 이혼을 청구할 수 있다.

한복 부부 중 어느 한쪽이 **성격상의** 차이로 이혼을 청구할 수 있다.

W

• • ● • •

1. The weather is <u>cooperating</u>.

번역 날씨가 _____ .

필터링 '날씨가 우리에게 협조한다'(be cooperating)를 자연스럽게 읽히는 표현으로 바꿔 보세요.

한복 날씨가 <u>딱 좋다</u>(be cooperating).

2. It was <u>the wettest day</u> in the city since 5 inches fell nearly 20 years ago.

번역 20년 전 기록된 5인치의 강우량 이래 이 도시에 _____ 내렸다.

필터링 '가장 젖었다'(the wettest)라는 표현은 문맥상 가장 많은 강우량을 기록했다는 의미입니다.

한복 20년 전 기록된 5인치의 <u>강우량 이래</u>(fell) 이 도시에 <u>비가 가장 많이</u>(the wettest) 내렸다.

3. Lets' ① <u>work together</u> to ② <u>find a way</u>.

번역 ① _____ ② _____ .

필터링 ① 길을 찾기 위해 '함께 일하자'(work together)고 권하는 상황에서 쓸 법한 관용 표현을 찾아보세요.

② '길을 찾다'(find a way)를 문제 해결을 모색한다는 내용의 한국어 표현으로 바꿔 보세요.

한복 ① 머리를 맞대고(work together) ② 고민해 보자(find a way).

4. Thousands of women wore 'pink pussy hats' in protest of Trump's inauguration.

번역 수천 명의 여성들이 트럼프 대통령의 취임을 반대하는 상징으로 '분홍 고양이 모자'를 _____.

필터링 수많은 여성들이 '항의의 표시로 모자를 쓰고'(wore in protest) 집에만 있지는 않았겠지요.

한복 수천 명의 여성들이 트럼프 대통령의 취임에 반대하는 상징으로(in protest of) '분홍 고양이 모자'를 쓰고 모여들었다(wore).

5. A whirlwind romance is more like an instant emotional attraction to each other.

번역 _____ 서로에게 끌리는 순간적인 감정에 가깝다.

필터링 '회오리'처럼 격렬하고 순식간에 닥치는 감정을 한국인들에게 익숙한 표현으로 바꿔 보세요.

한복 불같은 사랑은(a whirlwind romance) 서로에게 끌리는 순간적인 감정에 가깝다(more like instant emotion attraction).

| 복습 | 영어와 한국어의 등가 표현 |

1. 날씨가 딱 좋다(be _____).
2. 20년 전 기록된 5인치의 강우량 이래(fell) 이 도시에 비가 가장 많이 (the _____) 내렸다.
3. 머리를 맞대고(____ together) 고민해 보자(find a way).
4. 수천 명의 여성들이 트럼프 대통령의 취임에 반대하는 상징으로(in protest of) '분홍 고양이 모자'를 쓰고 모여들었다(____).
5. 불같은 사랑은(a _____ romance) 서로에게 끌리는 순간적인 감정에 가깝다(more like instant emotion attraction).

| Welcome에 한복 입히기 |

문맥에 맞춰 다음에 나오는 welcome에 다양한 표현의 한복을 입힐 수 있습니다.

1. Women's rights campaigners welcomed the news.
한복 여성운동가들이 그 소식에 **환호했다**.

2. In general, the changes they had made were to be welcomed.
한복 그들이 내놓은 개선안이 전반적으로 **호평을 받았다**.

3. The proposals have been widely welcomed(=embraced).

> **한복** 그 제안들이 전폭적인 지지를 받았다.

4. It was a warm welcome.

> **한복** 따뜻한 환대를 받았다.

5. I'd welcome any contributions.

> **한복** 어떤 의견도 좋습니다.

• • ● • •

1. Tiger Woods withdrew from the tournament after a flu diagnosis.

> **번역** 타이거 우즈가 독감으로 대회를 _____.

> **필터링** '후퇴하다'(withdraw)를 문맥에 맞게 번역해 보세요.

> **한복** 타이거 우즈가 독감으로 대회를 기권했다(withdraw from).

2. I got withdrawal symptoms after giving up smoking.

> **번역** 나는 금연 후 _____.

> **필터링** '후퇴 증상을 갖다'(get withdrawal symptoms)는 금연 이후 나타나는 이 반응을 가리킵니다.

> **한복** 나는 금연 후 금단 현상을 겪었다(get withdrawal symptoms).

3. Hillary Clinton warns that Trump will seek to withdraw the U.S. from NATO if elected.

번역 힐러리 클린턴 전 영부인은 트럼프 후보가 당선되면 미국이 나토로부터 _____ 우려했다.

필터링 '미국이 어떤 모임에서 후퇴한다'(withdraw the U.S. from)는 말은 미국이 그 모임에서 관계를 끊고 빠져 나간다는 것을 의미합니다. 이러한 상황을 가리키는 한국어 표현을 떠올려 보세요.

한복 힐러리 클린턴 전 영부인은 트럼프 후보가 당선되면 미국이 나토로부터 <u>탈퇴하려 할 것이라고</u>(will seek to withdraw the U.S. from) 우려했다(warn).

4. The certificate of deposit must include ① <u>the maximum early withdrawal penalty amount</u> rounded up to ② <u>the higher hundred dollars</u>.

번역 양도성 예금 증서에는 ① _____ ② _____ 책정한다는 조항이 있어야 한다.

필터링 ① '최고 조기 인출 벌금액'(the maximum early withdrawal penalty amount)은 양도성 예금을 중도에 해지해 만기일보다 빨리 인출할 때 감수해야 하는 비용을 가리킵니다.

② 'rounded up to the higher hundred dollars'는 반올림의 의미를 생각하면서 번역해 보세요. 예를 들어 260달러를 300달러로 어림하는 것처럼 백 달러 단위에서 더 높은 쪽으로 반올림하는 것입니다.

한복 양도성 예금 증서에는(the certificate of deposit) ① <u>최고 중도해지 손실 비용을</u>(the maximum early withdrawal penalty amount) ② <u>백 달러 단위에서 반올림해</u>(the higher hundred dollars) 책정한다는 조항이 <u>있어야</u>(include) 한다.

5. The European Commission has published a guidance document concerning the withdrawal of a product from the market.

번역 유럽연합 집행부가 시판 중인 ＿＿＿＿＿＿＿＿ 관한 지침서를 발표했다.

필터링 '시장에서 제품을 물린다'(the withdrawal of a product from the market)를 자연스러운 한국어 표현으로 바꿔 보세요.

한복 유럽연합 집행부가 시판 중인 제품 회수에(the withdrawal of a product) 관한(concerning) 지침서를(a guidance document) 발표했다 (has published).

| 복습 | 영어와 한국어의 등가 표현 |

1. 타이거 우즈가 독감으로 대회를 기권했다(＿＿＿＿ from).
2. 나는 금연 후 금단 현상을 겪었다(get ＿＿＿＿＿ symptoms).
3. 힐러리 클린턴 전 영부인은 트럼프 후보가 당선되면 미국이 나토로부터 탈퇴하려 할 것이라고(will seek to ＿＿＿＿ the U.S. from)이라고 우려했다.
4. 양도성 예금 증서에는(the certificate of deposit)에는 최고 중도해지 손실 비용을(the maximum early ＿＿＿＿＿ penalty amount) 백 달러 단위에서 반올림해(the higher hundred dollars) 책정한다는 조항이 있어야 한다.
5. 유럽연합 집행부가 시판 중인 제품 회수에(the ＿＿＿＿ of a product) 에 관한(concerning) 지침서를(a guidance document) 발표했다(has published).

| Publish vs. Announce |

모두 '발표하다'라는 뜻을 가지지만, 'publish'가 글을 널리 드러내는 것이라면, 'announce'는 말로 널리 알리는 상황을 가리킵니다.

E.g. An renowned scholar has published his paper.

번역 저명한 학자가 논문을 발표했다(글).

E.g. The spokeperson announces that the policy will take effect next month.

번역 대변인은 이 정책이 다음 달부터 시행될 것이라고 발표했다(말).

●● ● ●●

1. The novelist has <u>won over</u> readers.

번역 그 소설가는 독자의 _____.

필터링 독자를 '자기편으로 끌어들이다'(win over)를 한국인들에게 익숙한 표현으로 다듬어 보세요.

한복 그 소설가는 독자의 <u>마음을 사로잡았다</u>(has won over).

2. Pentagon <u>waited</u> three days to inform the White House that the defense secretary was hospitalized in the ICU.

번역 미 국방부는 국방부 장관이 중환자실에 입원한 사실을 삼일이 __

_____ 백악관에 보고했다.

필터링 삼일이나 '기다리다가'(wait) 보고했다는 말은 보고를 미뤘거나 보고가 지체되었다는 의미입니다.

한복 미 국방부는 국방부 장관이 중환자실에 입원한 사실을 삼일이 지나서야(waited) 백악관에 보고했다(inform).

3. Some brands of pre-cut cantaloupe sold at stores have been recalled. The FDA <u>has warned</u> consumers to refrain from buying the melons.

번역 바로 먹을 수 있도록 손질된 일부 브랜드의 칸탈루프 멜론이 회수되고 있다. 미 식약청은 소비자들에게 해당 과일의 구매를 삼가도록 __
_____.

필터링 ① 이미 '판매 중인 상품을 회수하고 있다'고 설명했으므로 'sold at stores'를 다시 번역할 필요는 없습니다.

② 한국에서는 정부 기관에서 시민들에게 어떤 위험에 대해 알리고자 할 때 '경고하다'(have warned)와 같은 강한 표현보다는 다른 표현을 사용합니다.

한복 바로 먹을 수 있도록 <u>손질된</u>(pre-cut) 일부 브랜드의 칸탈루프 멜론이 <u>회수되고 있다</u>(have been recalled). 미 식약청은 소비자들에게 해당 과일 구매를 삼가도록 <u>당부했다</u>(has warned).

4. Economists <u>cautiously welcomed</u> the president's initiative.

번역 경제학자들은 대통령의 제안에 _____.

필터링 '신중하게 환영'(cautiously welcome cautiously review)이라는 표현은 어색하게 느껴집니다. 지문과 같은 경우에는 'cautiously'를 동사처럼 번역해야 자연스럽습니다.

한복 경제학자들은 대통령의 제안에(initiative) 신중한 낙관론을 제시하고 있다(cautiously welcomed).

5. "I would like to express my most heartfelt thanks for the many messages of support and good wishes I have received in recent days," Charles said since his cancer diagnosis was announced.

번역 "최근 여러분이 보내주신 성원과 _____ 많은 글에 깊은 감사를 드리고 싶습니다"라고 찰스 영국 국왕이 자신의 암 발병 소식이 발표된 후 처음으로 마음을 전했다.

필터링 문맥을 반영해 '호의'(good wishes)를 자연스러운 표현으로 다듬어 보세요.

한복 "최근 여러분이 보내 주신 성원과 회복을 기원하는(good wishes) 많은 글에(for the many messages of) 깊은 감사를 드리고(express my most heartfelt thanks) 싶습니다"라고 찰스 영국 국왕이 자신의 암 발병 소식이 발표된 후 처음으로 마음을 전했다(say).

| 복습 | 영어와 한국어의 등가 표현 |

1. 그 소설가는 독자의 마음을 사로잡았다(has ___ over).
2. 미 국방부는 국방부 장관이 중환자실에 입원한 사실을 삼 일이 지나서야(_____) 백악관에 보고했다.
3. 바로 먹을 수 있도록 손질된 일부 브랜드의 칸탈루프 멜론이 회수되고 있다(have been recalled). 미 식약청은 소비자들에게 해당 과일 구매를 삼가도록 당부했다(has _____).

4. 경제학자들은 대통령의 <u>제안</u>(initiative)에 신중한 <u>낙관론을 제시하고</u>
   <u>있다</u>(cautiously _____).

5. "최근 여러분이 보내 주신 성원과 회복을 기원하는(good _____) 많
   은 글에(for the many messages of) <u>깊은 감사를 드리고</u>(express my
   most heartfelt thanks) 싶습니다"라고 찰스 영국 국왕이 자신의 암 발
   병 소식이 발표된 후 처음으로 마음을 전했다.

| Initiative에 한복 입히기 |

'계획' '의욕' '주도' '주민법 발의' 등 뜻도 다양하고 한국어 등가
표현 찾기가 쉽지 않은 단어 가운데 하나입니다.
다음에 나오는 지문에서 문맥에 맞춰 다양한 뜻을 가진 'initiative'
에 알맞은 한복을 입혀 봅시다.

1. The money was intended to support initiatives in bilingual
   education.
   한복 그 돈은 이중 언어 교육 사업 용도였다.

2. Democrats urge House, Senate leadership to halt revival of
   China initiative.
   한복 민주당원들이 중국의 **주도권**이 되살아나는 일을 막아야 한다
   고 하원과 상원 지도부에 촉구했다.

3. He had but little money, education. But he did have initiative, faith and the will to win. With these tangible forces he made himself number one man.

한복 그는 돈도 없었고 배움도 짧았다. 하지만 **강한 의욕**과 신념 그리고 승부욕이 있었다. 이 삼박자의 힘으로 그는 일인자가 되었다.

4. She needs to show more initiative if she wants to succeed.

한복 그녀는 성공하려면 좀 더 **적극적**이어야 한다.

5. It was up to the US to take the initiative in repairing relations.

한복 관계를 개선하는 데에는 미국에게 **주도권**이 있었다.

보충 '관계를 수리한다'(repair relations)는 말은 관계를 개선한다는 의미입니다. 학생들에게 '개선하다'를 한영 번역해 보라고 하면 'improve'만 떠올리는 경우가 많았습니다. 번역할 때에는 단어가 품은 의미와 배경을 생각할 수 있어야 합니다. '개선하다'의 의미는 '좋지 않은 현재 상황을 나아지게 하는 것'입니다. 그래서 문맥에 따라 'improve' 외에도 'enhance' 'repair' 'stimulate' 등으로 옮길 수 있습니다.

E.g. It is time to stimulate the economy. ➡ 경제를 **개선**할 때다.

6. A ballot initiative to establish a local minimum wage.

한복 지역 최저임금 보장 **주민법 발의** 투표.

X

•• ● ••

1. For more than 100 years, Xerox has continually redefined the workplace experience.

번역 백 년 넘게 제록스 복사기는 _____.

필터링 제록스 복사기의 도입으로 '계속해서 직장 경험이 재정의되었다' (has continually redefine the workplace experience)는 제록스 복사기 덕분에 사무 환경이 점점 긍정적으로 바뀌어갔다는 말입니다.

한복 백 년 넘게 제록스 복사기는 사무 환경을(the workplace experience) 꾸준히 개선시켜 왔다(has continually redefined).

| 복습 | 영어와 한국어 등가 표현 |

1. 백 년 넘게 제록스 복사기는 사무 환경을(the workplace experience) 꾸준히 개선시켜 왔다(has continually _____).

| 광고 카피처럼 번뜩이는 번역 |

다음에 제시된 영문이 광고 카피처럼 느껴지도록 한복을 입혀 봅시다.

1. It works beautifully on budgets

   `번역` 예산에 맞게 잘 움직이다

   `한복` 예산 깔맞춤(제록스)

2. Embrace non-alcoholic beers without compromising the taste of beer

   `번역` 맥주의 맛을 손상시키지 않은 무알콜 맥주와 얼싸안다

   `한복` 맥주 맛이 살아 있는 무알콜 맥주를 품안에

3. Good things come to those who wait

   `번역` 기다리는 사람에게는 좋은 일이 찾아오지

   `한복` 좋은 일에는 시간이 걸리지(기네스)

4. Lay's: Betcha Can't Eat Just One

   `번역` 레이즈, 하나만 먹을 수는 없을 거야

   `한복` 레이즈, 못 먹어 본 사람은 있어도 한 번만 먹은 사람은 없다

5. Toyota Let's Go Places

번역 토요타와 함께 떠나자

한복 내가 길이다, 토요타와 함께라면

6. Belong Anywhere

번역 어디에 가도 그곳에 속하도록

한복 나도 현지인(에어비앤비)

7. Better Ingredients, Better Pizza

번역 더 나은 재료, 더 나은 피자

한복 피자 맛 재료 맛(파파존스)

8. Quality never goes out of style

번역 품질은 유행을 타지 않는다

한복 품질과 스타일 두 마리 토끼를 잡는다(리바이스)

9. Stronger Than Dirt

번역 때보다 강하다

한복 시도 때도 없이 때가 빠지네(에이잭스)

10. You're in good hands with Allstate

번역 올스테이트와 함께라면 든든하다

한복 올스테이트 모든 주들, 이름값합니다(올스테이트 보험회사)

11. Skip the straw

번역 빨대를 스킵하다

한복 빨대 이제는 뺄 때(스타벅스)

12. Somethings don't add up

번역 뭔가 맞지 않는다

한복 음주 운전, 기름과 물(공익광고)

13. Global warming is alarming warning

번역 지구온난화는 경보 알람이다

한복 지구온난화, 적색경보(공익광고)

14. Climate is changing. Why aren't we?

번역 기후가 변하고 있다. 그런데 왜 우리는 변하지 않는가?

한복 기후변화, 강 건너 불?(공익광고)

Y

• • • ● • •

1. High-rate deposit accounts yield good returns.

번역 고금리 저축은 _____ .

필터링 '좋은 수익을 생산한다'(yield good returns)의 문장 순서를 뒤집어서 번역해 보세요.

한복 고금리 저축은 수익률이 좋다(yield good returns).

2. He reluctantly yielded to their demands.

번역 그는 그들의 요구를 _____ .

필터링 한국인들은 어떤 요구에 대해 '내키지 않지만 양보하는'(reluctantly yield to) 상황에서 이런 표현을 많이 씁니다.

한복 그는 그들의 요구를 마지못해(reluctantly) 들어줬다(yield to).

| 복습 | 영어와 한국어의 등가 표현 |

1. 고금리 저축은 수익률이 좋다(___ good returns).
2. 그는 그들의 요구를 마지못해 들어줬다(___ to).

| 나를 점검할 수 있는 기회 |

시장에 내놓은 제품에 결함이 생기면 리콜 대상이 됩니다. 그러나 리콜은 문제 해결의 시작이지 끝이 아닙니다. 회수된 제품들의 문제점을 파악하고 보완함으로써 더 좋은 제품으로 거듭날 수 있는 전화위복의 기회가 될 수 있기 때문입니다.

이는 비단 리콜 대상이 된 제품에 한정한 이야기가 아닙니다. 때때로 번역도 리콜이 되곤 합니다. 마찬가지로 오랫동안 씨름한 끝에 나온 작업물을 돌려받게 되었다고 해서 낙담할 필요는 없습니다. 문제점을 발견하고 개선함으로써 실력을 더 발전시킬 수 있는 계기가 될 수 있기 때문입니다.

"You never fail unless you stop trying!"

Z

• • • ● • • •

1. ① Until a team reaches the zenith, ② the quality of performance has to be the barometer by which they are measured.

번역 ① _____ ② 현재 _____ .

필터링 ① '한 팀이 정점에 이르기까지'(until a team reaches the zenith) 필요한 조건이 뒤에서 이어지는 ②번의 내용입니다.

② 여기서 핵심어인 'the quality of performance'는 팀의 현재를 가늠할 수 있는 척도인 성적이나 기량 등을 가리킵니다.

한복 ① 최고의 팀을 만들려면(until a team reaches the zenith) ② 현재 팀 상황을(the quality of performance) 면밀히 관찰해야 한다(be measured).

| 복습 | 영어와 한국어 등가 표현 |

1. 최고의 팀을 만들려면(until a team reaches the _____) 현재 팀 상황을 면밀히 관찰해야 한다(be measured).

3장

지문을 단숨에 장악하는 법

배경 지식과 검색을 활용해 '산 넘어 산'인 번역 넘기

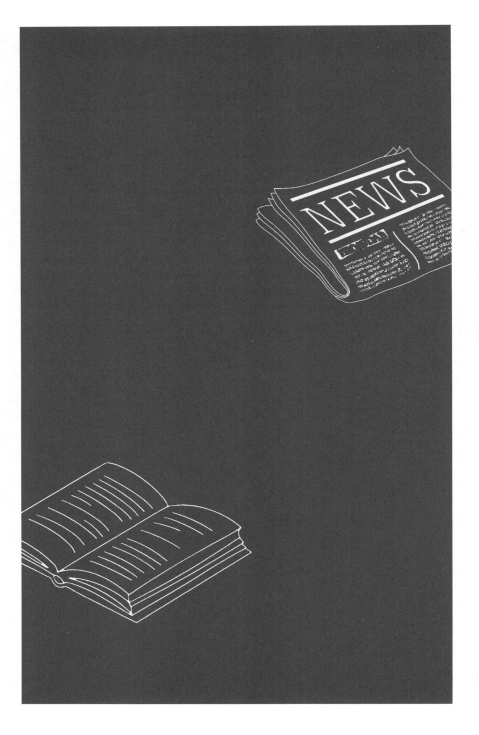

다 아는 단어들인데 왜 번역이 안 될까?

영한 번역을 할 때 가장 먼저 파악해야 하는 과정은 영어 지문 자체에 대한 의미 이해입니다. 번역 현장에서 학생들이 시도하는 과정을 살펴보니 보통은 의미를 이해하려 하기보다는 영문을 보면서 단어를 하나하나 분해해 한국어 단어에 일 대 일로 대응하는 데 급급했습니다. 그렇게 교체된 단어들을 다시 하나로 그러모으니 한국어라고 할 수도 없고 그렇다고 영어라고 할 수도 없는 어색한 문장이 나오는 것이지요.

영한 번역이란 영어권 문화와는 전혀 다른 맥락에서 살아온 한국의 독자에게 영어로 쓰인 필자의 의도를 제대로 전달하기 위해 의미를 다듬어 옮겨 주는 과정입니다. 한국인에게 자연스럽게 읽히는 글로 번역하기 위해서 가장 먼저 의미를 파악해야 하는 이유는 바로 여기에 있습니다.

"New year's resolutions turned into unsustainable plans"라는 문장으로 예를 들어 보겠습니다. 영어에서 한국어로 단어를 갈아 끼우듯 번역하면 '새해 결심이 지속 가능하지 않은 계획으로 바뀌었다'와 같이 무슨 말인지 이해하기 힘든 문장이 나옵니다. 외국어 문장이 한국인들에게 무리 없이 읽히기 위해서는 자연스러운 한국어 표현으로 정리하는 과정이 필요하고, 그러기 위해서는 먼저 글쓴이의 의도가 무엇인지를 명확하게 알고 글을 장악할 수 있어야 합니다.

여기서 '지속 가능하지 않은 계획으로 바뀌었다'는 말은 얼마 가지 않아 흐지부지되었다는 뜻이니, 이러한 상황을 가리키는 한국어 표현으로 바꾸자면 다음과 같은 번역 결과들이 나옵니다.

"새해 결심이 흐지부지(unsustainable)되었다."
"새해 계획이 작심삼일로(unsustainable) 끝났다."
"새해 결심이 얼마 못 가(unsustainable) 무너졌다."

"교수님 저는 0개 국어가 가능합니다"

영한 번역 강의를 할 때 자주 들었던 하소연 가운데 하나가 자신이 영어를 못하는 줄은 알았지만 모국어까지 못할 줄은 몰랐다는 것입니다. 영작하듯 한국어를 옮겨야 하는 한영 번역과는 다르게 영한 번역은 영어 지문을 이해할 수 있는 능력만 되면 잘할 줄 알았는데 막상 지문을 받아 옮기자니 딱 떨어지는 한국어 표현이 잡히지 않는 데에서 많은 학생들이 좌절을 맛봅니다.

왜 영어를 오랫동안 공부했던 번역가 지망생들이 벽에 부딪혀 자신감을 잃는 것일까요?

첫 번째 이유는 '받아쓰기'를 하는 데 급급하기 때문입니다. 한국어 사용자들에게 맞춰 영문의 의미를 한국어 표현과 구조로 번역해야 한다는데, 말이 쉽지 실제 영어 문장을 한국어로 옮기려고 하니 지금까지 익숙하게 써 왔던 한국어까지 낯설게 느껴집니다. 그리고 다음 수업 시간에 다른 학생들의 번역을 보면서 '저렇게 할 수도 있구나'라고 느끼며 같은 학생들끼리 배웁니다.

영한 번역을 강의하는 이유는 바로 여기에 있습니다. 언어는 스위치를 끄고 켜듯 변환이 쉽게 되는 영역이 아니니까요. 그래서 학생들이 가장 답답해하는 경우는 영문에서 화자가 말하고자 하는 의도는 잡힐 듯한데, 막상 이를 한국어로 옮기자니 자연스러운 표현이 잡히지 않는 때입니다.

번역할 때에는 자신이 글쓴이가 되어 지문을 쓰는 '상황'과 그 상황에서 쓰는 표현을 생각할 수 있어야 하고, 그래도 영어 지문의 의미가 제대로 파악되지 않는다면 인터넷에서 관련 자료를 검색하거나 **배경 지식을 찾아 공부하면서 해당 지문에 대한 이해력을 끌어올려야 합니다.** 관련 내용을 찾아 읽다 보면 필요한 표현을 찾게 되는 경우가 많기 때문입니다. 번역가가 모든 분야에 해박할 수는 없으니 이러한 노력은 번역에서 당연하게 수반되는 과정입니다. 어떤 번역도 앉은 자리에서 영영사전 하나만 편 채 이뤄지지는 않습니다.

'against'라는 단어를 예로 들어 보겠습니다.

E.g. They have this evidence against her.

배경 'against her'를 우리말로 옮기자니 자연스러운 표현이 언뜻 떠오르지 않습니다. 그럴 때 해당 단어를 포털사이트 검색창에 입력한 다음 출력된 자료들을 살피다 보면 '그녀에게 불리하게'라는 표현을 찾을 수 있습니다.

한복 그들이 그녀에게 불리한 증거를 손에 넣었다.

번역이란 정보를 채워 나가는 과정이기도 하다

영한 번역에서 벽을 느끼는 두 번째 이유는 어휘 책이 가진 한계에서 비롯된 것입니다. 어휘 책에서 암기하기 편하라고 정리해 준 단어의 뜻은 실제 단어가 품은 다양한 뜻과 비교하자면 빙산의 일각일 때가 비일비재합니다. 'Scaffold'라는 단어를 예로 들어보겠습니다. 어휘 책에 나온 뜻은 '교수대' '(건물공사장의) 비계'입니다. 그럼 다음 문장은 어떻게 번역해야 할까요?

E.g. Specific recommendations pertain to scaffolding team-based problem solving.

배경 지문에서 'scaffold'는 교육학에서 많이 쓰는 용어로 '학생이 발전하도록 필요한 학습 지원을 하는 것'입니다.

한복 팀별 문제 풀이를 도와 줄 구체적인 방법.

나아가 영어를 한국어로 제대로 전달하기 위해서는 영단어가 품은 다양한 의미를 알고 있어야 할 뿐만 아니라 우리말 실력 또한 제대로 갖추고 있어야 합니다. 한국인에게 한국어 실력을 강조하는 것이 새삼스럽다고 생각할 수도 있겠지만, 한국어를 여상하게 사용하는 것과 한국어를 잘하는 것은 다릅니다.

다시 말해 영한 번역을 잘하고 싶다면 영어뿐만 아니라 한국어로 전달력이 높은 글을 쓰거나 다듬을 줄 알아야 하며, 그 가장 빠른 방법은 마찬가지로 **한국어 어휘를 풍부하게 갖추는 것입니다.** 다만 어휘 책 밖에 있는 한국어 어휘를 단기간에 늘리는 지름길은 없습니다. 그저 꾸준하게 영문을 번역하면서 생소한 정보가 나올 때마다 관련된 지식이나 신문 기사 등을 살피면서 그 글들에 동원된 표현들과 지식들을 축적하고, 또 번역가들이 우리말로 옮긴 책들을 다독하면서 부지런히 **암기할 수밖에 없습니다.**

다음 지문의 번역 과정을 예로 들어보겠습니다.

E.g. For the first time, a woman will be the voice of an MLB team as Oakland A's hires Jenny Cavnar for the play-by-play call.

검색 Jenny Cavnar is Named as a 'Play by Play Announcer' for the Oakland A's on NBC Sports California. (MLB.com, 2024년 2월 29일자)

검색 미국 메이저리그 사상 첫 여성 '해설가'가 탄생했다. MLB 구단인 오클랜드 애슬레틱스의 야구 경기는 이제 여성 해설가인 제니 카부나르 (41)의 목소리를 통해 전달된다. (《스포츠서울》, 2024년 2월 17일자)

한복 제니 카브나Jenny Cavnar가 오클랜드 애슬레틱스 구단의 <u>수석 정규</u> (the play-by-play call) 중계 아나운서로 발탁, 야구 역사상 <u>메이저리그 구단</u> 최초의 여성 <u>아나운서</u>(the voice of an MLB team) 탄생.

딱히 스포츠를 좋아하지 않는다면 'MLB'가 도대체 뭐하는 곳인지 모를 수도 있고, 안다고 해도 야구에 대해 얼마나 해박한지에 따라 지문을 장악하는 데에는 차이가 생길 것입니다. 하지만 미국 프로야구에 대해 훤하게 알지 못하면 번역을 포기해야 할까요? 생소하더라도 지문과 관련된 정보들을 검색해 가며 지문 주제에 관한 전반적인 이해를 끌어올리고 나면 글이 달라져 보일 것이고, 그렇게 달라 보이는 글을 계속 번역하다 보면 달라진 나를 마주할 수 있습니다. 모를 때에는 알 때까지 찾아나가면 됩니다. 그러면 '몰랐던 나'에서 '아는 나'가 됩니다.

이제부터는 본격적으로 배경 지식을 검색하며 지문의 의미를 장악해가는 연습을 해 보겠습니다.

배경 지식을 찾으며 지문을 장악하기

• • ● • •

1. The judge ① said Disney ② lacked standing to bring its suit.

번역 판사는 디즈니 사가 ② _____ 이유로 __

_____.

배경 인터넷에서 소송 자격에 대해 검색하면 다음과 같은 설명이 나옵니다. "Standing(to bring its suit) is a legal concept. It refers to the capacity of a person to file a lawsuit. The U.S. laws require that a person have a 'stake' or interest in the outcome of the case."

필터링 지문의 'say'는 판사가 한 것이니 법률 용어로 바꿔야 합니다.

한복 판사는 디즈니 사가 ②소송을 걸 자격이(standing to bring its suit) 불충분하다는(lack) 이유로 ①기각했다(said).

2. Marvel's 'Madame Web' is ① meme fodder but doesn't stick the landing, reviewers say. The memes behind the line 'He was in the Amazon with my mom when she was researching spiders right before she died' ② weren't enough to save 'Madame Web' from rotten reviews.

마블의 신작 〈마담 웹〉은 ① _____

_____ 평론가들은 분석하고 있다. '엄마가 돌아가시기 전 아마존에

서 거미 연구를 하고 있을 때 그가 함께 있었지'라는 영화에 나왔던 대사

도 밈으로 소비되었지만 그것만으로는 ② _____

_____.

배경 밈 소재: 'Meme fodder' something that's really like to be turned into

a meme, or source material that people use to make memes.

완벽한 착지: Stick the landing (sports) To complete a gymnastic or other

athletic routine involving leaps, vaults, somersaults, etc. by landing

firmly, solidly, and flawlessly on one's feet.

필터링 ① '밈 소재였으나 완벽한 착지를 하지 못한다'(meme fodder but

doesn't stick the landing)는 말은 영화가 밈으로 소비되면서 입소문을

많이 탔으나 그 유명세가 흥행으로 이어지지는 않고 있다는 뜻입니다.

한복 마블의 신작 '마담 웹'은 ① 밈의 소재가(meme fodder) 되었지만

성공 여부가 불안하다고(not stick the landing) 평론가들은(reviewers,

또는 critics) 분석하고 있다. '엄마가 돌아가시기 전 아마존에서 거미 연

구를 하고 있을 때 그가 함께 있었지'라는 영화에 나왔던 대사도 밈으로

소비되었지만 그것만으로는 ② 기존의 혹평을(rotten reviews) 뒤집기에

역부족이었다(weren't enough to save).

3. Countries that had benefited from being deeply integrated into

China in the past felt the brunt of the pain as the fall in Chinese

demand reverberated across in the entire East and South Asia

(ESA) region. ① Emphasis on boosting demand in China helped

to shore up economic sentiment in the region somewhat, yet

② the gradual rebalancing of the economy will continue to weigh on ESA's growth, particularly among export-oriented economies.

번역 과거 중국과의 밀접한 관계 덕분에 흑자를 봤던 국가들이 중국 내 수요 감소의 여파가 동남아시아 전역으로 확산됨에 따라 직격탄을 맞았다. ① ＿＿＿＿＿＿＿＿＿＿＿＿＿＿ 동남아시아의 지역경제 정서에 활기는 불어넣었지만 수출 중심 국가들이 중국에 대한 수출 비중을 ② ＿＿＿＿＿＿＿＿＿＿ 동남아시아 국가들의 경제 성장에 비상이 걸렸다.

필터링 ① '중국 내 수요 증가에 관한 강조'(emphasis on boosting demand in China)는 문맥상 중국 내 수요를 다시 늘리기 위해 힘을 기울이고 있다는 의미입니다.

② 'the gradual rebalancing of the economy'에서 동남아시아 경제 상황을 압박하는 'rebalancing'이란 지금까지 이어져 왔던 중국에 대한 수출 비중이 조정되고 있는 상황을 가리킵니다.

한복 과거 중국과의 밀접한 관계(be deeply integrated into) 덕분에 흑자를 봤던(benefit from) 국가들이 중국 내 수요 감소의 여파가 동남아시아 전역으로 확산됨에(reverberate across)에 따라 직격탄을 맞았다(fell the brunt of he pain). ① 중국 내 수요 촉진에 역점을 두면서(emphasis on boosting demand in China) 동남아시아의 지역경제 정서에 활기는 불어넣었지만(helped to shore up economic sentiment) 수출 중심 국가들이 (among export-oriented econminoes) 중국에 대한 수출 비중을 ② 점차 줄여야 하기 때문에(the gradual rebalancing of the economy) 동남아시아 국가들의 경제 성장에 비상이 걸렸다(weigh on ESA's growth).

4. There's a lot of marketing hype wrapped up in selling the idea of "the metaverse." Facebook, in particular, is in ① an especially vulnerable place. It's impossible to separate Facebook's vision of a future in which everyone ② has a digital wardrobe to swipe through from the fact that Facebook really wants to make money selling virtual clothes. But Facebook isn't the only company that stands to financially benefit from metaverse hype.

번역 메타버스 개념을 파는 과대 마케팅이 많다. 특히 페이스북은 ① ____
_____. 사람들 모두가 ② _____
_____ 비전도, 실제 가상 의류 판매로 이익을 챙기려는 것도 모두 페이스북의 의중에 있다. 그러나 메타버스 붐으로 흑자를 보려는 회사가 페이스북만이 아닌 것도 문제다.

필터링 ① '특히 취약한 장소에서'(an especially vulnerable place)란 말은 페이스북에서 과대 마케팅이 범람할 수 있다는 의미입니다.

② '카드를 통해 이용할 디지털 옷장'(digital wardrobe to swipe through)에서 '카드'란 옷장을 열람할 수 있는 열쇠와 같은 기능을 가리킵니다.

한복 메타버스 개념을 파는 과대 마케팅이(marketing hype) 많다. 특히 페이스북은 ① 과대 마케팅의 온상이 될 수 있다(an especially vulnerable place). 사람들 모두가 ② 암호를 사용하는 디지털 옷장을 생성하도록 만들겠다는(has a digital wardrobe to swipe through) 비전도, 실제 가상 의류 판매로 이익을 챙기겠다는 것도(make money) 모두 페이스북의 의중에 있다(impossible to separate). 그러나 메타버스 붐에서 흑자를 보려는(benefit from) 회사가 페이스북만이 아닌 것도 문제다(Facebook isn't the only company).

5. The U.S. Inflation Reduction Act, passed last month, included a $7,500 tax credit for electric vehicles with conditions on ① <u>where the cars are manufactured and where batteries are sourced</u>. Automakers complained that the credit did not apply to many current E.V. models, and that ② <u>the sourcing requirements</u> could increase the cost of building an E.V.

번역 지난달 통과된 인플레이션 감축법은(the U.S. Inflation Reduction Act) ① _____ 등의 조건제로 전기차에 대한 7500달러의 세금 공제 혜택을 주는 것 등이 그 골자다. 이에 대해 자동차 제조업체들은 조건제 세금 면제가 현재 대부분의 전기차 모델에 적용되지 않고, 또한 ② _____ 전기차 생산 비용이 증가할 수 있다고 불만을 토로하고 있다.

배경 인플레이션 감축법: the U.S. Inflation Reduction Act (IRA), signed into law by President Joe Biden on August 16, 2022, aims to curb inflation by directing a total of $773 billion in federal funding for beefing up climate efforts, reducing healthcare costs, and implementing corporate tax reform. (외교안보연구소)

필터링 ① '자동차가 제조되고 전기차 배터리 원자재가 제공되는 곳'(where the cars are manufactured and where batteries are sourced)이란 표현은 더 간결하게 다듬을 수 있습니다.

② 'the sourcing requirements'는 구매 요구가 아니라 자동차를 '소싱'하는 곳의 요건이라는 의미입니다.

한복 지난달 통과된 인플레이션 감축법은(the U.S. Inflation Reduction Act) ① <u>자동차 생산지와 배터리 공급처</u>(where the cars are manufactured and where batteries are sourced) 등의 조건제로 전기차에 대해 7500달러의 세금 공제 혜택을 주는 것 등이 그 골자다(include). 이에 대해 자동차 제조업체들은 조건제 세금 면제가 현재 대부분의 전기차 모델에 적용되지 않고, 또한 ② 생산 소재지 요건으로(sourcing requirements) 전기차 생산 비용이 증가할 수 있다고 불만을 토로하고 있다.

6. ① <u>A once-ignored community of science sleuths now has the research community on its heels</u>

By Evan Bush

A community of ② <u>sleuths hunting for errors in scientific research</u> have sent shockwaves through some of prestigious research institutions in the world — and the science community at large.

Alleged image manipulations in papers authored by the former president at Stanford University have made national media headlines, and some top science leaders say ③ <u>this could be just the start.</u>

The sleuths argue their work is necessary to correct the scientific record and prevent generations of researchers from pursuing ④ <u>dead-end</u> topics. And some scientists say it's time for universities and academic publishers to ⑤ <u>reform how they address flawed research.</u>

번역 ① _____

에반 부시 기자 칼럼

② _____ 유명 연구 기관과 과학계 전반에 충격을 안겨 주고 있다.

스탠포드대학 전 총장의 논문에서 불거진 이미지 조작 논란이 전국적으로 신문 1면을 장식했고, 과학계의 석학들은 이번 일이 ③ _____

_____.

과학 탐정들은 연구기록 교정과 차세대 연구원들의 ④ _____ 연구를 방지하기 위한 자신들의 역할을 강조한다. 한편 ⑤ 대학과 학술 출판사들이 _____ 과학계 일각에서 지적하고 있다.

배경 "스탠퍼드대 마크 테시어 라빈 총장이 과거 자신이 저자로 등재된 논문에 대한 부실 검증으로 사퇴하기로 했다."(《연합뉴스》, 2023년 7월 20일)

"과학저널 사이언스가 인공지능을 이용해 연구 논문의 이미지 조작 등을 걸러내기로 했다. 사이언스는 4일(현지시간) 홀든 소프 편집장 명의의 사설을 통해 올해부터 AI 이미지 분석 도구인 '프루픽'을 사이언스 계열 6개 전 매체에서 활용한다고 밝혔다."(《연합뉴스》, 2024년 1월 5일자)

필터링 ① 'On its heels'라는 표현을 보면 신문 기사의 제목임을 알 수 있습니다. 지문에서 '발뒤꿈치'(heels)는 언론에서는 '추적하다'라는 의미로 많이 씁니다. 참고로 보다 격식을 차려야 하는 지문에서는 '누가 누구를 뒤쫓을까?'(has the research community on its heels)에서처럼 'in the wake of'나 'in the aftermath of'를 씁니다.

② 'sleuths hunting for errors in scientific research'는 과학 탐정이라는 직업에 대한 설명입니다.

③ '이것이 시작일 수 있다'(this could be just the start)를 한국어 관용 표현으로 옮기자면 '빙산의 일각'이 있습니다.

④ '막다른 연구'(dead-end topics)는 더 이상 성과를 기대할 수 없다는 뜻입니다.

⑤ '연구의 오류 처리를 개혁'(reform how they address flawed research) 이라는 말은 지금까지 행해 왔던 오류 해결 방식을 손 봐야 한다는 의미 입니다.

한복 ① 음지였던 과학 탐정 레이다망에 딱 걸린 연구계

에반 부시 기자 칼럼

② 과학 연구 오류 사냥꾼들이(sleuths hunting for errors in scientific research) 유명 연구 기관과 과학계 전반에 충격을 안겨주고 있다(have sent shockwaves).

스탠포드대학 전 총장의 논문에서(in papers authored by) 불거진 이미지 조작 논란이 전국적으로 신문 1면을 장식했고(have made headlines), 과학계의 석학들은(top science leaders) 이번 일이 ③ 빙산의 일각에 불과하다고 말했다(this could be just the start).

과학 탐정들은 연구기록 교정과 차세대 연구원들의 ④ 성과 없는(dead-end) 연구를 방지하기 위한 자신들의 역할을 강조한다. 한편 대학과 학술 출판사들이 ⑤ 기존의 오류 해결 방식을 전면 개선해야 한다고 (reform how they address flawed research) 과학계 일각에서 지적하고 있다(say).

보충 'Top scientists'를 최고 과학자들이라고 번역하면 어딘가 어색하게 읽힙니다. 'Top'에 한복을 입히려면 수식하는 '과학자'와 어울리는 표현을 찾아내야 합니다. 예를 들어 'Top scientists'는 '최고 과학자'에서 '최고 수준의 과학자'로 다듬을 수 있습니다.

그다음으로 유의어를 찾아봅니다. 예를 들어 '최고 수준의 과학자'는 '석학' '정상급 과학자' '대표 과학자' '저명한 과학자' '유명한 과학자'

등으로도 옮길 수 있습니다.

여기서 응용까지 해 보자면, 'Top suspect'를 어떻게 번역해야 할까요?

바로 '유력한 용의자'입니다.

| Bullet-point translation |

개조식은 요점 위주로 간결하게 내용을 전달하는 문장 서술 방식입니다. 글 앞에 번호를 붙이거나 명사형으로 끝나는 경우가 많으며, 발표 자료나 공문, 보고서 등에 자주 쓰입니다. 개조식 문장으로 다듬는 과정을 사례로 들어 보겠습니다.

E.g. 정부는 올해 초 냉해로 인해 충청북도 지역의 배추 출하량이 예년에 비해 부진하였으나, 본격적으로 다가오는 김장 시즌 전까지는 평년 수준을 회복할 것으로 전망하고 있습니다.

`개조식` 올 초 충북 배추 출하 부진. 정부, 김장철 충북 배추 출하량은 평년 수준 전망.

다음으로 개조식 영문에 한복을 입혀 보겠습니다. 다음 지문이 '누구'를 위한 지문이며 '무엇'을 하려는 것인지 찾아 보세요.

DIFFICULT SITUATIONS: ADDITIONAL TIPS AND TECHNIQUES

`배경` 강의 중 수강생들의 반응이 저조할 때 참가를 유도하는 기법을 소개한 글의 시작입니다. 그러니 '강사'를 위한 지문이며 '적극

적인 강의 참여 유도'에 관한 내용입니다.

필터링 지문에서 '어려운 상황'(difficult situations)은 강사가 마주하게 되는 수강생들의 시원찮은 반응을 가리킵니다.

한복 참여 부진을 해결하는 추가 팁과 해결 기술

Under-Participation

필터링 'under-participation'을 '고려 중'(under consideration)과 비슷하게 '참여 중'으로 오역하기 쉽습니다. Under과 participation 사이에 놓인 하이픈(-)에 주의하세요.

한복 상황: 참여 부진(under-participation)

1. Make sure that the group's agreement includes <u>permission for calling on participants by name</u>.

필터링 '참석자들을 이름으로 부르는 데 대한 허가'(permission for calling on participants by name)를 자연스러운 표현으로 다듬어 보세요.

한복 참석자에게 호명해도 된다는(permission for calling on participants by name) 동의를 받을 것.

2. Use the person's name before asking a question to ① <u>minimize the risk of embarrassment</u>.

; "Paul, we've been talking about the difference between ② <u>guided and directed feedback</u>. What thoughts do you have about situations that might require more guided feedback?"

'guided feedback'은 이런 부분에 문제가 있으니 찾아보라는 유도형 피드백을 의미합니다. 'directed feedback'은 직접 문제를 짚어주는 피드백을 뜻합니다.

'당황함에 대한 위험을 최소화하다'(minimize the risk of embarrassment)에서 어떤 상황을 맞았기에 당황했다는 것인지 생각해 보세요.

질문을 받을 때 ①덜 당황할 수 있도록(to minimize the risk of embarrassment) 질문하기 전 질문자를 호명할 것(use the person's name).

; "폴, ② 유도형 피드백과 지시형 피드백의(guided feedback and directed feedback) 차이점에 대해 얘기 중인데 유도형 피드백이 좀 더 필요한 상황은 어떤 상황이라고 생각하세요?"

3. Ask open-ended questions that invite active participation.

   ; "Let's suppose you have an employee who demonstrates inconsistent performance. How might you apply the model in that situation?"

'개방형 질문'(open-ended questions)은 수강생들의 참여를 유도하는 질문 방식을 가리킵니다.

적극적인 참여를 유도하는 '어떻게, 무엇, 왜'로 시작하는 질문을 할 것(ask opne-ended questions).

; "성과가 일정하지 않은 직원이(an employee who demonstrates inconsistent performance) 있다고 가정해 봅시다. 이 모델을 그 직원에게 어떻게 적용하시겠습니까?"

4. Be sure to <u>affirm the participant's input and use the person's name</u>.

   ; "Thanks for that thought, Lisa!" "We hadn't considered that approach, Gabriel!"

필터링 질문에 적극적으로 반응하는 예시를 든 세미콜론(;) 다음에 나오는 내용을 참고해 'affirm'의 의미를 생각해 보세요.

한복 참석자의 의견에 <u>적극 호응한 후</u>(affirm) 호명할 것.

; "의견 고맙습니다! 리사." "우리가 그 생각까지는 못했네요! 가브리엘!"

5. Use polling to increase energy in the group and connect participants to content.

   ; "I'm curious. How many of you think this would work in your workplace? Ira, I saw you raise your hand. Would you mind sharing how you might apply this approach in a work situations?"

필터링 직역하면 '그룹의 에너지를 증가하기 위해 여론 조사를 이용하라'는 내용에서 '그룹의 에너지 증진'이란 참여가 저조한 수강생들을 북돋는다는 의미입니다. 지문에서 가리키는 '여론 조사'란 아래 예시에 나와 있듯 참석자에게 직접 질문하는 방식을 가리킵니다.

한복 분위기를 끌어올리도록(increase enery in the group) 질문을 던져(use polling) 참석자의 관심을 유도할 것(connect participants to content).

; "궁금한데요, 이 모델이 직장에 적용될 수 있다고 몇 분이나 생각하시는지요? 저기 이라 씨가 손을 드셨는데요. 어떻게 적용할 수 있을지 말씀해 주시겠습니까?"

●●●●●●

1. IMF's latest 'World Economic Outlook' report:

The divergent recovery paths are likely to create significantly wider gaps in living standards between developing countries and developed countries.

The world economy is just like the dappling of sunlight on a forest floor. For someone standing in the blazing sun, the 'shadows' only serve to highlight the 'variety of life' in all its splendour.(출처: marxist.com/interdepended/ligt shadow coexist)

번역 세계통화기금 발행 최신 세계경제 전망 보고서

양극화된 경제 회복 방향이 개도국과 선진국의 생활 격차를 더욱 벌릴 것 같다. 이 보고서는 _____

_____. 즉 양지에 있는 선진국에게 있어 음지의 개발도상국들은 선진국이 누리는 삶의 풍족함을 돋보이게 해 주는 역할을 할 뿐이다.

필터링 'The world economy is just like the dappling of sunlight on a forest floor'는 숲 바닥에 비치는 햇빛, 즉 볕을 받는 선진국과 그늘에 가려진 개발도상국을 대비하며 세계 경제 상황을 설명한 것입니다.

한복 세계통화기금 발행 최신 세계경제 전망 보고서
양극화된(divergent) 경제 회복 방향이 개도국과 선진국의 생활 격차를 더욱 벌릴(create a wider gap) 것 같다. 이 보고서는 세계 경제를 볕이 숲 바닥에 내리쬐는 양지와 볕이 가려진 음지로 비유하고 있다. 즉 양지에 있는 선진국에게 있어 음지의 개발도상국들은 선진국이 누리는 삶의 풍족함을 돋보이게 해 주는 역할을 할 뿐이다(only serve to highlight).

2. An atmospheric river will drench California.

번역 _____ 인해 캘리포니아 주에 비가 몰아칠 것이다.

배경 대기천大氣川 또는 대기의 강atmospheric river은 지구의 대기 중에 농축된 수증기가 모인 좁은 통로를 의미합니다.

한복 대기천으로(An atmospheric river) 인해 캘리포니아 주에 비가 몰아칠 것이다(will drench).

3. ZZZs' premium-class KIK FGH is now available for the PQRS series. This drive-based, modular FGH opens the door to new and challenging applications for mold and die, including production of molds for plastic parts in automotive, and housings

for printers, televisions and other electronics.

[번역] ZZZ의 최고급 사양 KIKFGH를 지금 PQRS 시리즈에 사용할 수 있습니다. 이 드라이브 체제의 모듈식 FGH 방식으로 자동차 플라스틱 부품용 금형과 프린터 및 텔레비전 등의 케이스 제작에 _____

_____.

[배경] 금형은 다이die와 몰드mold로 분류됩니다. 다이는 금속판 등을 성형할 때 이용하는 금형입니다. 대표적인 용도로는 자동차의 보디 가공이 있습니다. 몰드는 사출 성형을 통해 녹인 수지로 플라스틱 제품을 만드는 경우나 금속을 녹여 흘려보내는 주조의 경우에 사용됩니다. 또한 '하우징'(housings)은 안전을 위해 제품 케이스를 만드는 것을 가리킵니다.

[필터링] '새롭고 도전하는 응용'(new and challenging applications)은 이전에는 해 본 적 없었던 응용을 시도해 보겠다는 뜻입니다.

[한복] ZZZ의 최고급 사양 KIKFGH를 지금 PQRS 시리즈에 사용할 수 있습니다. 이 드라이브 체제의 모듈식 FGH 방식으로 자동차 플라스틱 부품용 금형과 프린터 및 텔레비전 등의 케이스(housings) 제작에 처음으로 어려운(new and challenging) 금형 응용이(applications for mold and die) 가능해졌습니다(open the door to).

4. ① About CEMECON – the tool coating

The market situation in tool and die making is more dynamic than ever. ② The challenges for tool and die makers are manifold. In order to manufacture molds and tools more efficiently, flexibly and economically, ③ processes are being optimized and automated, for example. An essential part of this is ④ high-performance cutting tools. CemeCon ⑤ <u>has the right premium coating on hand for all cases</u>, making it the ideal partner for tool manufacturors.

번역 ①_____

공구와 금형 제작 시장 상황이 더욱 활발해지고 있습니다. ② 더불어 _____. 저희는 효율성, 가변성, 경제성을 두루 갖춘 공구와 금형 제작을 하기 위해 ③_____. ④ 이 과정에서 _____ 절삭기는 필수입니다. ⑤_____ 세메콘은 공구 제조 업체에게 최적의 파트너입니다.

필터링 ① 'the tool coating'은 세메콘에 대한 간략한 소개입니다.

② '공구 및 금형 제작의 도전이 다양하다'(The challenges for tool and die makers are manifold)를 앞 문장과의 문맥을 살펴 자연스러운 표현으로 바꿔 보세요.

③ 'efficiently, flexibly and economically, processes are being optimized and automated'에서는 부사를 '도구 제작'과 연결해서 '~한 도구'로 옮 깁니다.

④ 'high-performance cutting tools'에서 제조업체인 세메콘을 소개하는 맥락에 맞게 'performance'를 번역하세요.

⑤ '현장에서'(on hand)를 제조업체 소개문이라는 문맥에 맞게 자연스 러운 표현으로 다듬어 보세요.

한복 ① 세메콘 소개 – 공구 코팅의 아이콘

공구와 금형 제작 시장의 상황이 더욱 활발해지고 있습니다(be more dynamic than ever) ② 더불어 금형 및 공구 제조업체들의 과제도 늘어나고 있습니다(challenges for tool and die makers are manifold). 저희는 효율성, 가변성, 경제성을 두루 갖춘 공구와 금형 제작을 하기 위해 ③ 최적화된 자동화 설비를 갖춰나가고 있습니다(processes are being optimized and automated). 이 과정에서 ④ 고성능(high-performance) 절삭기는 필수입니다. ⑤ 최적의 코팅 기술을 보유하고 있는(has the right premium coating on hand) 세메콘은 공구 제조업체에게 최적의 파트너입니다(making it an ideal partner for).

5. The series features powerful drives on the X, Y and Z axes and direct drives on ① the rotary and swiveling axes. Together, these characteristics form the foundation for extremely ② dynamic and economical machining and pave the way to optimum automatic loading of ③ pallets and tool magazines.

번역 이 시리즈 제품은 XYZ축의 고성능 드라이브와 ① _____ ____ 드라이브를 직접 장착하는 것이 특징이다. 이 두 가지 기능을 이용해 ② _____ ③ _____ 최적의 자동 탑재가 가능하다.

배경 ①《케임브리지 영영사전》에 따르면 'Direct drives'는 directly coupled with the load, 즉 장치에 직접 장착한다는 의미입니다.

② 'dynamic maching'은 It offers a more efficient way to make parts (in most cases) and improves material removal rates, 즉 고속 기계 제작을 가리킵니다.

③ 'pallets'는 a flat wooden structure that heavy goods are put onto so that they can be moved using a fork-lift truck(=a small vehicle with two strong bars of metal on the front that is used for lifting heavy goods), 즉 화물 운반대를 뜻합니다. 또한 'tool magazine'은 the place where the CNC machine tool stores the tool, 도구 적재함을 의미합니다.

한복 이 시리즈 제품은 XYZ축의 고성능 드라이브와 ① <u>회전과 반회전축에</u>(the rotary and swiveling axes) 드라이브를 직접 장착하는 것이 <u>특징이다</u>(features). 이 두 가지 기능을 <u>이용해</u>(together, these characteristics form the foundation for extremely) ② <u>고속의</u>(dynamic) 실용적인 <u>기계 제작과</u>(economical machining) ③ <u>화물 운반대</u>(pallets) 및 <u>도구 적재함에 대한</u>(tool magazines) 최적의 자동 탑재가 <u>가능하다</u>(pave the way to).

| 언어의 틀 |

하트 모양의 과자를 만들기 위해서는 하트 모양의 틀을, 별 모양의 과자를 만들려면 별 모양의 틀을 사용해야 합니다. 만약 원하는 틀을 준비하지 못한 채 과자를 만들려다 보면 비슷한 모양으로 흉내까지는 낼 수 있을지언정 과자의 모양은 만들 때마다 다르게 나올 것입니다.

번역도 마찬가지입니다. 영어로 쓰인 지문을 한국어로 옮기기 위해서는 번역 결과를 받아서 읽는 한국인들이 쓰는 말의 구조와 표현이라는 틀에 영어를 새로 맞춰야 합니다. 반대로 한국어 지문을 영어로 번역할 때에도 독자들이 사용하는 영어에 맞춰 한국어의 구조와 표현을 바꿔야 합니다.

예를 들어 'Demand outpaces supply'라는 문장을 번역할 때

'outpace'의 사전적 의미는 '~보다 속도가 빠르다'지만 그렇게 단어에만 한정하게 되면 '수요가 공급보다 빠르다'라는 어색한 문장이 나옵니다. 한국 독자들에게 무리 없이 받아들여지려면 문맥에 맞춰 '수요가 공급을 앞지르다'라고 번역해야 합니다.

예를 하나 더 들어 보겠습니다. 'The athlete's performance is poor'를 직역하면 '그 선수의 실력이 나빠졌다' 정도로 옮길 수 있습니다. 다음으로는 지문의 축이 되는 표현을 찾아 그것에 초점을 맞춰 '같이 쓸 수 있는 표현'을 생각해 봅니다. 즉 글자가 아니라 그 자리에 **맞는 표현**을 고민해 보는 것입니다. 이러한 과정을 꾸준하게 되풀이하다 보면 훨씬 제대로 된 '한복'을 번역에 입힐 수 있게 될 것입니다. 지문의 경우 '그 선수의 실력'에 초점을 맞춰 한복을 입히자면 '그 선수의 실력이 줄었다' 또는 '그 선수의 기량이 떨어졌다'라고 옮길 수 있습니다.

그다음으로 '그 선수의 실력이 줄었다'를 한영 방향으로 번역해 봅니다. 마찬가지로 '줄었다'를 'reduce'로 부품 교체하듯 바꾸지 말고 앞에서 영한 번역을 하며 암기해뒀던 'be poor'를 떠올려 'The athlete's performance is poor'로 옮깁니다.

이처럼 기계적으로 말을 옮기는 것이 아니라, 글쓴이와 읽는 이를 중개한다고 생각하며 항상 '그 자리에 맞는 표현'을 고민한다면 번역은 사람과 사람을 이어주는 재미있는 놀이가 됩니다.

번역 놀이 공작소장 드림

●● ● ● ●●

1. A stealthy cholesterol can lead to deadly heart attacks by middle
age.

번역 ＿＿＿＿＿＿＿＿＿ 중년에 치명적인 심장마비를 가져올 수 있다.

배경 체내에 저밀도 지단백 콜레스테롤이 지나치게 많으면 혈관 벽에
쌓이면서 혈액이 끈적거리게 되고, 혈전이 잘 생긴다고 합니다.

한복 나쁜 콜레스테롤은(a stealthy cholesterol) 중년에(by middle age)
치명적인 심장마비를(deadly heart attacks) 가져올 수 있다(can lead to).

2. Mark Zuckerberg shares he's raising cattle on beer and macadamia
nuts. He said he wanted to keep the feeding and raising process
"locally and vertically integrated."

번역 마크 저커버그는 맥주와 마카다미아를 사료로 주며 소를 키우고
있다고 한다. 그는 ＿＿＿＿＿＿＿＿＿＿＿＿ 싶다고 밝혔다.

배경 'Vertical integration'은 'take ownership of more steps in the
manufacture and sale of their products and services', 즉 어떤 생산부터
유통까지 꿰뚫는 수직적 통합을 의미합니다.

필터링 ① '지역적으로 수직적으로 통합된'(locally and vertically integrated)
은 위에서 검색한 배경 지식을 바탕으로 번역할 수 있습니다.

② 'raising cattle'과 'raising process'는 중복된 표현이므로 하나만 선택
해 번역하는 쪽이 보다 자연스럽게 읽힙니다.

한복 마크 저커버그는 맥주와 마카다미아를 사료로 주며 소를 키우

고 있다고 한다. 그는 <u>사육부터 판매까지 직접 운영하고</u>(locally and vertically integrated) 싶다고 밝혔다.

3. The 2024 box office is a ① <u>franchise frenzy</u> – at a time when audiences are feeling ② <u>IP fatigue</u>.

번역 2024년에는 ② _____ 불구하고 ① _____.

배경 ① 문화산업에서 '프랜차이즈'(franchise)는 한 작품이 후속 작품 혹은 만화나 게임 등 여러 매체로 제작되는 형태를 가리킵니다.
② 'IP fatigue'는 지적재산권(IP)를 가진 원작의 인지도가 떨어지는 현상을 의미합니다.

한복 2024년에는 ② <u>지적재산권 피로에도</u>(IP fatigue) 불구하고 ① <u>프랜차이즈 영화가 대세다</u>(a franchise frenzy).

4. Meta will begin testing a system that allows posts from ① <u>microblogging platform Threads</u> to appear on other social medic services, CEO Mark Zukerberg said. The announcement is a significant step for both Meta and the Fediverse, ② <u>a loose collection</u> of social networks that allow data to flow freely among them, similar to how email works.

번역 메타는 ① _____ 보낸 내용을 다른 소셜 미디어 플랫폼에서도 볼 수 있는지 시험해 볼 것이라고 저커버그 대표가 발표했다. 메일 서버가 달라도 서로 메일을 주고받는 것이 가능하듯 소셜 미디어 플랫폼이 달라도 정보를 공유할 수 있게 하려는 ② _____ 메타와 페디버스의 가능성을 타진할 수 있다는 점에서 이번 발표는 매우 중요하다.

배경 스레드는 여러 소셜 미디어들을 연동해 상호작용하게 해 주는 개방형 프로토콜인 액티비티펍을 기반으로 하고 있습니다.

필터링 ① '마이크로 블로깅 플랫폼'은 짧은 메시지 위주로 소통할 수 있도록 만든 소셜 네트워크 서비스를 가리킵니다.

② '느슨한 집합'(a loose collection)은 다른 플랫폼과도 소통이 가능하게끔 서로 연동되었다는 것을 의미합니다.

한복 메타는 ① 단문을 주고받는 플랫폼인 스레드에서(microblooging platform Treads) 보낸 내용을 다른 소셜 미디어 플랫폼에서도 볼 수 있는지 시험해 볼 것이라고 저커버그 대표가 발표했다. 메일 서버가 달라도 서로 메일을 주고받는 것이 가능하듯(similar to how email works) 소셜 미디어 플랫폼이 달라도 정보를 공유할 수 있게 하려는 ② 개방형 연합체인(a loose collection) 메타와 페디버스의 가능성을 타진할 수 있다는 점에서 이번 발표는 매우 중요하다(a significant step).

5. The humanoid robot can be controlled by a remote user in the company's Master Maneuvering System. The user can see what the robot sees, making it possible to accomplish tasks almost <u>as if the user were in the robot's place.</u>

번역 원격 사용자는 토요타 사의 '마스터 조종 시스템'을 착용하고 로봇을 조종한다. 이후 사용자는 로봇이 주는 정보를 매개로 _____ 원격 업무를 수행할 수 있다.

배경 T－HR3는 토요타 자동차에서 개발한 3세대 휴머노이드입니다.

관절을 제어하는 토크 서버모듈, 마스터 암과 마스터 풋 그리고 헤드 마운트 디스플레이를 조합한 마스터 조종 시스템을 통해 조종사는 T – HR3를 원격으로 조종할 수 있습니다.

`필터링` 배경 지식의 로봇 제어 원리를 바탕으로 '같이 있지 않지만 같이 있는 것처럼'(as if the user were in the robot's place)을 번역해 보세요.

`한복` 원격 사용자는 토요타 사의 '마스터 조종 시스템'을 착용하고 로봇을 조종한다. 이후 사용자는 로봇이 주는 정보를 매개로 <u>로봇과 연동해</u> (as if the user were in the robot's place) 원격 업무를 수행할 수 있다.

| 존 드라이든의 번역 10계명 |

영국의 시인이자 문학 평론가인 존 드라이든은 1680년 자신이 번역한 〈오비디우스의 서한〉 서문에서 번역 이론에 대해 밝힌 이래 후대 번역가들에게 지대한 영향을 끼쳤습니다. 다음은 그가 남긴 〈문학 번역 10계명〉입니다. 존 드라이든이 열 가지로 정리한 번역에 대한 견해와, 이러한 그의 주장을 적용해 그의 글을 어떻게 한국어로 번역했는지 확인해 보세요.

`배경` John Dryden made the first major contribution to English translation theory in his preface to Ovid's Epistles(1680). His views, which gave rise to the most stringent sets of conventional rules, were shaped by a desire to instill some form of rational order. By the end of his career, he had supplied literary translators with ten commandments.

1. Be a poet.

번역 시인이 되어라.

필터링 스스로를 누군가의 글을 옮기는 번역가가 아니라, 번역하려는 글을 창작한 작가라고 상상하며 번역한다면 옮기려는 단어에 갇혀 번역을 위한 번역을 하지 않을 것입니다.

한복 '시인'처럼 번역하라.

2. Be master of both the language of the original and one's own.

번역 원작 언어와 모국어 양쪽에 능통하라.

필터링 한 언어를 다른 언어에게 전달하기 위해서는 두 언어 모두를 잘해야겠지요.

한복 양 언어의 고수가 되어라.

3. Understand the characteristics that individuate the original author.

번역 저자의 독특한 개성을 이해하라.

필터링 번역이란 옮기려는 작품에 녹아 있는 작가의 세계관을 이해하는 과정이기도 합니다.

한복 작가가 작품에 담은 고유한 사유를 파악하라.

4. Conform one's own genius to that of the original.

번역 번역가의 천재성을 원문의 천재성에 순응시켜라.

번역문에 원문을 맞추기보다는 원문에 번역문을 맞춰야겠지요.
한복 원작에 충실한 번역을 하라.

5. Keep the sense "sacred and inviolable" and be literal where gracefulness can be maintained.

번역 "성스럽고 침범할 수 없게" 해서 우아함이 유지될 수 있는 곳에는 직역을 하라.

필터링 번역의 바탕에는 원문에 대한 존중이 있어야 합니다. 독자에게 잘 읽히도록 다듬는 것만이 능사는 아니니, 원문을 글자 그대로 번역해도 좋은 지점에서는 직역을 하라는 말입니다.

한복 가능하면 직역하라.

6. Make the author appear as "charming" as possible without violating the author's real character.

번역 저자의 특징을 해치지 않는 선에서 작가를 돋보이게 하라.

필터링 작품의 고유성을 왜곡하지 않는 선에서 작품이 최대한 돋보일 수 있도록 옮기라는 말입니다.

한복 작가의 개성을 최대한 살리는 번역을 하라.

7. Be attentive to the verse qualities of both the original and the translated poem.

번역 원문과 번역문의 운문 특징에 집중하라.

필터링 뜻을 옮기는 데 급급해 원문이 가진 운율이나 압운과 같은 '글의 맛'을 무시해서는 안 되겠지요.

원문이 가진 시적인 맛을 살리는 번역을 하라.

8. Make the author speak the contemporary target language that they would have spoken.

번역 저자가 자신이 말했을 시대의 언어로 말하게 하라.

필터링 번역이란 옮기려는 글이 쓰였던 공간뿐만 아니라 시간도 뛰어넘는 것이니, 지금 독자들이 원문이 쓰였던 당시를 생생하게 그릴 수 있도록 마치 그 시대의 말인 듯 번역하라는 말입니다.

한복 원문과 동시대의 언어인 것처럼 번역하라.

9. Not improve the original.

번역 원문을 향상하지 말라.

필터링 번역을 하다 보면 원문이 가진 부족함에 개입하고 싶어질 때가 있습니다.

한복 원문을 꾸미지 말라.

10. Not follow the original so closely that the spirit is lost.

번역 원문의 흐름이 훼손될 정도로 원문을 너무 따라가는 번역을 하지 말라.

필터링 원문의 단어들을 있는 그대로 다 옮기는 데에만 연연하느라 전반적인 흐름을 잃지 말라는 의미입니다.

한복 받아쓰지 말고 전반적인 의미를 전달하는 번역을 하라.

4장

번역가는 이렇게 첨삭한다

처음부터 한국어로 쓰인 것처럼 번역문을 다듬는 법

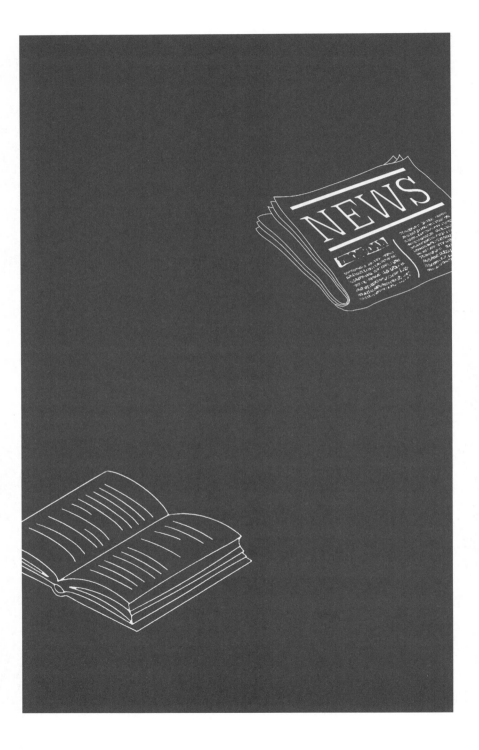

번역가가 하는 번역 첨삭

영한 번역에서 특정 방식의 번역만이 옳다는 식의 정답은 없습니다. 다만 번역을 하다 보면 실수가 나오기 마련이고, 설령 오류가 없는 번역이라고 하더라도 어느 번역이 더 와 닿는지 읽는 이가 직관적으로 받아들이는 감상이 다를 수는 있습니다. 다음 예시를 보면서 어떤 번역에 더 마음이 가는지 선택해 보세요.

E.g. Righting the gender imbalance can be done speedily once galleries and museums recognize they do not need the patterns of past history.

배경 지금까지 내려오고 있는 미술계의 성차별을 바로잡아야 한다는 내용으로, 'passively funnel the patterns of'의 의미를 찾은 다음 그에 알맞은 표현을 고르는 것이 번역의 핵심이 됩니다.

번역1 과거의 역사를 수동적으로 흘러가게 할 필요가 없다는 것을 인식하기만 한다면 이 문제는 신속히 해결될 수 있다.
첨삭1 '과거의 역사'는 중복된 표현이며 '과거'나 '역사'라는 표현에는 오래 묵은 사회적 불평등에 대한 구체적인 사안이 누락되어 있습니다. 또한 '수동적으로 흘러가게 할'이라는 어색한 표현은 '답습하다'라는 표현으로 다듬을 수 있습니다.

오래 고착화된 문화를 정상화하는 데 그들의 역할을 인식하고 적극적으로 동참한다면 이 문제는 신속히 해결될 수 있다.

'오래 고착화된 문화'는 '관행'으로, '문화를 정상화'한다는 표현은 '문화를 바꾸다'나 '문화를 바로잡다'로 다듬어 옮길 수 있습니다. 또한 한국어로 번역할 때에는 '그들의 역할'과 같이 인칭대명사로 가리키는 부분은 '미술관과 갤러리'와 같이 구체적으로 풀어서 지목해야 의미가 분명해집니다.

과거 관행들을 수동적으로 이어갈 필요가 없음을 이해하면 이 문제는 신속히 해결될 수 있다.

'과거'와 '관행'은 중복된 표현입니다. '수동적으로 이어갈'은 예전부터 해 오던 방식을 그대로 따르는 '답습하다'와 같은 표현으로 다듬을 수 있습니다.

지나온 역사로 역행하지 않아도 된다고 인식하는 것에서 이 문제는 신속히 해결될 수 있다.

여전히 행해지고 있는 성차별에 대해 이야기하는 지문의 맥락상 'the patterns of past history'는 과거로 역행하는 것이 아니라 과거를 답습해 갔다는 의미입니다.

먼저 지난 관행을 묵과하지 않는다면 이 문제는 신속히 해결될 수 있다.

'묵과'는 실수를 눈감아주는 것을 의미합니다. 그러나 성차별의 관행을 끊어내자는 맥락상 외면하지 말아야 한다는 식으로 마무리되는 설명은 부족하게 느껴집니다.

번역6 타성에 젖어 이어온 과거를 타파한다면 이 문제는 신속히 해결될 수 있다.
첨삭6 타파해야 할 예술계의 성비 불균형이라는 구체적인 내용 대신 번역은 '과거'에 더 초점이 맞춰졌습니다.

번역7 화랑과 미술관이 과거의 답습을 근절하면 성비 불균형 문제는 신속히 해결될 수 있다.
첨삭7 Good!

영한 번역에 한복을 입힌다

• • • ● • • •

문장의 의미를 생각하면서 저자가 처음부터 한국어로 쓴 것처럼 번역해 보세요.

1. Marine ecosystems are in decline and plagued by overexploitation.

번역 해양 생태계는 쇠퇴하고 과잉 착취에 시달리고 있다.

첨삭 생태계가 'decline'되는 상태를 '쇠퇴'라고 표현하면 그저 상태가 예전보다 못하다는 의미로 잘못 받아들여질 수 있습니다. 쇠퇴의 반대 말이 '부흥' 또는 '진보'라는 점에서 비추어 볼 때, '생태계'와 어울리는 'decline'의 번역 표현은 따로 있습니다. '과잉 착취'라는 표현 또한 생태 계와는 어울리지 않습니다.

한복 해양 생태계가 <u>파괴되고</u>(decline) <u>남획에 시달리고 있다</u>(plagued by overexploitation).

2. The drought makes it necessary for animals to migrate.

번역 그 가뭄은 동물이 이주할 필요가 있게 했다.

첨삭 동물이 살던 곳을 떠나는 상황에 붙일 표현으로 '이주'가 아닌 다른 단어를 찾아보세요.

한복 가뭄으로(the drought) 동물들이 <u>서식지를 옮길</u>(migrate) <u>수밖에</u> <u>없다</u>(make it necessary).

3. An international treaty made it illegal to dump plastics at sea.

번역 국제 조약은 플라스틱을 바다에 버리는 것을 불법으로 만들었다.

첨삭 국제조약이 플라스틱 투기를 '불법으로 만들었다'고만 하니 그것이 얼마나 큰 불법행위인지 감이 잡히지 않습니다.

한복 국제조약에 따르면 플라스틱 <u>해양</u>(at sea) <u>투기는</u>(dump) <u>범죄로</u> <u>규정되어 있다</u>(make it illegal to).

4. The record makes it clear that she deserves the reward.

번역 그 기록은 그녀가 상 받을 자격이 있음을 명확히 했다.

첨삭 지문의 맥락을 살피면 그녀가 받아야 하는 것은 '상'(Award)이 아니라 '보상'(reward)입니다.

한복 기록을 보니 그녀가 <u>보상을 받는 게 당연했다</u>(deserve the reward).

| 말을 옮기는 과정에서 생긴 빈 곳을 메우기 |

'The record makes it clear that she deserves the reward'에서 'the record'는 '그 기록'이라는 뜻을 가지지만 한국어로 옮길 때에는 '기록을 보면'으로 다듬는 편이 더 자연스러워 보입니다. 이처럼 한영 번역에서는 한 언어를 다른 한 언어로 옮기는 과정에서 생기는 빈 곳을 메우기 위해 원문에 없는 표현을 추가하기도 합니다.

'The record'를 번역할 때처럼 영어 원문에는 없는 동사를 한국어 번역문에서 보태는 것입니다.

1. I am positive about this proposal.
한복 나는 이 제안을 긍정적으로 **생각한다**.

2. His actions defines him.
한복 그가 **하는** 행동을 보면 그가 누구인지 알 수 있다.

3. In such a tense situation, the Foreign Minister on Tuesday downplayed North Korea's ICBM development in an interview with CNN.
한복 이런 상황에서 외교부 장관은 화요일 미국 CNN 방송과의 인터뷰에서 북한의 ICBM 개발을 축소하는 **발언을 내놓았다**.

4. Now that the car is evolving into essentially a smartphone on wheels.
바야흐로 자동차는 바퀴 달린 스마트폰으로 진화했기 때문이다.

•• • ● ● •••

1. The ability to handle conflict can keep every member united.
번역 갈등을 다루는 능력은 모든 구성원이 통합되게 할 수 있다.

지문의 의미는 갈등을 다루는 능력이 구성원들을 통합시킨다는 것이 아니라, 갈등을 조정하고 해소하는 능력에 따라 구성원들 간의 통합이 유지될 수도, 무너질 수도 있다는 것입니다.

한복 구성원 간의 단합 정도는(keep every member united) 갈등 해소 능력에 달려 있다(can).

2. There is strong evidence of a link between exercise and a healthy heart.

번역 운동과 건강한 심장 사이에는 이를 연결하는 강한 증거가 있다.

첨삭 지문에서 초점은 '증거'가 아니라 운동하면 심장의 건강 상태가 좋아진다는 인과 관계에 있습니다.

한복 운동이 심장에 좋다는 확실한 증거가(strong evidence) 있다.

3. The president's facing a complicated path ahead with Republicans now gaining control of the House, while the Democrats still lead the Senate.

번역 민주당이 아직 상원을 이끌고 있지만 공화당이 이제 하원을 통제하고 있어 대통령은 앞으로 있을 복잡한 길을 마주하고 있습니다.

첨삭 대통령이 마주하게 될 '복잡한 길'이란 선거 결과 여당인 민주당이 상원에서, 야당인 공화당이 하원에서 다수 의석을 차지하게 됨에 따라 대통령이 제안한 법안이 의회를 통과하기가 쉽지 않을 것이라는 상황을 의미합니다.

한복 민주당이 상원은 지켜냈지만(still lead the Senate) 하원을 공화당에게 내주면서(Republicans gain control of the House) 대통령의 법안이 의회를 통과하기 어려워졌다(face a complicated path ahead).

4. A long official silence of nearly two years followed.

번역 그 후로 거의 2년 동안 공식적인 긴 침묵이 뒤따랐다.

첨삭 '공식적인 긴 침묵'이라는 표현은 뜻이 통할지언정 어딘가 낯설게 느껴집니다. 문장의 의미를 생각해 보자면, 공식적으로 침묵했다면 비공식적으로는 활동하고 있었다는 것입니다.

한복 거의 2년 동안(nearly two years followed) 대외적인 활동이 없었다 (A long official silence of).

| 영어와 한국어의 붕어빵 표현 (2) |

글자만 다를 뿐 영어와 한국어의 표현이 똑같습니다.

1. The plan will give China a foothold in the American back-yard.
   번역 이번 계획으로 중국이 미국 후방에 발판을 마련하게 될 것이다.

2. Hamas pours cold water on Biden's ceasefire optimism.
   번역 하마스가 바이든 대통령의 휴전 낙관론에 찬물을 끼얹고 있다.

3. Translation into Korean or English is the two sides of the same coin.
   번역 영한 번역과 한영 번역은 동전의 양면이다.

4. Things went sideways fast.

번역 상황이 가쁘게 삼천포로 빠졌다.

5. He floats Mit Romney as a his running mate if he runs for presidency.

번역 그에게서 자신이 대통령직에 도전하면 밋 롬니가 부통령 후보가 될 것이라는 말이 흘러나오고 있다.

6. Munger is Warren Buffet's right hand man.

번역 멍거는 워런 버핏의 오른팔이다.

7. I have nothing to offer: blood, sweat and tear.

번역 저는 피땀과 눈물을 바치겠습니다.

보충 1940년 5월 윈스턴 처칠 당시 영국 총리가 취임 후 첫 하원 연설에서 한 말입니다.

•• • ● • ••

1. Diaz's sister Massiel Olvera found herself looking at images of her own sister's body, as photos of the latest dumped victims began circulating.

번역 디아즈의 여동생인 마시엘 올베라는 가장 최근에 버려진 피해자의 사진이 유포되기 시작하자, 언니의 사진을 보고 있는 자신을 발견했다.

첨삭 지문은 마시엘 올베라가 피해자의 사진을 보다가 그 속에서 언니의 모습을 찾았다는 내용입니다. '언니의 사진을 보는 자신을 발견했다'라고 번역하면 글의 초점이 우연하게 언니를 찾게 된 '사건'이 아니라 언니의 사진을 보고 있는 '자신의 상태'로 옮겨지게 됩니다. 지문에서 'images'와 'photos'는 같은 의미가 중복된 것이니 한쪽만 번역합니다.

한복 디아즈의 여동생인 마시엘 올베라는 가장 최근에 <u>유기된 피해자의</u> (dumped victims) 사진에서 언니를 우연히 발견했다.

보충 'find oneself ~ing'는 '우연히 하다' '자신도 모르게' 등으로 번역됩니다.

E.g. I <u>find myself improving</u> cofindence in translation. ➡ <u>어느새</u> 번역에 대한 자신감이 늘었다.

2. City officials in Jackson, Mississippi urged residences, businesses, and churches to check for leaks and broken pipes due to frigid temperature, as <u>these</u> worsen <u>the problem</u>.

번역 미시시피 주 잭슨 시의 시 공무원들은 가정과 사업체, 그리고 교회에 강추위로 인한 누수와 파손된 파이프들을 점검하라고 촉구했는데, 이것들이 문제를 악화시키기 때문이다.

첨삭 'these'와 'the problem'을 '이것들'과 '문제'라고 번역하기보다는 구체적인 대상을 지정해 줘야 독자들이 혼동하지 않습니다. 지문에서 'these'는 '누수와 파손된 파이프'(leaks and broken pipes)이고, 'the problem'은 악화된 수도 문제들을 가리킵니다. 또한 'check leaks and broken pipes'와 'check for leaks and broken pipes'의 뜻에는 차이가 있습니다. 전자가 이미 발생한 문제를 확인하는 것이라면, 후자는 문제가 있는지를 확인하는 것입니다.

미시시피 주 잭슨 시의 공무원들은 수도 문제를 해결하기 위해 주민, 사업체(businesses), 교회들에게 강추위로 인한 누수와 파손된 파이프(leaks and broken pipes) 점검을 당부했다.

3. The disease causes bats to come out of hibernation too early. As they live on moths, beetles, and other insects, that's not good for their survival.

그 질병은 박쥐들이 동면에서 너무 일찍 깨어나게 합니다. 그들이 나방, 딱정벌레 및 다른 곤충들을 먹고 살기에, 그것은 그들의 생존에 좋지 않습니다.

질병에 걸린다, 동면에서 일찍 깨어난다, 곤충들을 먹고 산다, 생존에 좋지 않다는 정보들이 제대로 이어지지 않고 파편적으로 흩어져 추리하듯 읽어야 이해가 가는 문장입니다.

그 질병으로 박쥐들이 동면 중 깨어납니다(come out of hibernation). 하지만 겨울에는 박쥐들의 먹이인(live on) 나방, 딱정벌레 등이(other insects) 없기 때문에 살아남기가 어렵습니다(not good for their survival).

4. The Afghan affiliate of the Islamic State group has been waging a campaign of violence that has escalated since the Taliban took power in August 2021.

이슬람 국가 단체의 아프간 지부는 2021년 8월 탈레반이 집권한 이후 악화된 폭력적인 활동을 벌이고 있습니다.

'악화된 폭력적인 활동'(campaign of violence that has escalated)이라고만 하면 구체적으로 이슬람 국가 단체가 어떤 활동을 했다는 것인지는 알 수 없습니다. 배경을 조사하고 지문의 맥락을 살펴보면 단체가 전개하는 '폭력적인 활동'이란 테러이며, 탈레반 집권 이후부터는 이를 더욱 '악화시켜'(escalated) 긴장 상황을 고조시키려고 하고 있습니다.

한복 이슬람 국가(ISIS)의 아프간 지부는 2021년 8월 탈레반 집권 이후 테러의(a campaign of violence) 강도를 높이고 있습니다(has escalated).

| 아찔한 오역: "활기로 가득 찬 방 좀 치워라!" |

1. A living room can be cluttered.

오역 활기로 가득한 방도 어수선할 수 있다.

필터링 'living room'은 거실을 가리킵니다.

수정 거실도 어수선할 수 있다.

보충 The finest living pianist. → 현존하는 최고의 피아노 연주자.

2. I suppose that this is the reason why diaries are so rarely kept nowadays.

오역 그런 이유에서 일기가 오늘날까지 보존되는 경우가 드문 듯하다.

필터링 'keep a diary'는 '일기를 쓰다'로 번역합니다.

수정 그런 이유에서 현재는 일기를 거의 쓰지 않는다.

3. I have eaten lobsters in an industrial scope.

오역 나는 랍스터를 산업적인 규모로 먹고 있다.

필터링 지문에서 'industrial'은 대량 또는 다량을 의미합니다.

수정 나는 랍스터를 많이 먹고 있다.

●●● ● ●●

1. Public health officials are worried about changes at Twitter that could end up discouraging COVID-19 vaccinations.

번역 공중 보건 당국은 결국 코로나19 백신 접종에 대한 의욕이 꺾일 수도 있는 트위터(엑스)의 변화에 대해 우려하고 있다.

첨삭 첫째, '의욕이 꺾일 수도 있는'(discourage)이라는 표현은 어색하게 들릴 수 있으니 '백신 접종'에 어울리는 동사 표현을 찾아 자연스럽게 읽히도록 다듬어야 합니다.

둘째, 백신 접종에 대해 이야기하는 지문에서 '트위터의 변화'라고만 언급하면 독자들이 뜬금없다고 느낄 수 있습니다. 트위터와 백신 접종이 어떤 관계가 있기에 'changes at Twitter'라는 표현이 나왔을지 빈 곳을 메워줘야 합니다.

한복 공중보건 관계자들은(public health officials) 트위터(엑스)에 올라오는 백신 접종 정보가 달라지면서(changes at Twitter) 코로나19 백신 접종(vaccinations) 기피 현상이 생기는(end up discouraging) 것은 아닌지 우려하고 있다.

2. The announcement is a major boost to President Biden's pledge to eliminate gas-powered vehicles from the federal fleet.

번역 이 발표는 미 연방 차량에서 가스 구동 자동차들을 제거하겠다는 미 대통령 바이든의 공약에 큰 힘이 된다.

배경 조 바이든 전 대통령은 지난 2020년 대선 당시 친환경 공약을 대거 제시했습니다. 그 가운데에는 파리기후변화협약 재가입 및 탄소배출 억제 등과 함께 2030년까지 신차의 56퍼센트를 전기차로 판매하는 정책이 포함되어 있었습니다.

첨삭 '공약에 큰 힘이 된다'는 표현은 모호하다고 느껴집니다. 문맥을 살피자면 이번 발표 덕분에 바이든 대통령의 공약이 지켜질 가능성이 높아졌다는 내용입니다.

한복 이번 발표로 미 연방 차량에서(from the federal fleet) 가스 구동 자동차를 퇴출시키겠다는 바이든 미국 대통령의 공약이 실현될 수 있을 것 같다(be a major boost to).

3. Considered building blocks from the dawn of our solar system 4.5 billion years ago, the samples will help scientists better understand how Earth formed.

번역 45억 년 된 우리 태양계에서 새벽녘쯤에 만들어진 것으로 여겨지는, 이 샘플들은 과학자들이 지구와 생명이 어떻게 만들어졌는지 더 잘 이해하도록 도울 것이다.

첨삭 지문에서 'dawn'은 맥락상 태양계 탄생 초기를 의미합니다. 지문은 태양계가 탄생하고 얼마 지나지 않아 만들어진 것으로 추정되는 물질을 샘플로 확보한 덕분에 과학자들이 지구의 생성에 대해 보다 잘 이해할 수 있게 되었다는 내용입니다.

한복 45억 년 전 우리 태양계 생성 초기(the dawn of our solar system) 물질로(building blocks) 여겨지는(considered) 이 샘플들 덕분에 과학자들이 지구의 생성 과정에(how Earth formed) 대해 더 잘 알게 될 것이다 (will help scientists better understand).

| 모르면 오역할 수 있어요 |

관용적인 표현인 줄 모르고 말을 옮기면 엉뚱한 번역이 나올 수 있습니다. 그래서 지금부터는 재미있는 영어 관용 표현 몇 가지를 소개하고자 합니다.

1. Some Late Words About Louisiana
   번역 최근 소식

2. Social skills
   번역 대인 관계

3. Written on the wall
   번역 불길한 조짐

4. The jury is out.
   번역 결과가 확실하지 않다.

5. Holiday travel rush
   번역 명절 대이동

6. About Doosan
   번역 두산 소개

7. a messages(=greetings) from director

번역 원장님 말씀

8. They run for the exit.

번역 서둘러 주식거래 장을 마치다.

9. We have an empty seat at our Thanksgiving table.

번역 이번 추수감사절 전에 한 명의 가족을 잃었다.

10. Hunter Biden defies House Republican's subpoena that he testify in private.

번역 헌터 바이든은 법정에 출석해 비공개 증언을 하라는 공화당의 소환을 거부했다.

11. Industry leaders hope to democratize A.I.

번역 업계 대표들은 인공지능을 누구나 이용할 수 있기를 바란다.

12. IRS has collected more than $520M in back taxes from delinquent millionaires so far.

번역 미국 국세청이(Internal Revenue Service) 지금까지 백만장자 체납자들로부터 5억 2000달러 이상의 밀린 세금을 징수했다.

13. What kind of denominations should I expect? Hopefully

not 100 dollar notes that can be hard to pay with.

번역 얼마짜리 지폐를 받으면 좋을까요? 쓰기 어려운 백 달러 지폐는 아니었으면 좋겠네요.

비교 "What kind of denominations?" "Presbyterian, Methodist, Baptist⋯." → "기독교에는 어떤 종파가 있나요?" "장로교, 감리교, 침례교 등이 있습니다."

15. The National Rifle Association(NRA) distances itself from Wayne Lapierre in opening remarks at civil trial.

번역 전미총기협회는 민사재판 모두 진술에서(opening remarks) 전 대표인 웨인 라피에르와 거리를 두고 있습니다.

부록

어휘 책 단어의 한계를 넘어

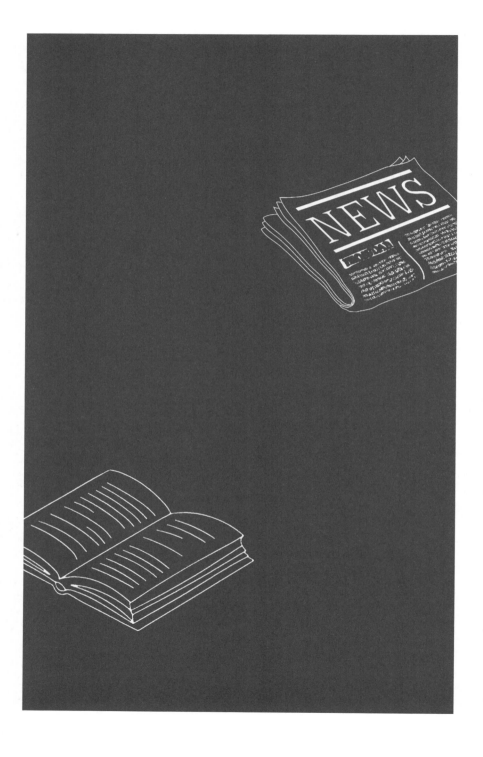

우리는 어휘 책을 통해 영단어를 암기했습니다. 영문을 이해하는 첫 발판이 되어주기에 영단어를 암기하기 쉽도록 정리해 준 어휘 책들은 분명 고마운 존재입니다. 하지만 역설적이게도 이 첫 발판은 통번역 그리고 영어 글쓰기를 할 때에는 높은 장벽이 되어 우리 앞을 가로막습니다. 그동안 달달 외웠던 'Limit는 제한하다' '잘한다는 well'에서 벗어나기란 정말이지 쉬운 일이 아닙니다.

그뿐만이 아닙니다. 번역을 하다 보면 익숙하다고 믿어 왔던 단어에서 새로운 의미들을 뒤늦게 발견하는 상황도 자주 경험합니다. 그동안 영영사전에 나온 여러 뜻 가운데 대표적인 뜻 한두 가지만 골라 소개한 어휘 책을 바탕으로 삼아 공부해 왔기 때문입니다. 그러나 영영사전을 펼쳐 보면, 예를 들어 'Industrial'에는 '산업의'뿐만이 아니라 'a significant amount' 즉 '대량'이라는 뜻도 있습니다. 그리고 우리가 명사로만 암기했던 단어가 실제로는 거의 동사로 쓰이는 경우도 비일비재합니다.

이처럼 우리가 오역과 같은 실수를 저지르고, 또 영문을 번역할 때 단어라는 좁은 범위에 갇혀 벗어나지 못하는 데에는 영단어의 뜻을 충분히 알고 있다고 믿었지만 사실은 그 의미를 다 알지 못한다는 사정이 도사리고 있습니다.

저 또한 그랬었습니다. 저는 미국 대학원 과정에 필요한 3만 3000어휘까지 정말 꼼꼼하게 암기하고 통역대학원에 입학했습니다. 대학원을 다닐 당시 저의 별명은 'vocabulray queen'이었고, 그래서 어지간한 어휘는 떼고 있다고 착각했었습니다.

하지만 통번역을 본격적으로 공부하면서 제가 닳도록 외웠던 어휘 책에 담긴 내용이 빙산의 일각에 불과하다는 사실을 알게 되었습니다. 그러한 깨달음의 시작은 '봉투'(envelope)였습니다. envelop를 '봉투'라는 뜻 말고, 그것도 동사로 쓸 수 있다니요? 당시 저는 심봉사가 눈을 번쩍 뜬 것 같은 기분을 느꼈습니다. 지금도 그때의 충격이 생생합니다.

이제부터는 알파벳 순서에 맞춰 제시된 지문에 한복을 입히는 과정을 통해 갇혀 있던 어휘 책에서 벗어나는 연습을 해 보고자 합니다. 참고로 'envelop'의 사례는 E 섹션에서 확인할 수 있습니다.

| A |

Accommodate 통 수용하다 통 주변 요구에 맞추다

; definition: [transitive] accommodate somebody (with something) (formal) to help somebody by doing what they want.

1. Susan is always accommodating.

번역 수잔은 늘 하자는 대로 해.

보충 '동사+~ing 진행형' 외에 형용사로도 쓰입니다.

E.g. He is accommodating. → 그는 예스맨이다.

E.g. Your idea is convincing. → 네 생각은 설득력이 있다.

E.g. His smile is inviting. → 그의 미소가 매력적이다.

| B |

Bank 명 은행 통 돈을 넣다 통 거래하다

1. She is believed to have banked (=been paid) £10 million in two years.

번역 그녀는 천만 파운드가 계좌에 들어왔다고 생각한다.

2. The family had banked with Coutts for generations.

번역 그 가족이 대대로 큐티스 은행과 거래했다.

Bus 명 버스 동 버스에 타다(주로 수동태)

1. He was bused to the city.

번역 그를 버스를 타고 그 도시로 갔다.

| C |

Celebrate 동 축하하다 동 (부정적인 의미를 포함하는) 기념하다

1. The U.S. celebrates 9/11.

번역 미국에서 9.11 참사를 추도하고 있다.

Challenge 명 도전 동 도전하다 동 시험대에 오르다

1. We are challenged.

번역 우리는 현재 힘든 상황이다.

Close 동 닫다 형 가까운 동 (주식거래가) 마감되다

1. BTC closed the year around $13.

번역 코인당 약 13달러로 장이 마감됐다.

Commute 동 통근하다 동 변화하다 동 감형하다

1. Commute foreign money to domestic money.

번역 외화를 국내 화폐로 환전하다.

2. Commute the death sentence to life imprisonment.

[번역] 사형을 종신형으로 낮추다.

Compromise 통 협상하다 통 위협하다

1. I care about my career, but I do not want success so badly that
I am willing to put myself in potentially harmful situations or
compromise my integrity.

[번역] 나는 내 일을 사랑하지만, 위험하거나 내 양심을 팔아야 할 상황에
까지 뛰어들 정도로 성공에 목매지는 않겠다.

Constitute 통 구성하다 통 고려되다

1. Climate change constitutes a major threat to life.

[번역] 기후변화가 우리 삶의 재앙이 되고 있다.

| 좋은 관계를 유지하는 방법 |

다음에 나오는 지문에 제대로 된 한복을 입혀 봅시다.

Here's What Compromise Looks Like In A Healthy Relationship.
Regardless of how healthy your relationship is, you and your
partner are not the same. That means you're bound to have
differences of opinion that lead to disagreements.

Whatever the differences are, there are times when you ① can't happily coexist while you both embrace a very different perspective or preference. That doesn't mean ② the relationship is unhealthy, but it does mean ③ compromise is necessary ever so often.

(출처: https://www.thesource.org/post/heres-what-compromise-looks-like-in-a-healthy-relationship)

한복 좋은 관계를 위해 **조금씩 양보하세요.**

현재 여러분의 관계가 어떻든 여러분과 여러분의 파트너는 다른 사람입니다. 그러니 의견이 다르고, 의견 충돌이 생기는 것은 당연합니다.

의견 차이가 있을 때 서로가 상대방의 판이한 의견이나 성향을 인정한다고는 하지만 ① 행복하지는 않습니다(can't happily coexist). 이럴 때는 ② 우리 관계가 좋지 않다(unhealthy relationships)라는 부정적인 생각 대신 ③ 서로 조금씩의 양보(compromise)가 필요합니다.

| D |

Deny 图 부인하다 图 금지하다

1. The government denies protesters entry to schools and jobs.

번역 정부가 시위자들의 입학이나 취업을 막고 있다.

2. The court denied his claim.

번역 법원이 그의 주장을 기각했다.

| E |

Envelope 명 봉투 동 감싸다

1. Darkness fell and enveloped the town.

번역 어둠이 내리면서 그 도시를 감쌌다.

Episode 명 사건 명 방송 1회분 명 **질병 발생 기간**

1. All the patients had episodes of unexplained fever.

환자 모두에게 원인을 알 수 없는 발열 증상이 한동안 있었다.

| F |

Figure 명 숫자 동 중요하다

1. The question of the peace settlement is likely to figure prominently in the talks.

번역 평화 중재안이 회담의 주요 의제가 될 것이라고 한다.

Field 명 들판 동 후보를 내다 동 (공이나 질문 등을) 처리하다

1. Each of the main parties fielded more than 3 candidates.

번역 주요 정당에서 각각 3명 이상의 후보를 내세웠다.

2. He won the toss and chose to field first.

번역 그가 동전 던지기에 이겨서 수비를 선택했다.

3. The BBC had to field more than 300 phone calls after last night's programme.

번역 BBC 방송사가 지난밤 방송 후 300건 이상의 전화에 응대했다.

| G |

Garnish 명 장식 동 (월급을) 압류하다

; definition: to take an amount from someone's wages(=money paid every week to an employee) or bank account in order to pay back money they owe.

1. The IRS may end up garnishing his wages for the amount due.

번역 미 국세청이 그의 급여에서 세금을(the amount due) 압류할 수 있다.

Grandfather 명 할아버지 동 예외를 인정해 주다

1. We grandfather the students who have already enrolled.

재학 중인 학생들은(the students who have already enrolled) 새로운 규정의 대상에서 제외된다.

| H |

House 명 집 동 거처를 제공하다

1. He can barely afford to feed, clothe and house his family.

번역 그는 가족의 의식주를 해결할 형편이 안 된다.

한국어에서는 인간 생활의 세 가지 기본 요소를 의, 식, 주의 순서로 꼽지만 영어에서는 식, 의, 주의 순서로 이야기합니다.

| I |

Ink 명 잉크 동 문신하다

1. The couple inked matching designs soon after they started dating.
번역 그들은 사귄 후 같은 문신을 새겼다.

Invitation 명 유혹 명 제안

; definition: something that encourages someone to do something or that makes something more likely to happen.

1. Leaving the doors unlocked is an open invitation to burglars.
번역 문을 잠그지 않은 것은 도둑질을 하라고 권하는 것이나 마찬가지다.

2. She treated his request for help as an invitation to take control of his life.
번역 그녀는 그의 도움 요청을 그의 인생에 개입해도 된다는 의미로 받아들였다.

| J |

Journey 명 여행 동 여행하다

1. Human beings have long desired to journey into space.
번역 인간은 우주여행을 오랫동안 꿈꿔왔다.

| K |

Kettle 명 주전자 동 한곳으로 몰아넣다

1. Ten of thousands of protesters were kettled at the start of the demonstration.

번역 수만 명의 시위대가 시위를 시작하자 경찰이 한곳으로 몰아넣었다.

| L |

Labor 명 노동 동 애쓰다

1. They labored for years to clear their son's name.

번역 그들은 아들의 오명을 벗기고자 수년간 애썼다.

| M |

Machinery 명 기계류 명 조직

1. the machinery of government

번역 정부 조직

2. There is no machinery for resolving disputes.

번역 논쟁을 해결할 곳이 없다.

Mainstream 명 주류 동 장애를 가진 학생과 일반 학생을 같이 교육하다

1. The school has been mainstreaming children with special needs successfully for almost 20 years.

번역 이 학교는 근 20년 동안 장애를 가진 학생도 잘 지도하고 있다.

2. We didn't know if he could be <u>mainstreamed</u>.

번역 그가 일반 학생들과 <u>학교생활을 함께할 수 있을지</u> 모르겠다.

Muscle 몡 근육 통 힘으로 하다

1. He tried to <u>muscle</u> to the front of the line, but was forced back by security staff.

번역 그는 <u>힘을 써서</u> 줄 앞쪽으로 가려고 했지만 보안 요원이 저지했다.

| N |

Name 몡 이름 통 이름을 짓다

1. They <u>named</u> the baby Emily.

번역 그들은 아기에게 '에밀리'라는 <u>이름을 지어줬다</u>.

Number 몡 숫자, 번호 통 번호를 매기다

1. The pages <u>are numbered</u> for easy reference.

번역 페이지에 <u>번호가 매겨져 있어</u> 쉽게 참고할 수 있다.

Nurture 몡 양육, 육성 통 양육하다, 길들이다

1. Nature vs <u>Nurture</u>

번역 본성 대 <u>양육</u>

| O |

Orphan 몡 고아 통 고아가 되다

1. He was orphaned

번역 그는 고아 신세다.

| P |

Perfect 형 완벽한 동 완벽하게 하다

1. As a musician, she has spent years perfecting her technique.

번역 음악가인 그녀는 자신의 연주를 완벽하게 다듬는 데 수년을 보내고 있다.

Pen 명 펜 동 쓰다

1. BTS fans pen letter as Jungkook and Jimin begin their military service.

번역 BTS 팬들이 정국과 지민의 군 복무 시작에 맞춰 편지를 쓴다.

| Q |

Qualify 동 자격이 있다 동 수정하다

; definition: you make it less strong or less general by adding a detail or explanation to it.

1. I'd like to qualify my criticisms of the school's failings by adding that it's a very good place.

번역 학교 상황은 전반적으로 훌륭하다는 말씀을 드리면서 학교의 단점에 대해 지적하신 부분들은 수정하도록 하겠습니다.

| R |

Right 〔형〕올바른 〔동〕 바로잡다(=rectify)

1. The COVID-19 crisis presents an opportunity to <u>right</u> this imbalance through a new style of deal making.

〔번역〕 코로나19 팬데믹을 계기로 문제 해결 방식을 개선해 근간의 불균형을 <u>바로잡았으면</u> 합니다.

Revisit 〔동〕 재방문하다 〔동〕 재검토하다

1. President Yoon must address the deepening gender conflict by <u>revisiting</u> his campaign platform.

〔번역〕 윤석열 대통령은 그의 젠더 관련 공약을 <u>재검토해</u> 갈수록 <u>심각해지는</u>(deepening) 젠더 갈등을 <u>수습해야</u>(address) 한다.

| 2024년 미국 대통령 선거 관련 표현 |

1. The American influential daily paper, The Washington Post, announced that it would not endorse a candidate for president.

〔번역〕 미국 유력 일간지《워싱턴포스트》가 이번 대선에서 특정 후보를 지지하지 않겠다고 발표했다.

2. Notably, the Republican party is seemingly ready to avoid previous mistakes.

번역 특히 공화당은 과거의 실수를 되풀이하지 않겠다고 했다.

3. The party is said to have ① proactively prepared to ② facilitate congressional operations once President-elect Trump takes office.

번역 이번에는 ① 사전 준비를 통해 당선 직후부터 신속한 의회 활동이 ② 가능하도록 대비하고 있다고 강조했다.

4. Donald Trump will return to the White House.

번역 트럼프가 백악관에 재입성하게 되었다.

5. He ① obtained a majority of electoral college votes in most of the seven ② swing states, ③ outnumbering Vice President Kamala Harris.

번역 그는 일곱 개 ② 경합주 대부분에서 카멀라 해리스 부통령을 ③ 앞서며 과반수의 선거인단을 ① 확보했다.

6. It has been 132 years when a president who failed reelection successfully regained power.

번역 재선에 실패했던 대통령이 다음 선거에서 집권에 성공한 것은 132년 만의 일이다.

7. Trump is expected to proceed with his 'America first' policy.

번역 트럼프는 '미국 우선주의' 정책을 재추진할 예정인 것으로 전해지고 있다.

| S |

scope 명 기회 명 범위 통 검토하다

; definition: to examine something carefully before you start work on it so that you know the size of the task.

1. His eyes scoped the room, trying to spot her in the crowd.

번역 사람들 속에서 그녀를 찾으려 그가 방을 잘 살폈다.

2. The information helped us scope the project.

번역 이 정보 덕분에 사업 검토를 잘할 수 있었다.

3. My boss wants to scope out all of the possibilities before deciding what to do.

번역 사장님이 결정을 내리기 전에 모든 가능성을 자세히 살펴보고 싶어 한다.

Scaffold 명 교수대 명 (건축 공사장의) 비계 통 학습 지원하다

; definition: a method where teachers offer a particular kind of support to students as they learn and develop a new concept or skill.

1. Scaffolding has been praised for its ability to engage most learners.

번역 '학습 지원'은 대부분의 학습자들이 지속적인 관심을 갖게 되어 긍정적인 평가를 받고 있다,

Schedule 명 일정 통 일정을 잡다

1. We scheduled a meeting for next week.

번역 다음 주 회의 일정을 잡았다.

Select 동 선택하다 형 엄선된

1. I am thrilled to be in a select shortlist.

번역 엄선된(select) 최종 후보에 뽑히다니(be in a shortlist) 구름 위를 걷는 것 같다.

Shame 명 수치심 동 부끄럽게 하다 동 무색하게 하다

; definition: [transitive]to be so much better than something else by comparison.

1. The school's exam results shame those of other schools in the area.

번역 이 학교의 시험 성적이 근처 다른 학교들의 성적보다 훌륭하다.

Size 명 크기 동 크기를 바꾸다

; definition: [usually passivie] to change the size of something.

1. The fonts can be sized according to what effect you want.

번역 원하는 효과에 따라 글자 크기를 조정할 수 있다.

Space 명 공간 동 공간을 만들다

1. evenly spaced plants.

번역 일정 간격으로 심어진 나무들.

Sport 명 운동 동 보란 듯이 입다

1. sport a beard.

번역 수염을 뽐내다.

2. She was sporting a T-shirt with the company's logo on it.
번역 그 회사 상표가 새겨진 티셔츠를 보란 듯이 입고 있다.

Square 명 사각 동 (몸이나 어깨를) 똑바로 펴다 동 동점을 만들다 동 매수하다

1. Bruno squared himself to face the waiting journalists.
번역 브루노는 대기 중인 기자들을 상대하기(face) 위해 자세를 반듯하게 했다(squared himself).

2. His goal squared the game 1-1.
번역 그가 넣은 골로 경기는 1 대 1 동점이 되었다.

3. They must have squared the mayor before they got their plan underway.
번역 그들이 계획을 실행하기 전 시장을 매수했음이 분명하다.

| T |

Temper 명 기질 동 완화되다

1. The hot sunny days were tempered by a light breeze.
번역 더운 날씨가 미풍이 불면서 한풀 꺾였다.

Trend 명 경향 동 변화하다

; definition: to change or develop in a general direction.

1. Prices have been <u>trending</u> upwards.

번역 물가가 <u>고공 상승 중</u>이다.

2. See what's <u>trending</u> on X(Twitter).

번역 X(트위터)에 뭐가 <u>올라와 있는지</u> 봐라.

3. Fake sexually explicit video <u>trends</u> on Twitter despite violating platform's rules.

번역 허위 나체 영상이 트위터 규정에도 불구하고 <u>확산되고 있다</u>.

Traffic 명 교통 명 불법 거래 명 유동 인구

1. The police are looking for ways of curbing <u>traffic</u> in guns.

번역 경찰이 총기 <u>불법 거래</u>(traffic) <u>단속</u>(curb) 방안을 고민하고 있다.

2. Many stores are producing solid earnings from heavy <u>traffic</u>.

번역 <u>유동 인구가</u>(traffic) 많아 <u>호황을 누리는</u>(produce solid earnings) 상점들이 늘고 있다.

| U |

umbrella 명 우산 명 산하(에 있는)

1. Many previously separate groups are now operating <u>under the umbrella</u> of a single authority.

번역 이전에는 별개로 움직이던 단체들이 이제는 단일 기관 <u>산하에서</u>

운영되고 있다.

| V |

Value 명 가치 동 가치가 있다 동 소중히 생각하다

1 The property has been valued at over $2 million.

번역 이 부동산의 가치는 200만 달러가 넘은 것으로 평가되었다.

2. He has come to value her advice.

번역 그는 그녀의 조언을 새겨듣는다.

| W |

Well 부 잘 동 솟아 나오다

1. Tears were welling up in her eyes.

번역 그녀의 눈에서 눈물이 샘솟았다(be welling up).

2. Hate welled up inside him as he thought of the two of them together.

번역 그 둘이 같이 있다는 생각만으로도 그에게서 증오심이 끓어올랐다 (well up inside him).

| X |

X-ray 명 엑스선 동 엑스선 사진을 찍다

1. He had to have his chest X-rayed.

번역 그는 흉부 엑스선 촬영을 해야 했다.

| Y |

Yield 명 산출량 동 수확하다 동 양보하다

1. The project is expected to yield good returns in future.

번역 이 사업은 향후 좋은 결과가 있을 것으로 예상된다.

2. I yielded to temptation and had a chocolate.

번역 나는 유혹을 이기지 못하고 초콜릿을 먹었다.

| Z |

Zoom 명 줌렌즈 동사구 확대하다(zoom in) 동사구 축소하다(zoom out) 동 급등하다 동 빨리 지나가다

1. You should click to zoom in/out.

번역 확대/축소 버튼을 클릭해야 한다.

2. House prices have zoomed up this year.

번역 집값이 올해 급등했다.

3. She spends her time zooming around the country.

번역 그녀는 그 나라를 훑고 다녔다.

| 잘하고 싶으면 잘할 때까지 연습해야지요 |

"지문을 먼저 번역한 다음 선생님의 번역을 보는 편인데, 저는 '글자를 따라가면서 이렇게 번역하면 안 되죠'라고 선생님께서 주의하시는 그대로 번역하고 있네요. 아직 글자의 범위에서 벗어나지 못하고 있는 것 같아요."

한 학생으로부터 이런 질문을 받았습니다. 강의를 진행하다 보면 이와 비슷한 질문을 참 많이 받습니다. 앞서 밝혔듯 학생들이 느끼는 막막함은 영어를 잘하고 싶어 접했던 어휘 책에 갇혀 버린 데에서 비롯됩니다. 저 또한 그 과정을 겪었습니다.

어휘 책에서 탈출하는 방법은 탈출 연습을 많이 하는 것밖에 없습니다. 지문을 많이 읽고, 글 안에 담긴 의미를 수없이 고민하며, 옮기려는 언어에서 그 의미에 해당하는 표현을 찾아내고, 그렇게 찾아낸 알맞은 표현들을 원문과 번역문까지 통째로 외워가며 머릿속에 축적해 가는 것입니다.

저는 학생의 질문에 이렇게 답했습니다.

"제가 경험하기로는 번역 공부를 할 때 '글자'에서 벗어나 '의미'를 번역하는 방식으로 진입하는 과정에서 가장 많은 시간이 소요되었습니다. 오랜 연습이 요구되는 시기지요."

그래서 예문을 준비했습니다. 한국어의 의미를 찾아 그에 해당되는 영어 표현을 찾는 과정을 소개합니다.

1. They are innocent.

번역 그들은 무고하다.

의미 화자는 그들이 결백하다는 것을 강조하고 있습니다.

한복 그들에게는 정말 죄가 없다.

2. It took a while to process the situation.

번역 그 상황을 처리하는 데 시간이 좀 걸렸다.

의미 한영 번역이라고 생각하고 왜 '처리하다'를 'process'라는 단어로 옮겼는지 살펴 보세요. 지문에서 '상황을 처리했다'는 것은 맞닥뜨린 상황을 파악하고 이해했다는 의미입니다.

한복 무슨 일이 벌어진 것인지 받아들이는 데 시간이 좀 걸렸다.

보충 'process'가 생각할 시간이 필요할 때를(emotion) 가리킨다면, 'understand'는 상황을 파악할 때를(learn facts) 의미합니다.

3. I haven't heard from him.

번역 그의 소식을 듣지 못했다.

의미 누군가에 대한 '소식을 듣지 못했다'는 말은 그의 근황을 들은 바 없다, 즉 연락이 끊어졌다는 의미입니다.

한복 그와 연락이 되지 않았다.

4. We will provide safe water.

번역 안전한 물을 제공하겠습니다.

의미 어떤 음식이 '안전하다'는 것은 곧 믿고 먹을 수 있다는 의미입니다.

믿고 마실 수 있는 물을 제공하겠습니다.

5. There was no force of entry.

번역 침입의 강제가 없다.

의미 '침입의 강제가 없다'는 말은 외부에서 침입한 흔적을 찾을 수 없었다는 의미입니다. 반대로 침입한 흔적이 없다는 말을 영어로 옮길 때에는 'no force of entry'란 표현을 떠올리기가 쉽지 않을 것입니다. 이처럼 단어 대 단어로 쉽게 전환되지 않는 표현들은 결국 통째로 암기하는 수밖에 없습니다.

한복 외부에서 억지로 들어간 흔적이 없다.

6. I dealt with an urgent issue.

번역 나는 긴급한 문제를 해결했다.

의미 '긴급한 문제를 해결했다'는 말의 의미는 당장 닥친 위기부터 넘기고 봤다는 것입니다.

한복 급한 불은 껐다.

7. I am cornered.

번역 나는 구석으로 몰렸다.

의미 '구석으로 몰렸다'는 말은 빠져나갈 곳이 마땅치 않은 상황에 처했다는 뜻입니다.

한복 나는 사면초가에 처했다.

8. The event is drawing attention.

번역 그 행사가 관심을 끌고 있다.

의미 '관심을 끌고 있다'는 것은 사람들의 주목을 받아 입에 오르내리고 있다는 의미입니다.

한복 그 행사가 화제다.

9. The government is planning to redirect the budget to support small businesses.

번역 정부는 소상공인을 지원하기 위해 예산을 전환할 계획이다.

의미 '예산을 전환한다'는 말은 예산의 용도를 소상공인을 지원하는 쪽으로 변경한다는 의미입니다.

한복 정부는 예산의 용도를 바꿔(redirect the budget) 소상공인을 지원하는 데 사용하겠다고 발표했다.

10. He tends to prioritize looks.

번역 그는 외모를 우선시한다.

의미 특정 조건을 '우선시한다'는 말은 다른 조건들과 견줘 가치를 따진 끝에 그 조건부터 선택하겠다는 의미입니다.

한복 그는 외모를 따진다.

에필로그

최선에 최고를 더하다

"학생들이 절실하게 필요로 하는 것을 생각하자."

이 책을 쓸 때 가장 처음 쓴 문장입니다. 제가 중요하다고 생각하는 것보다는 그동안 강의하면서 만난 학생들에게 꼭 필요한 것들을 모았습니다. 그리고 그 위에 제 생각을 보탰습니다.

그렇게 집필하다 보니 번역을 공부하는 학생들을 위해 마련한 '실전용' 지문마다 '번역' '필터링' '한복'의 과정으로 진행되는 번역의 순서도 만들어졌습니다. 학생들이 번역 연습을 할 때 오래 붙들고 고민하기를 바라는 부분에는 문제처럼 빈칸으로 만들어 먼저 **번역**해 본 후 뒤이어 제시되는 '한복'과 비교할 수 있도록 구성했습니다.

다음으로 문맥을 생각하며 지문이 전달하려는 의미를 찾기 위해 거쳐야하는 과정인 **'필터링'**은 갇혀 있던 어휘 책에서 벗어나기를 바라는 마음에서 마련한 구성입니다. 그리고 이러한 과정을 거쳐 도달한 한국인들에게 '자연스럽게 읽히는 번역', 양복도 한복도 아닌 어정쩡한 옷을 입은 번역이 아니라 한국어라는 옷을 입은 번역 결과를 배치하면서 '한복'이라는 표현을 생각했습니다.

저 역시 영문을 접하면 가장 먼저 오랫동안 붙들었던 어휘 책들에서 정리해준 뜻부터 생각납니다. 하지만 그렇게 번역한 문장을 읽어 보면 말 그대로 '번역문 같다'는 어색한 느낌이 들곤 했습니다. 머리로는 알면서도 그 어색한 번역 결과에서 벗어나기가 참 힘들었지만 어떻게든 방법을 찾고 싶었습니다. 스펀지처럼 번역하려는 문장을 쫙 빨아들인 다음 '제대로 된 한국어 옷을 입혀' 내보내는 그런 번역을 하고 싶었습니다. 이 책은 그렇게 부단하게 연습하며 깨달았던 과정을 기록한 결과입니다.

제가 연습하고 또 터득한 과정은 다음과 같습니다. 먼저 영문을 보면서 영어와 한국어의 차이점을 관찰했습니다. 그렇게 오랫동안 관찰해 온 끝에 양 언어에는 크게 두 가지 면에서 차이점이 있다는 것을 발견했습니다. 바로 영어와 한국어의 '구조'와 '표현'이 다르다는 것입니다. 그중에서 '구조'에 대해서는 2013년에 출간한 《번역 이럴 땐 이렇게》에서 집중적으로 다뤘기 때문에 이 책에서는 '표현'을 전환하는 방법에 초점을 맞춰 소개하고자 했습니다.

그 방법에 대해 다시 정리하자면 첫째, 영어는 '나'를 중심으로 시작합니다. 주소를 전달할 때에도 그렇고 자신을 소개할 때에도 마찬가지로 이름에서 시작해 소속을 거쳐 몸담고 있는 지역을 이야기합니다. 그에 반해 한국어에서는 소속과 직함을 밝힌 다음 이름을 가장 마지막에 소개함으로써 '나'보다는 '나'를 구성하는 전체 맥락을 우선합니다. 그래서 영어에서 한국어로 전환할 때에는 이러한 차이를 반영해 한국인들의 사정에 맞춰 전달하려는 '의미'를 더하는 과정이 필요합니다.

예를 들어 'I am not ready to consent'를 한국어로 옮길 때에는 '나는 동의할 준비가 되어 있지 않아'보다는 문맥에서 글쓴이의 의도를 헤아린 결과를 반영한 '생각할 시간이 좀 필요해'가 한국인들에게 훨씬 익숙하게 느껴집니다. 마찬가지로 'I am ready to consent'를 번역하는 경우 '나는 동의할 준비가 되어 있어'보다는 '나는 언제든 할 수 있어'라고 옮긴 결과가 한국인들에게는 보다 자연스럽게 느껴집니다.

둘째, 영어는 긍정문을 많이 씁니다. 그래서 부정의 의미를 긍정문으로 쓸 때에는 부정적인 의미를 가진 동사, 예컨대 'limit'(제한하다)와 같은 표현을 많이 씁니다. 그러니 영어에서 한국어로 전환할 때에는 **부정의 의미를 가진 문장은 부정문으로 번역하는 것이** 한국인들에게 훨씬 자연스럽게 받아들여질 때가 많았습니다. 예를 들어 'Keep off the grass'는 긍정문이지만 한국어로 옮기자면 '잔디밭에 들어가지 마시오'가 훨씬 익숙하게 들립니다.

셋째, 영어에는 형용사나 부사 등 명사 수식어가 많습니다. 이와 같은 문장을 번역할 때 영어 품사를 그대로 한국어로 옮기면 인공지능 번역 서비스가 번역한 것 같은 어색한 문장이 나옵니다. 이럴 때에는 문장의 중심이 되는 '명사'에 어울리는 한국어 표현을 찾아야 합니다. 예를 들어 'Federally supported programs'를 그대로 옮긴 '연방적으로 지원을 받는 프로그램'보다는 명사에 어울리는 한국어 표현을 연결한 '연방 지원 프로그램'이 훨씬 자연스러워 보입니다.

넷째, 영한 전환 시 **한자어로 이뤄진 표현을 활용한다면** 번역에 '감칠맛'과 '쪼는 맛'이 더해집니다. 예를 들어 'Vanessa Bryant shares emotional speech at Kobe Bryant statue unveiling'은 '배우자인 고故 코비 브라이언트의 동상 제막식에서 바네사 브라이언트가 추모사를 하다'로 번역할 수 있습니다. '고인을 기리는 감성적인 연설'을 우리가 여상하게 쓰는 '추모사'라는 보다 간결한 표현으로 정리한 것이지요.

이처럼 이 책에서는 독자들께서 번역 실력을 키우는 데 조금이라도 보탬이 되고자 제가 오랜 기간 번역하고, 또 학생들을 가르치며 깨닫게 된 것들을 반영했습니다.

언어는 우리 삶과 불가결한 요소입니다. 사람과 사람 사이에는 우주가 있다는데, 머릿속을 맴도는 나의 생각을 우주를 넘어 타인에게 제대로 전달하는 것만큼 대단한 일이 있을까요? 그래서 비단 번역만이 아니라 우리의 생각을 전달하는 말과 글을 다듬는 데에도 번역 공부로 쌓은 내공은 정말 요긴하게 쓰입니다. 나의 어휘력이 나의 표현력의 두께가 되고, 그렇게 글을 잘 쓰는 어휘력을 갖춘 사람이 번역도 잘하니까요.

나아가 듣는 이와 말하는 이의 사이에서 양쪽을 중개하는 번역을 해 나가며 타인의 말에 대해 적극적으로 고민하다 보면 자연스럽게 스스로의 말을 점검하게 되고, 그러한 경험들이 축적될수록 생각의 깊이 또한 듬쑥해집니다. 괜히 '언격'이 곧 '인격'이라는 말이 있는 것이 아니지요.

번역 공부는 손해 볼 일이 하나도 없는 경험입니다. 한 통번역사가 공부하고 번역하며 쌓은 노하우를 정리한 이 책이 말을 성장시키며 스스로를 함께 성장시켜 가는 과정에 보탬이 되기를 기대합니다.

"누구나 처음에는 초보였으며, 시작부터 잘하는 번역가는 없었습니다."